家族・地域のなかの女性と労働

共稼ぎ労働文化のもとで

木本喜美子［編著］

明石書店

家族・地域のなかの女性と労働

共稼ぎ労働文化のもとで

*

目　次

序章　本書の課題と方法 ───────────────── 7

木本喜美子・中澤高志・勝俣達也

1．女性労働史研究における本書の問題意識と課題　7
2．調査対象地域の特徴と本書の構成　19

第1章　織物産地の労働市場と女性たちの働き方・
　　　　生き方──労働の比較地誌学にむけて ─────── 39

中澤高志

1．産業立地中心主義を超えて　39
2．「労働の地理学」とその問題点　41
3．労働市場の空間性と職歴にみる産地の特徴　46
4．勝山産地における「集団就職」の空間と社会　53
おわりに　63

第2章　大規模機業場における生産・労務管理の
　　　　近代化──女性の働き方と労働意識の変容 ──────── 69

勝俣達也

はじめに　69
1．戦前の織物業における出来高給　71
2．織賃制度下の勝山機業における生産・労務管理　74
3．生産・労務管理の近代化の始動　81
4．生産・労務管理の近代化の諸相　83
5．生産・労務管理の近代化と労働意識の変化　91
小　括　96

第3章　女性の継続的就労と家族
――女性が「働く意味」を問う ────────────── 105
木本喜美子

はじめに　105

1．女性労働をめぐる現代フェミニズムの一論点　106

2．結婚前の就労と家族　110

3．結婚後の就労と家族　115

4．家族・職場・地域社会の相互連関　124

おわりに　128

第4章　織物産地における託児所の変遷と女性労働者
――女性労働と保育 ────────────────────── 137
野依智子

はじめに　137

1．共稼ぎを支える行政と機業の託児所　139

2．共稼ぎのための多様な勤務形態と育児資源　154

3．妻の稼ぎが果たす役割　160

小　括　168

第5章　全繊同盟加盟組合にみる女性労働運動の展開
――女性労働者と組合 ──────────────────── 173
早川紀代

はじめに　173

1．全繊同盟の女性運動　176

2．勝山地域　全繊同盟加盟組合の労働運動　178

3．女性の組合運動　193

おわりに　203

第6章　農業を基盤とする零細家族経営機業
——農村と女性労働 ……………………………… 209

千葉悦子

はじめに　209
1．零細農の女性労働に関する研究動向　209
2．勝山市北郷地区の地域特性　212
3．農村地域の小機屋の女性労働と家族　217
おわりに　236

補論　戦前における繊維女性労働の多様な展開と
勝山機業の位置づけについて ……………………… 245

勝俣達也

終章にかえて ……………………………………………… 263

木本喜美子

索　引　275

序章
本書の課題と方法

木本喜美子
中澤高志
勝俣達也

　本書は、福井県勝山市における女性労働者を対象とする実態調査にもとづいて、第二次世界大戦後の女性労働史の再構成をめざす実証研究をとりまとめたものである。私たちは、特定の地域に基盤をおくインテンシブな事例研究を通じて、とりわけ高度成長期を中心とする戦後日本の女性労働者の労働―生活像に迫る調査研究の重要性について問題意識として共有し、共同研究を重ねてきた。はじめに、女性労働史研究における本書の課題意識と研究方法について明らかにしておきたい。ついで本書のもととなる一連の調査研究の過程、調査対象地の概況と調査を通じて得られたデータの性格を位置づけ、本書の構成について述べておきたい。

1. 女性労働史研究における本書の問題意識と課題

（1）女性労働史研究の到達点と課題
　ジェンダー視点から日本の戦後史を再構成しようとする研究が、家族と生殖をめぐるポリティクスや教育分野に光をあてた研究として刊行されてきている（田間，2006；荻野，2008；小山，2009）。家族、生殖、教育における戦後史をジェンダー視点から照射し、現代的課題に関わる歴史的基盤を明らかにしよう

とするこうした研究は、戦後社会史の視野を広げ彫りを深める上で、大きな貢献をなすものであると思われる。他方では1990年代以降、高度成長の時代そのものが歴史研究の対象として据えられ、その研究機運が高まりをみせてきた。こうした中、高度成長期の経済・政治構造を考究した類書にはみられない形で、ジェンダー視点を枢要な柱のひとつとして位置づける研究も現れている（大門他編，2010-2011）。また高度成長期の経済・産業構造のみならず、人々の日常生活にまでおりて、その多様な経験を取り上げた研究も公刊されている（国立歴史民俗博物館編，2010；新谷尚紀他，2011）。ジェンダー視点を位置づけ、労働、生活、地域という広がりをもった視野から戦後史が、とりわけ高度成長期が深められる可能性が開かれつつある。だがこうした研究に接合すべき女性労働史に関する研究蓄積は、いまだ不十分なのではないかと私たちは考えてきた。現下の女性労働研究は、女性労働の現状分析に切り込む研究蓄積がある程度なされてきてはいるものの、戦後日本の女性労働者の歴史像の解明という問題関心は今日においてもなお高いとはいえない。こうした研究動向を踏まえれば、女性が〈どこでどのように働いてきたのか〉を解き明かす女性労働史研究が、求められているのではないだろうか[1]。

　戦後日本の女性労働史を鳥瞰した研究として、今日なお後学が参照する業績は竹中恵美子『戦後女子労働史論』（有斐閣，1989年）であろう[2]。竹中は、1970年代を中心とする欧米の家事労働論争に関与した論者たちが問題構成した資本制と家父長制との相互連関に関する知見を踏まえて、女性労働の特殊性の理論的な定式化を行った[3]。さまざまな欧米の論者たちが共有するのは、以下の諸点である。女性が生命と生活の再生産労働に深く関与してきた歴史は、資本主義以前においても長らく続いてきたが、資本主義化の進展は、労働と家族のあり方、ひいては性別分業のあり方に大きな変革をもたらし、女性のみが家庭内労働の担い手となったことに注目する。いわゆる「主婦の誕生」（オークレー，1986）である。家事労働論争に関わった論者たちはこの点に、資本主義社会における女性抑圧の基盤を見いだした。竹中もまた同様の視点から、労働市場において、職業・職務配分、雇用形態、賃金等をめぐる性別分業が生じる「究極的原因」を、女性のみが家庭内の再生産労働を担うこと、すなわち「労働力の再生産労働を女性の排他的機能とする性分業」に求めた（竹中，1989: 26）。した

がって K. マルクスの『資本論』における資本蓄積の法則を基本ベースとし、家父長制という分析軸をこれに組み込み、その両者が交わるところに女性労働を位置づけようとした。竹中はこうした方法的立場から、戦後日本の女性労働をめぐる動態を、労働力人口や賃金等に関する統計的データにもとづいて分析している（竹中，1989）。

　こうした既存研究に学ぶ点は少なくないが、経済学的方法に特化した理論化をこえる必要があると思われる[4)]。とりわけ、家事労働論争に関わった論者および竹中における資本制と家父長制を基本的分析軸とする立論は、地域差や国ごとの違いをこえる一般理論として提示されているが、資本制および家父長制の歴史的基盤を異にする個々の国々や地域の固有性の解析に、果たして力を発揮しえるのかという点で疑問なしとはしえない。たとえば、竹中においては「労働力の再生産労働を女性の排他的機能とする性分業」（竹中，1989: 26）は資本制における一般的形態とされ、理論的前提に組み込まれているが、イギリスを例にとるならば、少なくとも 19 世紀末以前の時期はこれには必ずしもあてはまらない。

　吉田恵子と岡山礼子によれば、「女性が家事責任を負っているといってもその責任が意識化されるようになるのはせいぜいのところ 19 世紀末ごろ」（吉田／岡山，2004: 255）である。もちろんだからといって、「女性の領域は家庭」とするイデオロギーが席巻するようになるこの時代以降も、後に見るように、労働者階級の既婚女性の雇用労働への従事は不可欠であった（吉田，2004: 42-43）。また R. S. コーワンによれば、19 世紀に世界で最も工業化された国となったアメリカでは、男女が生存のために分担しあっていた家庭内労働のうち、男性の労働領域（鍬入れ、のこ引き、家畜の世話等）が技術革新と経済の変動によって駆逐された。結果として夫と子どもが工場に働きに出るようになり、女性が家庭に残った。こうして 20 世紀に至って、女性が担う家庭内の仕事が「家事」と呼ばれるようになった（コーワン，2010: 39-69）。いわゆる「家事」と称される領域を女性がもっぱら担うようになるのは、20 世紀に至ってからのことだったのである。さらにまた再度イギリスにもどれば、家庭内労働が女性の「排他的機能」として担われ意識されるようになったとされる少なくとも 19 世紀末以降も、労働者階級における「主婦」は安定した形では誕生しえなかった。M. グラックス

マンは、戦間期には女性たちは、イングランド南東部に立地した家電、食品加工、自動車部品等のコンベア組み立てラインに大挙して働きに出るようになり、彼女たち自身が大量生産するビスケット、缶詰・瓶詰めの食品や、やがては掃除機等の家電製品の消費者となった事実を重視する。すなわち生産工程内の労働を担った彼女たち自身が、家事省力化に寄与する諸商品の消費者となったのである（Glucksmann, 1990；グラックスマン, 2014）。女性の担う「排他的機能」自体がそれぞれの段階に応じて再編成され、雇用労働との多様な組み合わせ形態が生じたのである。こうした女性労働の実質的な変容過程とその具体像、そしてそうした変容を促す諸要因を摑んでいく研究が、女性労働史研究として求められていると思われる。

　またもう一点留意すべきは、竹中による労働市場の現状および戦後日本のその変動過程の統計データからの分析・考察は、アクターとしての女性存在に光をあてるものとはなってはいない。それは、資本蓄積の法則を基軸において戦後日本の女性労働の位置づけを読み込もうとするものである。しかもそれらのデータはあくまでも、労働力としての女性の総和である。労働力としての把握から脱して、労働過程において特定の位置を占めながら家庭内労働の担い手でもある女性というアクターに注目し、その存在形態や彼女たちが抱える矛盾・葛藤、そしてその戦略にも迫ろうとする方法的視点を取り込む必要があると考える。女性労働史研究の課題は、雇用労働を中軸に置きながら、女性たちが〈どこでどのように働いてきたのか〉を明らかにし、女性労働の社会的歴史的規定要因を解明しつつ、社会において女性労働が担う役割と位置づけを探ることにこそあると考えるからである。こうした女性労働の史的実相に迫るためには、統計的把握にとどまらず、特定の産業および地域にまでおりて、労働と生活の具体的な絡み合いを探る研究が不可欠である。ジェンダー視点から歴史を捉えなおそうとするとき、家族の実態把握はもとより、女性労働の舞台たる職場、そして地域の相互連関関係を探っていくことこそが肝要な課題となるだろう。

（2）近代家族論と女性労働史の位相

　ところで本書が中心的に取り上げる高度成長期は、家族社会学研究の到達点

から見れば、主婦化規範が社会的に凌駕していく時代であったとされている。このことと、既婚女性の就労とはどのように関わっていたのかという点も、あらかじめ整理しておく必要がある。

　「近代家族論」が家族社会学のパラダイム転換において大きな役割を果たしたことは、すでに共有されている（池岡，2017: 22）。夫と妻と子どもという三者関係における濃密な情緒的絆、とりわけ子ども中心主義を特徴とする近代家族モデルは、近代社会における主婦の誕生をそのコアに埋めこんでおり、既婚女性が就労しないことに加えて、家庭内労働を女性が一手に引き受ける「妻」「母」という規範意識がメルクマールとされている。日本における近代家族論の導入に先駆的役割を果たした落合恵美子によれば、1955 年から 1975 年までの 20 年間は、「大衆近代家族」の日本における成立期と位置づけられている。近代家族モデルは、歴史的には「ブルジョア近代家族」においてまず実現を見たが、これとは区別される「大衆近代家族」においては、「ほとんどすべての社会成員が近代家族に暮らしているのを前提」とし、「主婦が自ら家事労働を行う」ライフスタイルを基本としている（落合，2005: 161-164）。この近代家族論は、家族の歴史変動を把握する視点を切り拓き、現代までの変容過程を見据えることを可能にしたという点で大きな功績がある。だが主婦という存在の出現を左右する社会階層差という問題、および女性の雇用労働をはじめとする就労との連関づけという点ではなお課題を残していると思われる。とりわけ先にも触れたが、この立論においてキーワードとなる「主婦化」は、既婚女性が家庭内役割に専念し、「よき妻」「よき母」としてふるまうべきであるという規範を随伴するものである。だが高度成長期およびそれ以降、このような意味での「主婦化」が、社会階層差および地域差をのりこえて全国の津々浦々に波及したかのごとき言及については、実証的裏づけを必ずしも有さない点に注意を向ける必要がある。たしかに図序 -1 に明らかなように、1960 年代を見た場合、主婦化のトレンドはめざましい勢いで進展している。だがその一方で、後にも触れるが、同時代に既婚女性の雇用労働者化がより激しい勢いで進展している事実を踏まえるならば、近代家族モデルと女性労働のあり方とがいかに関わっていたのかを、実態に即して解きほぐす必要がある。

　他方で、近代家族論を日本的雇用慣行や企業社会的な社会編成との関連にお

いて捉えようとした研究では、大企業を中心として、男性が一人で働き、妻を
はじめとする家族員を扶養する「家族賃金」体制が確立したことが論究されて
いる（木本，1995）。高度成長期に大企業を中心に、年功賃金と終身雇用に守ら
れた男性稼ぎ主と専業主婦という組み合わせからなる家族構造の基盤が据えら
れ、「家族賃金」という観念が確固たる物質的基盤をともなって主婦の出現を促
していったとの立論である。そこでは、相対的高賃金と手厚い企業福祉に彩ら
れた大企業労働者に限定して論じられているとはいえ、大企業体制が戦後日本
の中心的存在として経済・社会構造をリードしてきた事実にのっとって、「家族
賃金」という観念が社会における中心的な価値観となったと把握している（木
本，2004b）。だが中小企業労働者家族をはじめとする、社会階層的なポジショ
ンの異なる層に関する実証研究が十分になされていない以上は、近代家族モデ
ルの全般化に関してはなお、課題を残しているといわなければならない。高
度成長期以降に定着した、耐久消費財の導入にもとづく多消費的ライフスタイ
ルは、賃金レベルで見ても大きな企業規模間格差がある中で「家族賃金」基盤
に欠ける中小企業労働者家族にとっては「高嶺の花」であり、このライフスタ
イルを実現するためには、妻が雇用労働に従事することが必須であった（木本，
2004a）。つまり「家族賃金」という観念を支える「主婦の誕生」における社会
階層差という問題を踏まえる必要があり、女性労働史研究をくぐり抜けること
が不可欠なのである。産業編成の相違がもたらす地域差、および同一地域内に
も大企業労働者家族と中小企業労働者家族、自営業家族等のバリエーションが
あり、現実は一色ではない以上、地域差、階層差に注意深く目配りした実証研
究が求められているといえよう。

　先にも触れたが、図序 -1 によれば、夫がサラリーマンの世帯をとった場合、
1955 年から 1970 年までに非労働力の妻の数は 517 万人から 898 万人へと増大
し、1.7 倍となっている。これに対して妻が雇用労働者となる数はこの期間中
に 69 万人から 358 万人へと、実に 5.2 倍の伸びをマークしている。こうした点
を見るならば、高度成長期は、「主婦化」のみに回収されえない時代の相を有し
ており、主婦化と賃労働者化のせめぎあいの時代として再構成する必要がある
（木本，2004a；宮下・木本，2010）。また近代家族論の階級・階層的格差という問
題とともに、地域差の検討が不可欠である。こうした時代状況を捉えるために

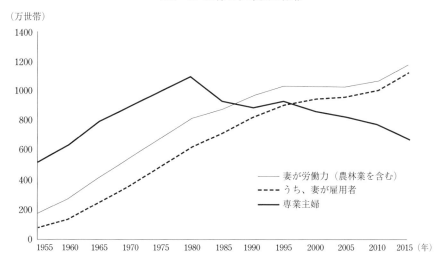

図序-1. 共稼ぎ世帯数の推移

出典：総務省「国勢調査」（1955～1970年）、「労働力調査特別調査」（1980～2000年）および「労働力調査」（2005年以降）より作成。なお1975年データは存在しない。

も、女性労働の実態が探求されなければならないと思われる。本書はこうした問題意識にたって、社会階層的基盤や地域の差異を踏まえつつ、女性の就業率の高い地域におけるインテンシブな実態調査から迫ろうとしている。

（3）製造職の既婚女性労働者への注目

　以上の既存研究を踏まえるならば、第二次大戦後、女性が働いてきた地域や職場、さらには家族の実態把握にもとづいて、ジェンダー視点から女性労働者の労働—生活史を掘り起こし、位置づけようとする研究が必要となろう。本書は、戦後女性労働史における希薄な部分をいささかでも埋めていくこと、また女性労働者の実像に迫る研究の活性化に寄与することを、まずもって念頭においている。こうした問題意識から戦後女性労働史を把握する上で何よりも注目すべきは、高度成長期における製造業の生産工程に従事する女性労働者層であると考える。女性雇用者のうちの生産工程・労務作業者比率は、1950年、1960年にそれぞれ41.2%（361万人中）、35.9%（716万人中）を占め、最大多数を占めてきた（国勢調査）。高度成長のピークの時期以降、産業構造の転換にともなっ

て事務職や販売職の増大に押される形で、相対的に減少傾向を示していくが、こうした動態を見れば、製造職の女性労働者こそが高度成長期を牽引した重要な存在であったことは明らかである。

　戦後期の製造職に注目しつつ既存研究に目配りするとき、女性労働者への関心はきわめて薄かったと言わなければならない。戦前期の女性労働の主流をなした女性繊維労働者への関心は、戦後も出稼ぎ型労働者の典型的存在として1950年代までは保たれていた（大森，2014: 233-234）。だが「賃労働の封建制」論議の衰退後、1960年代には、労働研究のメインストリームは、男性大企業労働者を中心とする労働市場、あるいは労働組合を対象とする研究へとシフトしていった。その一方で経済成長とともに、女性労働者を多数吸引してきた繊維産業の重要性が低下する中、女性労働への研究関心は沈潜化していった。1970年代以降、高度成長期の後半期からしだいに数を増大させていったパートタイマーに、大きな関心が払われるようになっていくのは周知のことであろう。高度成長期の女性労働については限られた研究にとどまっており、この時期に女性たちがどこでどのように働いてきたのかについては、必ずしも明らかにされてきていないと思われる。

　こうした中、私たちが参照すべきは戦後日本の女性労働者像を先駆的に把握しようとしたH.マクノートンの研究である（Macnaughtan, 2005）。彼女は、J.ハンターの戦前期日本における繊維産業に従事する女性労働者に関する研究（ハンター，2008）を引き継ぎ、1955年から1975年までの綿織物工業を中心とする繊維産業を研究対象としている。その問題意識の出発点には、この時期の産業内部における女性労働の実態および女性の地位に関する詳細な研究が欠落していることが据えられており、私たちの問題関心とも重なっている。彼女はこの欠落を埋めるために、公的な産業関連資料、企業経営側の資料とともに、「女性の声」を把握するためのインタビューとアンケートによる調査データを組み合わせて、繊維産業の雇用構造と労働者像に迫ろうとした。戦後の女性労働史研究にとって新たな方向性の開拓に資する研究として注目すべきあり、これに匹敵するような、あるいはこれをさらにのりこえるような研究が求められていると考える。

　こうした既存研究を踏まえるならば、今求められているのは、上述のマク

ノータンが提起したような特定の産業における雇用慣行の中の女性労働の実態、およびその担い手としての女性労働者像に迫っていくケーススタディを積み重ねることであろう。私たちは製造職が戦後女性労働史の源流ではないかと考え、1960年代に家電メーカーで働いてきた女性労働者のケーススタディをすでに試みている（木本, 2004a）。その後、マクノータンの研究に示唆を得て、製造職の一環としての繊維産業に的をしぼって、女性労働の集積が見られる繊維産業地域を研究対象とするフィールドワークを積み重ねてきた。[5]

　本書の研究の特徴は、既婚女性労働者層を主軸に据えている点にある。マクノータンは、既婚女性を視野に入れながらも、この層に関する記述はうすく、あくまでも未婚の女性労働者層に分析の重点をおいている。その理由は、彼女の主要な関心が戦前期と戦後初期の未婚女性労働者の連続性／非連続性におかれていたためではないかと推察される。戦後期における若年女性労働者の募集・採用方式、寮および賃金水準の改善過程、教育・資格を得る機会の提供等、経営者側の若年女性労働者へのアプローチが戦前期とは大きく異なっていたことが丹念に描かれていることから、うかがい知ることができる。だが、戦後の労働市場において、高度成長期に未婚女性中心型から既婚女性中心型へと大きく転換をとげた変動過程を念頭におき、またパート化の動きが強力に推進される1980年代以降をも射程に収めて戦後女性労働史を把握しようとするとき、製造職の既婚女性についてのあつい記述が、詳細な分析に裏打ちされた形でなされる必要があるのではないかと考える。マクノータンが中心軸に想定する未婚女性はあまりにも若く、また高度成長期を経て若年女性労働者自身が高学歴化を遂げる中、当初は製造業の生産工程に多投されたが、やがてはサービス職に雇用されるようになった。そうした高学歴化が進行する過渡期にあった高度成長期に、若年女性を労働力として安定的に確保することが困難となる中、既婚女性が担ってきた役割を重視する必要があるだろう。製造職の既婚女性労働者層が、高度成長を支える上で重要な存在であったことに注目する必要がある（木本, 2004a）。のちのサービス経済化の進展は異なるタイプの女性労働者層をつくりだしていくが、既婚の製造職女性は、男性とは異なる雇用慣行のもとにおかれている現代日本の女性労働にとって重要な源流のひとつをなしており、この層の労働—生活過程の探求は戦後女性労働史を描く上で不可欠であろ

う。したがって私たちは製造職をマクノータンと同様に機軸と捉えつつ、むしろ既婚の女性労働者層に力点をおくべきだと考えてきた。

　さらにマクノータンの研究の場合、集団就職によって集められた若年女性に重心をおいたために生じたことであると考えられるが、女性労働が具体化する場としての地域労働市場にはほとんど関心が払われていない。女性労働者像のリアリティに迫るためには、地域労働市場と諸個人とを媒介し接続する家族的な諸条件、その階層性や、地域ごとの労働文化を含むローカリティを視野に入れるべきではないかと考える。そのために私たちの研究では女性労働と家族変動とを視野に含み、ローカルな労働市場における既婚の製造職女性の詳細な事例分析を中心課題に据えている。

　こうした点を乗り越えるべき方法的課題と設定しつつも、「女性の声」に注意深く耳を傾けたマクノータンの調査研究の方法を、私たちは踏襲し発展させたいと考えている。そのさい、女性労働者たちが自分自身の生きて働いてきた過程をどのように解釈し構築しているのかという点を重視し、女性労働者自身の体験や目線およびその思いにできるだけ寄りそうことに留意しようとすれば、ミクロな生活世界を、マクロな歴史像にいかに架橋するのかという課題が問われることになる。近年の労働史を中心としたオーラルヒストリーの可能性を探る研究方向に刺激を受けていることを付け加えておきたい。オーラルヒストリー研究法やライフストーリー研究法などといった一連の方法の出発点をなすのは、ライフヒストリー研究法である。いずれも社会構造における諸個人に照準している点で共通性があり、社会的諸関係の網の目に位置している諸個人が、社会変動を受けとめつつ、これに対応を重ねて生き抜いてきた過程を重視する方法である。インタビューを通じて語られたライフヒストリーの分析を通じて、個々人の労働と生活の展開過程にマクロな社会変動がいかなる影響を及ぼしているのかという客観的側面とともに、個人が社会変動の波をどのように受けとめていかなる方途を用いてくぐり抜けてきたのかという主観的側面の把握が可能となる。後に詳述するが本書のもととなる勝山市でのインタビュー調査データは、織物業に従事してきた既婚女性労働者や男性労働者をはじめ、さまざまな人々に、ライフヒストリーを尋ねる調査票をもとに書きおこされたトランスクリプトを基本としている。これの用い方は、各章の執筆者によって異

なっている点をあらかじめお断りしておきたい。書き手によっては厳密な実証的アプローチにとっての素材としてこれらのデータを使用する場合もあり、また語り手によって語られた世界と経験を重視しこれに寄りそって把握するライフストーリー（桜井，2002: 28）に近い方法を採用する場合もある。各々の章の主題にそった形で、これの用い方は異なるが、女性労働者の働き方、生き方を重視し、これを把握しようとする問題意識は本書全体に通底している。

（木本喜美子）

（4）戦前の繊維女性労働に関する研究との接点

　前項では、高度成長期の女性労働者を対象とした研究が手薄な状況にあって、本書では、マクノータンと同様に織物業を対象としつつ、既婚女性という対象および地域労働市場という視点を重視すると指摘した。ここでは、戦前の繊維産業の女性労働の多様なあり方がどのように論じられてきたのかを検討することによって、本書の研究対象および本書が重視する分析視点がもつ意味をさらに捉え返しておく。また、そうした戦前に関する先行研究においては女性労働を論じる上で不可欠であった分析視角が、戦後に関する研究においては失われてしまっているのではないかということを指摘しておきたい[7]。

　さて、戦前の繊維産業に関する膨大な研究を、女性労働という観点から総括したのが J. ハンターである。この研究から、私たちは戦前の繊維女性労働者の多様性と全体像を知ることができる。紡績・製糸・織物といった部門の違いを超えて、労働市場の複雑さとジェンダーの問題が、戦前の繊維産業における女性労働のあり方を規定していたという結論も説得的なものである。しかし、膨大な研究史が示す多様な歴史的事実を踏まえながらも、包括的な結論を提示するときには、軽視されてしまう事実や論点が出てくることもやむを得ない。遠隔地募集がもたらす労働市場の複雑さと未婚女子労働者におけるジェンダー要因が、労務管理のあり方を規定したと論じるとき（ハンター，2008: 58, 324）、近隣から通勤する既婚の女性労働者をどのように捉えるかという論点は、後景に退いた感があることは否めない。

　ハンターが注目した複雑な労働市場とジェンダーの問題は、主に農村において「家」の成員として存在した女性が、労働市場に参入する際に生じる問題

であった。そうした「家」からの労働力の供給のあり方を理論的かつ類型的に論じたのが東條由紀彦である。東條は、産業革命期における「家」からの労働力の供給の論理を「奉公」と「家の副業」に分けつつ[8]、それが紡績業、製糸業、織物業の各部門においてどのように現れたかを類型化しようとした（東條,2005）。その類型論は、繊維産業あるいは近代日本の女性労働の多様なあり方を捉える包括性と理論的な体系性を備えている。しかし、東條は、自ら詳細な事例研究を行ったのが製糸業だったこともあってか、ハンターと同様、未婚女子の遠隔地募集をともなう労働市場のあり方に強い関心を寄せていたように思われる。その意味で、生家における成員資格を失わない形で供給される「家の副業」という労働力のあり方については、量的には大きな比重を占めるとしながらも、その内実について必ずしも十分な関心が向けられているわけではない。東條もハンターも、通勤の成年女子の存在には目を配りつつも、最終的に注目したのは、複雑な労働市場の下で多かれ少なかれ物理的にそして社会的に「家」から切り離されて存在した未婚女性労働者の姿であったように思われる。

　こうした特に紡績業や製糸業の女性労働者に多く見られた特性が注目されてきた一方、東條の用語でいうところの「家の副業」のあり方により敏感であったのは、織物業に関する研究であった。まず、織物業の研究においては、「家」の成員は、そもそも簡単に「家の副業」という形で雇用労働者化しないという指摘がある。谷本雅之は、埼玉県入間地方の織物業の分析から、小農家族にとっての織物業は、農業経営の労働需要の変動に即して柔軟に成員の労働力を燃焼しようとするための「余業」であり、その柔軟性を失ってまで成員を「家」の外部の雇用労働に従事させるという選択はとられにくいとした。そしてこうした小農家族の戦略が、賃機を底辺とする問屋制家内工業を下支えしていたというのである（谷本, 1998）。しかし、おおよそ1920年代以降に進んだ力織機化は、動力化に対応できない賃機を衰退させ、全体として農家から雇用労働者が析出されるプッシュ要因となった。橋野知子は桐生産地および福井産地、橋口勝利は知多産地の検討から、力織機化によって賃機が衰退する一方、雇用労働者が増加する中で、地域の労働市場が形成されていった状況を捉えている（橋野, 2005；橋野, 2012；橋口, 2017）。このように織物業において地域労働市場が成立していった状況[9]は、戦間期に労働市場がさらに遠隔地化していった紡績

業の状況とは、かなり異なるものであった。本書が対象とする調査対象地域でも、次項で述べるようにとりわけ昭和戦前期に産地が発展する際に、近隣の農村を変質させながら地域労働市場が確立していった様子がうかがえる。

こうした戦前の繊維女性労働に関する研究においては、女性の就業あるいは雇用労働のあり方を捉える上で、供給主体としての「家」との関係を重視する視点が存在していた。そして、その「家」との関係のあり方と、それがつくりだす労働市場の制度的なあり方には、かなり多様な形が存在した。とりわけ既婚者を含む通勤の女性労働者と、遠隔地募集で集められた寄宿舎住まいの女性労働者の場合では、その存在のあり方や「家」との関係はかなり異なっていた。そして、戦前から、既婚女性が雇用労働者として働き続ける働き方が存在し、それが近代的な大規模工場というより、織物業のような在来的な産業の工場で営まれていたことは忘れてはならない史実である。もしそれが忘れられてしまった場合、「家」から切り離されることなく、「家」と「工場」という性質の異なる社会的な「場」のあいだを往き来しながら、双方で存在感を発揮していた女性の生き方、働き方が存在していたことが捉えられなくなってしまう。

戦前の繊維産業に関する歴史研究が注目したのは、あくまで労働力の供給の論理やそのあり方である。それに対して、本書の課題は、女性たちが経験した具体的な労働や家族生活の場面を捉えようとするものである。しかし、本書が、地域労働市場において既婚女性がどのように労働や家族生活を営んでいたのかを捉えようとするとき、それは上記のような戦前の繊維産業に関する先行研究が示してきたように、「家」との関わり方が女性労働の多様なあり方をもたらすという分析視角を、戦前と戦後の家族制度の違いを視野に入れつつも、当然ながら踏まえているということをここで確認しておきたい。

（勝俣達也）

2．調査対象地域の特徴と本書の構成

（1）勝山市の位置づけ

本書が対象とする地域は、福井県勝山市である。以下では、勝山市の歴史的

バックグラウンドを中心とした地域概況について述べるが、その前に、私たちがこの地域を調査対象地として選定した経緯について言及しておきたい。また近年の福井県が、「福井モデル」「北陸型モデル」として注目されていることについても若干触れておこう。

　本書の課題意識に照らした場合、雇われて働く既婚女性労働者が存在する地域を取り上げてのフィールドワークが、私たちにとって避けては通れない課題であることはすでに述べたとおりである。そこで私たちは、マクノータンの繊維産業への注目と本格的な実証研究の開拓に触発され、繊維産業を擁する地方圏に着眼するところとなった。そのために勝山市へのフィールドワークに先だって、福島県伊達郡川俣町および福島県伊達市梁川町・保原町を取り上げて、実態調査を重ねた。その成果についてはすでに論文としてまとめているが、こうした調査研究の展開過程で織物産業に引き続き注目する必要があると考えるようになった。織物産業は、高度成長期をはさんで、既婚女性が継続的に働いてきた産業であるからである。ただし後にも触れるように、福島県伊達郡川俣町は、小規模の機屋の集積が見られる地域特性を有しているのに対して、より大規模な織物工場の蓄積が見られた地域を把握しておく必要を痛感するようになった。そこで当該地域のインフォーマントを得ながら、2011年10月から2013年3月にかけて、勝山市でのフィールドワークに取り組んだ。お一人お一人のお名前を挙げることはしないが、私たちに調査対象への、文字通りの道案内をしてくださった方々、またインタビュー調査に粘り強くおつきあいくださった方々に、心から感謝している。[10]

　ところで近年、福井県を取り上げた言及が活発になされるようになった。出生率および女性の就業率もともにトップクラスであることから、少子化時代の「希望の星」として「福井モデル」が注目され賞賛されているからである。とりわけ、これまたトップクラスの三世代同居率を誇る地域であることから、親との同居が、あるいは近居が、既婚女性の就労を促進する可能性を見込んで、女性の活躍政策推進の一つのモデル地域として推奨されてもいる。[11]こうした動向に対して、批判的な視点もすでに提示されている。[12]こうして近年、さまざまな議論が交わされる地域としてにわかに注目を浴びることになった福井県ではあるが、県をひとかたまりとして論じることが適切かどうかという点について、

ここではさしあたり留保したい。少なくとも私たちの調査対象地である勝山市に限定して言えば、女性の就業率が歴史的にも高かったという伝統がある。こうした歴史的基盤と現段階での動向が重なり合っている可能性があるだろう。だが「福井モデル」に関する賛否両論において、こうした歴史的基盤について踏まえられることはほとんどない。本書において、勝山地域における女性労働の歴史的基盤を解明することは、広い意味では、女性労働の現代的課題に応えることにもなると思われる。ただし本書は、高度成長期をはさんだ女性労働のあり方自体を詳細に把握・解析することを課題としているため、今日的な「福井モデル」について論じることはさし控えたいと考える。[13]

(木本喜美子)

(2) 勝山市の高度成長期前史

　福井県勝山市は、九頭竜川の右岸、福井市からえちぜん鉄道勝山永平寺線で山間に約50分入った盆地に位置する。ここは、羽二重の生産を中心に発展してきた織物産地（以下、勝山産地）として知られる。産地が栄えていた1960年の織機の分布が示すとおり、機屋の大半は町村合併（1954年）以前の旧勝山町

図序-2. 1960年の勝山市内における織機の分布

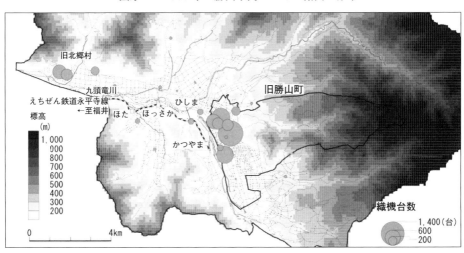

資料：『昭和36年版　福井県繊維年報』p. 204-210 により作成。

表序 -1. 1916 年における旧勝山町の人口指標

	男	女	総数	性比
本籍人口（a）	4,169	4,276	8,445	97.5
現住人口（b）	3,645	3,951	7,596	92.3
b/a（%）	87.4	92.4	89.9	

資料：大正 5 年福井県統計書第一篇により作成。

内に立地していた（図序 -2）。また、旧北郷村にも小規模な機屋の集積が見られ、これが第 6 章の分析対象である「農家機屋」に相当する。

　勝山産地における織物業は、旧町人層のタバコ製造・販売による資本蓄積を基に興ったとされる（勝山市編，1992：和田，1980[14]）。勝山産地を含む大野郡は、福井県の中では後発の機業地として発展してきた地域であるが、明治 40 年代に進んだ力織機化と、第一次世界大戦を契機とする輸出の急増により、産地は発展を遂げた。また、勝山産地は、少数の指導的な大規模機屋の存在によって特徴づけられる。高度成長期に産地をけん引した主要な機屋は大正期には出そろい、同時期には運転資金を融通する産業組合が結成されるなど、産地の組織化も進んだ。しかし、その経営は好不況の波に揺られる不安定性をはらんでいた（勝山市編，1992）。大手機屋が事業を拡大していた時期にもかかわらず、1916 年の旧勝山町では本籍人口よりも現住人口が少ない（表序 -1）。産地外からの労働力の流入はあったにせよ、この頃の勝山産地はむしろ（おそらく関西への）労働力の流出地域であった。

　昭和初期になると、人絹の生産が盛んになり、勝山産地を含む福井産地は「人絹王国」と呼ばれた。1927 年から約 10 年間で大野郡の職工数はほぼ 3 倍にふくれあがり、機業地の周辺農村部では、家族の一員が職工として機屋に勤めに出る兼業農家（「職工農家」と呼ばれた）が急増し、機業地に移り住む者も増える傾向にあった（勝山市編，1992: 434）。旧勝山町への人口集中が見られた一方、近隣農村部では旧勝山町などの機業地への通勤者が増加することによって、労働力が流出してしまうことが問題となる地域も現れた（勝山市編，1992: 426-432）。こうした旧勝山町内および周辺地域において通勤者を中心とした労働市場が成立していったにもかかわらず、労働力不足は深刻であり、県外からの労働力の確保や周辺農村部への分工場建設が進められた。織布工が韓国で募集さ

れた記録もある（勝山市編，1992）。人手不足は職工天下と呼ばれる状況を生み、大手機屋は近代的な寄宿舎はもとより、レクリエーション施設などを整備し、慰安旅行を行ったりボーナスを支給したりして、「おりこ（織子）さん」を確保するのに必死であった。旧勝山町の託児所設置をめぐる議論が大手機屋を巻き込んで起こったのも、この頃の労働力不足を背景としている（第4章参照）。

　第二次世界大戦が本格化すると、企業整備などによる機屋の転廃業が相次ぎ、産地は冬の時代を迎える。戦後、1947年に民間貿易が再開され、朝鮮戦争の特需を反映した好景気を迎えるに至って、織物業は息を吹き返す。しかし順風満帆の成長が続いたわけではない。それまでの機屋の経営は、原料の絹糸や人絹糸を安い時に仕入れ、製品である織物が高いときに織布して出荷するという投機的な行動原理によるところが大きかった。よく言えば経営の自律度は高く、潮目にあたれば経営者は「成金」を手にした。しかし「糸ヘン景気」「ガチャ万景気」と呼ばれる1950年前後も、相場は不安定で機屋の経営は安定性を欠いていた。

　1950年代前半、繊維需要の中心が絹や人絹から合化繊に移行すると、機屋は経営の大転換期を迎える。合化繊原糸メーカーの系列に加わり、供給された原糸を賃織する経営形態へと移行していったのである。相場師としての勘と度胸は無用の長物となり、高度成長期が本格化する1960年代における機屋の課題は、もっぱら織布工程の労働力調達と労務管理に絞られることになった。近代的な経営者たることが求められるようになった、と言い換えてもいいだろう。そして勝山産地では、系列化が労働組織や労働過程、労働力需要に大きな影響を及ぼし、集団就職を通じた労働力の獲得に動いていくこととなる。以下では節を変えて、このことを見ていこう。

（3）高度成長期における勝山産地の変容

　高度成長期における勝山産地の特徴は、私たちがこれに先だって調査対象と設定した中小機屋からなる産地である川俣産地と比較するとわかりやすい。1960年の時点では、両産地の繊維産業事業所数はほぼ同じであったが、事業所一人当たりの従業者数は勝山市が大きく上回っている（表序-2）。勝山産地では従業員数、雇用条件、生産技術の各面において大手機屋が抜きんでていたのに対し、川俣産地は中小機屋の集積によって立っていたことの表れである。しか

表序 -2. 1960 〜 80 年の勝山産地と川俣産地の繊維工業の主要指標

		事業所数	従業者数（人）		製造品等出荷額（万円）	
			総数	1事業所当たり	総額	1人当たり
勝山市	1960 年	200	5,041	25.2	416,720	82.7
	1970 年	401	6,932	17.3	2,052,230	296.1
	1980 年	455	4,736	10.4	4,116,519	869.2
川俣町	1960 年	198	2,932	14.8	231,278	78.9
	1970 年	262	2,747	10.5	475,512	173.1
	1980 年	213	1,752	8.2	1,243,895	710.0

資料：福井県統計課『工業統計調査』、福島県企画調整部統計調査課『工業統計調査結果報告書』より作成。

し生産性を表す一人当たり製造品等出荷額には、さして大きな差はなかった。

　勝山産地は、1960 年代を通じて急成長を遂げ、1960 年と 1970 年を比較すると、事業所数は約 2 倍、従業員数は約 1,900 人の増加、製造品等出荷額については約 5 倍に達した。これとは対照的に、同時期の川俣産地では製造品等出荷額の伸びが約 2 倍にとどまり、従業員数に至っては減少に転じている。1970 年について注目すべきは、前後の時期に比べ、産地間で一人当たり製造品等出荷額に大きな開きが生じていることである。つまり、1960 年代に勝山産地の生産性が飛躍的に向上したのに対し、川俣産地ではそれほどでもなかったことになる。このことは、産地の系列化の受け止め方と密接に関連している。

　原糸メーカーの系列に加われば、相場リスクは軽減され、織布工賃を確実に手にすることができるため経営は安定する。同時に、次第に原糸メーカーの意向が機屋の経営に影を落とすようになり、常にコストを意識した経営が求められてくる。こうしたいわば外的圧力に対して、勝山産地の大手機屋は二部制を導入し、織機の稼働率＝資本の回転率を上げることで対応した。[15] これに対して中小機屋からなる川俣産地では、家族従業者の長時間労働による実質的な賃金切り下げで対応する例が多く、二部制の導入は福井産地に比べて遅れた（勝俣, 2012）。

　同じ織機台数であっても、二部制を採れば、必要な労働力はおのずと増加する。しかし未経験者が必要な工程を全て身に付けた織布工になるためには、4 〜 5 年の経験が必要である（勝山市編, 1992: 780-781）。そこで、より短い期間で

織布工程の即戦力となる従業員を育成するため、勝山産地の大手機屋では分業制が導入された。それまで織布工は、運転士と呼ばれてきた調整工が担当する織機の調整と準備工程以外の作業を、全て一人でこなしていた。習得が特に難しい糸切れや織傷の補修作業を、経験豊かな補修員に任せ、糸の補給や注油などについても専従の人員を配置したのである。これによって未経験者でも半年程度で戦力化できるようになり、一人の持ち台数が飛躍的に増加した。

分業制以前の勝山産地では、生産効率は属人的なスキルに依存していたため、織布工については出来高による請負給が賃金総額の7〜8割を占め、基本給や出勤手当が2〜3割という賃金制度が適用されていた（『B社社史』65頁[16]）。結果的に織布工の賃金は、出来高給が導入されていなかった準備工に比べてかなり高くなったため、機屋の女性は織布工程に移りたいと願ったという。しかし、未経験者は準備工程に配属されるのが普通であり、そこから適性があると認められた人が織布工として抜擢されていた。分業制が導入されると、そうした選抜は不要になり、後述の「集団就職者」を受け入れ始める頃には、新規中卒者を織布工に配属できる体制が整っていた。

分業制の導入は織布工一人が担当する織機台数を増加させ、勝山産地の労働生産性を向上させた。織布工の熟練というボトルネックが解消されると、労働力については質よりも量を確保することが重要になっていく。こうして分業制が導入され始めた1950年代後半になると、勝山産地では労働力不足が顕在化した。大手機屋は、次第に労働力を産地外に求めるようになり、1960年代には、遠く九州や北海道から、「集団就職者」を受け入れるようになったのである（第1章参照）。

労働力不足を背景に、勝山産地では戦前の職工天下の時期が再現された。機屋はあの手この手で若年女性の定着率向上を図るとともに、女性従業員に対して結婚後も働き続けることを奨励した。二部制導入にともなう分業制を承けて、大手機屋では賃金面でも出来高制が廃止されて固定給となり、男性に比べれば傾きは緩やかであったが勤続給に相当する昇給が制度化された。こうして、勝山産地では、女性が同一職場に勤続する職歴が典型をなすようになった。勝山産地の女性たちは、産地の担い手である以前に、会社共同体の一員であった。そのことは、かつての同僚どうしの私的な付き合いが継続しているのは当然の

こととして、大手機屋のOB・OG会が組織され、会合がもたれていることが物語る。

　中小規模の機屋が卓越する川俣産地では、二部制の普及は限定的であり、工程間の分業が概ね準備工と織布工留まりであったため、依然として生産性が属人的な熟練に大きく左右されていた（勝俣，2012）。1960年代の労働生産性の伸びが緩慢だったのは、そのためである。一定数の若年未婚女性労働力が確保できれば、分業が合理的となる規模に達して生産性が向上するばかりでなく、彼女たちには家族的義務がほとんどないために二部制も同時に可能となり、ますます生産性が向上する。つまるところ、勝山産地はそれを達成し、川俣産地はそれを達成しえなかったということになる。

　以上では、労働組織、労働過程、賃金制度、労働力需要（質的・量的）、労働力移動といった生産の論理に重きをおいて、高度成長期における勝山産地の成長過程を素描してきた。ここまでの簡単な記述によっても示唆される通り、生産の論理は生産の外にある諸契機と本質的に切り離しえない。本書の各章で展開されるのは、勝山産地における生産の世界の構造およびその動態と、個人のライフヒストリー、家族史、地域社会、労働者としてのアイデンティティなどとの関係性を解きほぐし、織り直す作業であると言える。その作業は、空間的・社会的に多様性を帯びたいくつもの女性労働史が、相互に関連しつつ併存し展開しているという、当たり前だが見落とされがちな事実を示すことによって、記号化された高度成長期日本の女性像の脱構築を図る試みである。

（4）実態調査とインタビュー対象者の概要

　私たちが勝山産地での調査地に初めて入ったのは2011年10月のことであった。以来2013年3月にかけて、織物業に従事した経験をもつ女性28人に対して1回2時間程度のインタビューを行い、彼女たちのライフヒストリーをつぶさに聞き取ってきた。調査後は、インタビューの録音とメモをもとに調査記録を作成して調査参加メンバー間で共有し、必要と判断された場合には、同一の対象者を再調査した。最も多い場合には3回に及ぶインタビュー調査に応じていただいた。インタビュー調査から収集されたデータの利用・公表について、インタビュー開始時に、匿名とし個人を特定できないようにすること、学術的

な目的に限って使用することとして許可を得ている。それぞれの調査対象者の、未婚時および結婚後の家族的背景と就労との関係については、本章の末尾に掲げた調査対象者リスト（表序-4）を参照されたい。大規模な機屋が存在する勝山産地では、運転士と呼ばれた元調整工の男性や元労務担当者、寮の舎監であった女性とともに、労働組合に対する調査も不可欠であった。また、高度成長期の社内報や内部資料などが一部残存していたことは幸運であった。調査の過程で、遠隔地からの「集団就職者」の存在が勝山産地を特徴づけていることがわかったため、「集団就職者」として勝山産地で働き、その後出身地である福岡県筑豊地区に戻った女性3人にもインタビューを行った。以上のほか、勝山市近郊の北郷地区における農家機屋が、農業と女性労働との関わりを捉える上で欠かせないことから、9人にインタビューを実施した。

　表序-3は、インタビュー対象者となった既婚女性労働者の属性をまとめたものである。対象者は、1930〜1940年代生まれで調査時点の年齢が60〜70歳

表序-3.　調査対象となった女性の属性

生年	1910年代1人、1920年代5人、1930年代8人、1940年代2人、1950年代2人　［平均1938.0年、中央値1940年］
調査時年齢	調査時期：2011年10月〜2013年3月 90歳代4人、80歳代3人、70歳代8人、60歳代13人 ［平均73.0歳、中央値72歳］
きょうだい数	平均4.89人、中央値4人
出身地	旧勝山町内4人、周辺村部11人、福井県（勝山以外）3人、石川県1人、北海道3人、東北3人、九州2人、不明1人
学歴	尋常小卒7人、中卒18人、高卒2人*、不明1人
働き始めた年代	1930年代5人、1940年代3人、1950年代10人、1960年代10人（戦前7人）　［平均1953.0年、中央値1955.5年］
結婚年齢	平均初婚年齢21.4歳、中央値21歳 最年少19歳（2人）、最年長25歳
結婚後の世帯形態	夫婦家族8人、夫方同居19人、妻方同居1人
子ども数	子一人：2人、子二人：14人、子三人：4人、子四人：5人、子五人：2人、養子のみ：1人
出産時年齢	第一子：平均22.3歳、中央値22歳 末子：平均27.1歳、中央値26歳
夫の主職が機屋関連	18人／28人

* 勝山で定時制高校に通った例1人を含む。
資料：インタビュー調査により作成。

代の人が中心であった。産地の最盛期である 1950 ～ 1960 年代に就職し、その後も産地を支えてきた女性たちである。特徴的なのは、新規学卒時の「集団就職」によって勝山産地に移住した県外出身者がいることである。これに関しては、第 1 章で詳述する。

　勝山産地において織物業に従事した女性はかなり早婚であったようであり、20 ～ 22 歳での結婚が 20 ケースに上る。これは、彼女たちの多くが未婚時に寮生活をしていたことと関連していると考えられる。 1969 年に実施された調査（福井県企画部統計課, 1970）によると、大半が寮に居住していると思われる勝山市の単独世帯の女性は、15 ～ 19 歳が 669 人であったが、20 ～ 24 歳になると 105 人へと激減し、25 ～ 29 歳では 8 人とほとんど見られなくなる。インタビューにおいても、同年代の女性が次々に結婚し退寮していくことが結婚を意識させたとの語りが得られたことから、20 歳を過ぎて間もなくの結婚を理想とする考えが強く働いていたと思われる。結婚後の家族に関しては、夫方の親世代と同居する例が目立ち、三世代同居規範の存在がうかがわれる。また、子ども数が 3 人以上である例が少なくない。

　夫の職業を見ると、夫も機屋に勤務していたケースが半数を超えている。1960 年代における勝山産地最大の機屋の従業員数は優に 1,000 人を超えており、女性織布工に交じって多くの男性が織機保全工（運転士）などとして働いていた。大手機屋では、職場結婚をした後も、夫婦とも勤続することが普通であった。雇用する機屋の側も、夫婦のシフトをずらすなどして、仕事と家庭生活との両立に支障がないように配慮していたようである。なお私たちのインタビュー調査対象者へのアクセスは、勝山市のインフォーマントからの紹介を得ることによって可能になったが、全体として見たときに、女性織物労働者のうち、準備工（経糸や緯糸の準備など織布の前工程を担当）として職を全うした人々へのアクセスが必ずしも十分ではなかったことをお断りしておきたい。

　このように、外形的に見る限りでも、勝山産地の特性が女性の仕事と家族にわたるライフヒストリーに反映されている。以下の各章では、職場にとどまらず、それを含む地域社会と女性のライフヒストリーとの関係性が、彼女らの生きられた経験に即して、より立体的に描き出されるであろう。

（中澤高志）

（5）本書の構成

　各章は、次のような主題を追求しているが、各章の紹介に入る前に、本書の執筆スタイルについて触れておきたい。本書は、科学研究費による調査研究の「報告書」のような執筆方法をできるだけ避け、各章ごとに読み切り風のスタイルをとるように心がけている。すなわちできる限り、章ごとに扱おうとするテーマが関連する分野との関わりにおいて「問い」をたて、各章の末尾には、それに対する「回答」を示すようにしている。そうした方が、読者にとって読みやすいものになるだろうと考えたからである。先にも触れたが本章の末尾に、本書の基本データである既婚女性労働者のインタビューリスト（表序-4）を掲載している。第1章以下の既婚女性労働者の記述にあたっては、このリスト中の通し番号を用いているので参照されたい。

　第1章では、私たちが同様の調査研究を先行して行った川俣産地との比較を交えながら、勝山産地において織物業に従事してきた女性労働者の働き方と生き方に見られる地域性に焦点を当てる。織物業に関する従来の研究では、縦の系列の歴史的発展段階が重視され、横の系列に当たる労働市場の社会的調整のもつ地域性自体はその陰に隠されてきた。そうした問題意識に立脚し、「労働の地理学」の成果を批判的に摂取しつつ、労働市場の地理的多様性が、女性の働き方や生き方と密接不可分に関わっていることを明らかにすることで、女性労働研究にとって地域性のもつ意味を提起する。

　第2章では、高度成長期前半に調査対象企業において進められた生産管理・労務管理の近代化のプロセスが検討される。本書の事例に限らず、織物業の特に織布工程においては、戦前からしばしば出来高給にもとづく管理が行われていた。そのような現場管理のあり方が、戦後の経営環境の変化によって、生産管理や賃金制度の変化をともないながらどのように変化していったのかを明らかにし、さらに、出来高給のもとで稼ぐという働き方・生き方に強く主体化していた女性たちの労働意識が、こうした生産・労務管理の近代化を経てどのように変化したのかについても分析する。

　第3章は、織物業に継続的に就労してきた既婚女性のライフヒストリーに分け入って、未婚時および結婚を経た後の彼女たちの就労と家族との関係を探る。その際とりわけ女性が働きに出ることを誰が決め、稼得する賃金の帰属をめぐ

る決定権を誰が握っていたのかを把握することを通じて、世代間関係の作用を捉えるとともに、地域社会内部の慣行と規範が、彼女たちの継続的就労に与えた影響にも分析の射程を延ばして迫ろうとする。以上を通じて、製造職の既婚女性が自己の労働にいかなる意味づけしながら日々たち向かっていたのかを考察し、女性が働く意味を考える糸口を探る。

　第4章は、戦前期と戦後期を通じて既婚女性が継続就労してきた地域特性に着目し、織物業に従事してきた女性労働者の保育と家計の中での稼得役割を考察する。高度成長期は主婦化の時代とされてきたが、ここでは織物産地において共稼ぎで働き続けた女性たちの保育をめぐる町政と機業、労働者家族の3者が織りなす関係史を、戦前期から戦後期に至る託児所設置に関わる文書およびインタビューを用いて分析する。女性が働くことを支える保育と労働者としての自己認識との関係を探る。

　第5章では、女性労働者と労働組合の関係について考察する。一般に労働組合の運動は女性労働者の要求を反映してこなかった、組合執行部に女性はほとんど存在しないと指摘されてきた。労働者の大半が女性である繊維産業の実情はどうであったか、当該地域のある大手機業を取り上げて検証する。賃金の大幅な男女格差が存在する労働環境、労働条件の中で、既婚者が多い女性労働者は、1960年代末から組合運動の中枢に入り、自分たちの熟練度（腕）にみあう賃金制度や働き続ける条件を要求するようになる。こうした過程や背後にある諸条件を探る。

　第6章では、「農家機屋」と女性労働との関連を考える。戦後、福井県では人絹ブームの再来によって、農家機屋が急速に広がるが、やがては淘汰されていった。ところが、勝山市内の北郷地区では零細な農家機屋が生き延びており、そこでは「家」の稼ぎ手として女性が決定的役割を果たした。零細農の女性たちはいかにして、家業労働を担い、自らの労働を意味づけ、家族内の葛藤を乗り越えようとしたのかを明らかにする。また、長時間におよぶ家業労働を許容する地域内の諸条件を探る。

　補論では、序章の一部で展開した戦前期の繊維産業に関する研究を改めて取り上げ、特に「家」あるいは家業と、そこから供給される女性の雇用労働力の多様な関係のあり方が、どのように捉えられてきたのかを整理、検討する。さ

らにその文脈から、本書の事例の特徴を、日本の繊維女性労働の歴史において
どのように位置づけることができるのかについて補説する。

　最後に、本書を通じて多面的に浮き彫りにしてきた地域事例をくぐり抜ける
ことによって、冒頭で提起した近代家族論と既婚女性の就労との関わりをいか
に捉えうるのか、とりわけ社会階層差と地域差をどのように整理できるのかに
ついて考えることで、終章にかえたい。

（木本喜美子）

注

1) 女性労働研究の課題を検討したものとして、木本（2016）を参照されたい。
2) 本書は、『竹中恵美子著作集第二巻』（明石書店，2012年）として再刊されている。
3) 上野千鶴子もまた、資本制と家父長制の二本の軸を用いた理論化を行っている（上野，1990）。
4) 竹中らが理論的基盤としたイギリスの家事労働論争は1970年代には隆盛をみたが、論争自体が『資本論』の引用に熱意を注ぎ、現実的に女性が担う雇用労働から離れていく傾向があったために1980年代の初頭には衰退した（ビーチ，1993）。私たちの問題意識からすれば、「資本制か、家父長制か」と大鉈を振るうようなこの議論から果たして女性労働の現実分析および史的分析のためのツールを研ぐことができるのか、との疑問を抱かざるを得ない論争であったと考えている。
5) 科学研究費を中心とする共同研究について詳しくは、注10を参照されたい。
6) 社会政策学会編『社会政策』第4号第1号に寄稿された「小特集1 オーラルヒストリーによる労働史の可能性」（27-57頁）の諸論文（市原博「小特集1に寄せて」、梅崎修「オーラルヒストリーによって何を分析するのか」、青木宏之「オーラルヒストリーによる労働研究への貢献」）を参照。このほか大原社会問題研究所編（2009）も参照のこと。また辻智子は、1950年代以降の繊維女性労働者の生活記録とインタビュー調査を併用しつつ、当事者が綴った記録を軸に、同時代の労働と生活、当事者の思いや主体形成に迫っている。注目すべき方法である（辻，2015）。
7) ここでは、本書の研究課題に照らし合わせて、戦前の繊維女性労働に関する研究がどのように踏まえられるべきかという点から、いくつかの先行研究について簡単に言及する形にとどめている。本項で取り上げた先行研究の具体的な内容を踏まえたより詳細な分析は、補論を参照していただきたい。
8) 東條の議論によれば、「奉公」の場合は、「家」の成員であったものが、その帰属先としての「家」を一時的または永続的に変更する形で労働市場に供給されるのに対

し、「家の副業」は、帰属先を一時的にも変えることなく労働市場に供給されるという違いがある（東條，2005）。

9) 家業（賃機）の衰退との関わりという文脈ではないが、中澤（2011）も戦前の川俣産地における地域労働市場の展開を詳細に実証している。それによれば、川俣でも、明治後期から大正初期の時点ではまだ住み込みの年季女工が多かったとみられるが、昭和初期には織物業に従事する女性の通勤女工化が進んできたとされている。

10) 勝山市における調査研究は、科学研究費（基盤研究（B））「〈女性労働と家族〉の史的再構成に関する実証的研究」（2010 ～ 2013 年度、研究代表者・木本喜美子）を得て行われた。この調査への参加者は、勝俣達也（専修大学）、高橋　準（福島大学）、千葉悦子（福島大学）、中澤高志（明治大学）、野依智子（福岡女子大学）、早川紀代（元明治大学）、宮下さおり（名古屋市立大学）である（ただし所属は、2018 年 3 月時点のものである）。これに先だつ福島県伊達郡川俣町を対象とする調査研究は、科学研究費（基盤研究（B））「戦後日本における『女性職』の形成・定着過程に関する実証的研究」（2007 ～ 2009 年度、研究代表者・木本喜美子）による。調査参加者は上記のメンバーの他、駒川智子（北海道大学）、笹谷晴美（北海道教育大学）、萩原久美子（下関市立大学）である。川俣町の実態調査データをベースとする既発表論文は、下記のとおりである。宮下さおり（2011）「戦後の企業経営と女性労働──東北・川俣産地の事例をもとに」『九州産業大学国際文化学部紀要』48、137-151 頁。中澤高志（2011）「在来型産業地域の構造変容と地域労働市場──福島県川俣地域における織物業を事例に」『明治大学人文科学論集』57、69-95 頁。萩原久美子（2011）「『公的』セクターと女性──ローカルなケア供給体制の変動への接近、福島県北の保育政策（1950 年代～ 2000 年代）を事例に」『日本労働社会学会年報』22、43-72 頁。Hagiwara, K. (2012) "Who wanted the public child caresupport?: Organization of "work" of female weavers, mill managers and families in northern Fukushima during high growth era", *GEMC Journal* 6, pp.72-91. 宮下さおり（2012）「経営者の妻の事業関与──その規定要因に関する考察」『九州産業大学国際文化学部紀要』51、115-135 頁。木本喜美子／中澤高志（2012）「女性労働の高度成長期」、勝俣達也（2012）「戦後織物業における女性労働と労務管理」、木本喜美子（2012）「織物女工の就業と家族経験」、中澤高志（2012）「ニット製造業の地域労働市場と女性のライフコース」大原社会問題研究所『大原社会問題研究所雑誌』650 号（特集：女性労働の高度成長期）1-63 頁。以上の他、女性労働研究の方法的整序および福井県勝山市事例に関連する再分析と資料収集、そして本書の企画構想立案と編集については、科学研究費（基盤研究（c））「高度成長期後の製造職既婚女性の労働──生活史変容に関する実証的研究」（2014 ～ 2017 年度、研究代表者・木本喜美子）。

11)『日本経済新聞』2015 年 5 月 13 日（「子育てで成果を上げている『福井モデル』が

注目されている」）を参照。同様の傾向を示す富山県とともに「北陸型モデル」とされる場合もある。藤吉雅春の『福井モデル——未来は地方から始まる』では、富山市から議論がスタートしている（藤吉，2015）。

12) 金井（2014）を参照のこと。また社会政策学会第135回大会（2017年10月）では、ジェンダー部会において「『福井モデル』を問う」との分科会が開かれた。

13) なお本書が基礎におく勝山市のフィールドワークにもとづくデータを用いて論考として刊行されているのは、以下のとおりである。宮下さおり（2014）「経営者の妻が果たす役割——北陸織物業における経営者家族の分析から」日本女子大学現代女性キャリア研究所『現代女性とキャリア』第6号、75-88頁。中澤高志（2015）「高度成長期の地方織物産地における『集団就職』の導入とその経緯——福井県勝山市の事例から」日本地理学会『地理学評論』第88巻第1号、49-70頁。宮下さおり（2015）「家族従業者に対する報酬発生の規定要件——北陸織物業の史的分析から」『ジェンダー研究』第17号、92-119頁。中澤高志（2017）「地方織物産地における労働の比較地誌学——川俣産地と勝山産地における女性労働」『明治大学教養論集』523号、39-70頁。

14) 勝山産地の概要については、中澤（2015）も参照されたい。

15)『昭和36年版　福井県繊維年報』によれば、1960年9月の福井県内の機屋数は2,338であり（p.107）、二部制で操業する機屋数は、1958年60、1959年250、1960年526と推移した（p.59）。『昭和41年　福井県繊維年報』によれば、1965年末の時点では、織機台数ベースで46.1％が二部制、3.4％が三部制となっていた（p.22）。

16) 社史については社名を伏せ、文献表には記載しないこととする。

参考文献

ビーチ，V.（1993）『現代フェミニズムと労働——女性労働と差別』高島道枝／安川悦子訳、中央大学出版部（Beechey, V.（1987）*Unequal Work*, Verso.）。

コーワン，R. S.（2010）『母さんは忙しくなるばかり——家事労働とテクノロジーの社会史』高橋雄造訳、法政大学出版局（Cowan, R. S.（1983）*More Work for Women: The Ironies of Household Technology from the Open Hearth to the Microwave*, Basic Books.）。

藤吉雅春（2015）『福井モデル——未来は地方から始まる』文藝春秋。

福井県企画部統計課（1970）『余剰労働力調査』福井県。

福井県繊維産業構造研究調査委員会（1959）『福井県繊維産業体質改善の方策——福井産地繁栄の道』福井県繊維協会。

Glucksmann, M.（1990）*Women Assemble*, Routledge.

グラックスマン，M.（2014）『労働の社会分析——時間・空間・ジェンダー』木本喜美

子監訳、法政大学出版局（Glucksmann, M. (2000) *Cottons and Casuals*, Sociology Press.）。

橋口勝利（2017）『近代日本の地域工業化と下請制』京都大学学術出版会。

橋野知子（2005）「問屋制から工場制へ──戦間期日本の織物業」岡崎哲二編『生産組織の経済史』東京大学出版会。

橋野知子（2012）「近代福井県における輸出向絹織物の急成長と地理的拡大」『国民経済雑誌』206（2）、77-100頁。

ハンター, J.（2008）『日本の工業化と女性労働』阿部武司／谷本雅之監訳、有斐閣（Hunter, J. (2003) *Women and the Labour Market in Japan's Industrialising Economy: The Textile Industry before the Pacific War*, Routledge.）。

池岡義孝（2017）「戦後家族社会学の展開とその現代的位相」藤崎宏子／池岡義孝編著『現代日本の家族社会学を問う』ミネルヴァ書房、9-32頁。

金井郁（2014）「福井県における女性労働の実態とその意識」『社會科學研究』第65巻1号、31-50頁。

勝俣達也（2012）「戦後織物業における女性労働と労務管理」『大原社会問題研究所雑誌』No.650、16-32頁。

勝山市編（1992）『勝山市史・通史編第三巻──近代・現代』。

木本喜美子（1995）『家族・ジェンダー・企業社会──ジェンダー・アプローチの模索』ミネルヴァ書房。

木本喜美子（2003）『女性労働とマネジメント』勁草書房。

木本喜美子（2004a）「企業社会の形成とジェンダー秩序──日本の1960年代」歴史学研究会編『歴史学研究』794号、青木書店、105-118頁。

木本喜美子（2004b）「企業社会と家族──歴史的変動過程」渡辺治編『変貌する〈企業社会〉日本』旬報社、299-340頁。

木本喜美子（2016）「女性たちはどこでどのように働いてきたのか──女性労働研究の課題と方法を再考する」中谷文美／宇田川妙子編『仕事の人類学──労働中心主義の向こうへ』世界思想社、249-274頁。

国立歴史民俗博物館編（2010）『高度経済成長と生活革命』吉川弘文館。

小山静子（2009）『戦後教育のジェンダー秩序』勁草書房。

Macnaughtan, H. (2005) *Women, Work and Japanese Miracle*, Routledge.

宮下さおり／木本喜美子（2010）「女性労働者の1960年代──『働き続けること』と『家庭』とのせめぎあい」大門正克ほか編『高度成長の時代1──復興と離陸』大月書店、233-289頁。

中澤高志（2011）「在来型産業地域の構造変容と地域労働市場──福島県川俣地域における織物業を事例に」『人文科学論集』（明治大学）57巻、69-95頁。

中澤高志（2015）「高度成長期地方織物産地における「集団就職」の導入とその経緯
　　──福井県勝山市の事例から」『地理学評論』Vol.88・No1、1-22 頁。

農商務省編（1903 → 1998）『職工事情（上）』岩波文庫。

オークレー，A.（1986）『主婦の誕生』岡島芽花訳、三省堂（Oakely, A.（1974）
　　Housewife, Allen Lane.）。

落合恵美子（2005）「世界のなかの戦後日本家族」歴史学研究会・日本史研究会編『戦
　　後日本論（日本史講座第 10 巻）』東京大学出版会、161-196 頁。

荻野美穂（2008）『「家族計画」への道──近代日本の生殖をめぐる政治』岩波書店。

大原社会問題研究所編（2009）『人文・社会科学研究とオーラル・ヒストリー』御茶の
　　水書房。

大門正克／大槻奈己／岡田知宏／佐藤隆／進藤兵／高岡裕之／柳沢遊編（2010-2011）
　　『高度成長の時代 1 〜 3』大月書店。

大森真紀（2014）『世紀転換期の女性労働──1990 年代〜 2000 年代』法律文化社。

桜井厚（2002）『インタビューの社会学──ライフストーリーの聞き方』せりか書房。

三瓶孝子（1961）『日本機業史』雄山閣。

佐々木淳（2006）『アジアの工業化と日本──機械織りの生産組織と労働』晃洋書房。

新谷尚紀／関沢まゆみ編（2011）『高度経済成長と生活変化（国立歴史民俗博物館研究
　　報告第 171 集）』国立民族博物館。

竹中恵美子（1989）『戦後女子労働史論』有斐閣（『竹中恵美子著作集第 2 巻』（2011）
　　明石書店に再収録）。

田間泰子（2006）『「近代家族」とボディ・ポリティクス』世界思想社。

谷本雅之（1998）『日本における在来的経済発展と織物業──市場形成と家族経済』名
　　古屋大学出版会。

東條由紀彦（2005）『近代・労働・市民社会──近代日本の歴史認識 I』ミネルヴァ書房。

辻智子（2015）『繊維女性労働者の生活記録運動──1950 年代サークル運動と若者たち
　　の自己形成』北海道大学出版会。

上野千鶴子（1990）『家父長制と資本制』岩波書店。

吉田恵子／岡山礼子（2004）「女性と労働──今後の課題」吉田恵子／齋藤哲／東條由
　　紀彦／岡山礼子『女性と労働　雇用　技術・家庭の英独日比較史研究』日本経済
　　評論社、253-261 頁。

吉田恵子（2004）「19 世紀イギリスにおける雇用と家庭の再編成」吉田恵子ほか、同上
　　書、11-85 頁。

和田周平（1980）「明治期・福井県大野郡勝山町における織物業の濫觴」『自然と社会』
　　46、1-25 頁。

表序 -4. 既婚女性労働者のインタビューリスト

ケースID	生年	主な生家（および養家）職業	きょうだい人数・出生順位	本人学歴	集団就職者の出身県	織物業への入職年	織物業における担当職種	結婚後の家族形態	末子出産年	織物業最終退職年	調査年月日
KT-1	1910年代後半	農業	4人第一子（長女）	尋常小卒	—	1930年代前半	準備工→織工	夫婦家族	1953年	1977年	2012年9月4日 2013年3月22日
KT-2	1920年代前半	父：農業・炭焼き 母：農業	8人第六子（五女）	尋常小卒	—	1930年代前半～半ば	織工	夫婦家族	1947年	1970年	2012年9月4日
KT-3	1920年代前半	父：川仕事・農業 母：機屋勤務	3人第二子（長女）	尋常小卒	—	1930年代半ば頃	織工	夫婦家族	1948年	1992年	2012年9月3日 2013年9月3日
KT-4	1920年代前半	父：煙草づくり・山仕事 母：—	10人第二子（長女）	尋常小卒	—	1930年代前半	織工→予備工	夫婦家族	1953年	1974年	2012年9月4日
KT-5	1920年代半ば	父：日雇い・農業 母：農業・副業	6人第三子（長女）	高等小中退	—	1940年代後半	準備工	夫婦家族	1957年	1981年	2012年9月5日
KT-6	1920年代後半	農業	12人第六子（四女）	尋常小卒	—	1940年代前半	織工→機屋おかみ→撚糸	三世代家族	1953年	1995年	2012年2月20日
KT-7	1930年代前半	屑糸加工場経営	10人第四子（二女）	尋常小卒	—	1940年代後半	ミシン工場→準備工→織工→管巻き運転士	三世代家族→（5年後に姑死亡）夫婦家族	1956年	1996年	2012年3月23日
KT-8	1930年代前半	父：金堀・農業 母：農業	6人第六子（五女）	中卒	—	1940年代後半	織工	夫婦家族	1962年	1993年	2012年2月20日 2013年9月3日
KT-9	1930年代半ば	父：農業 母：機屋勤務	4人第一子（長女）	中卒	—	1950年代前半	織工	三世代家族	1957年	1995年頃	2012年2月19日
KT-10	1930年代後半	父：大工 母：機屋勤務	3人第一子（長女）	中卒	—	1950年代前半	準備工→織工→予備工→商品開発部	三世代家族	1964年	1998年	2012年3月21日 2013年9月3日

KT-11	1930年代後半	父：個人事業主・土木作業 母：農業・内職	4人 第二子(長女)	中卒	—	1950年代前半	準備工→織工	三世代家族→(3年後に舅死亡)夫婦家族	1964年	1981年	2013年3月21日 2013年9月3日
KT-12	1930年代後半	生家・養家ともに？(出産直後に母が死亡したため養子に)	？	小卒	—	1950年代前半	準備工→織工	三世代家族	1964年	1996年	2012年3月22日
KT-13	1930年代後半	父：船員 母：教員	3人 第二子(二女)	中卒	—	1950年代半ば	準備工→織工→準備部	三世代家族	1964年	1998年	2012年9月5日 2013年9月2日
KT-14	1930年代後半	父：鉱夫	7人 第五子(四女)	中卒	—	1950年代半ば	検査工→織工	三世代家族	1964年	2011年	2013年3月20日
KT-15	1940年代前半	父：炭焼き・農業 母：—	4人 第三子(二女)	中卒	—	1950年代後半	準備工→織工	三世代家族	1969年	1991年	2011年10月12日
KT-16	1940年代前半	飯場の管理・炊事	6人 第五子(三女)	中卒	—	1950年代後半	準備工→織工	三世代家族	1967年	2005年	2012年3月22日 2013年9月3日
KT-17	1940年代前半	父：農業 母：—	3人 第二子(二女)	中卒	—	1950年代後半	準備工→織工→機屋おかみ→織工	三世代家族	1972年	1989年	2012年9月3日 2013年9月2日
KT-18	1940年代半ば	父：林業・土木関係(雇用) 母：駅の荷積み(日雇)	3人 第一子(長女)	中卒	宮崎県	1950年代後半	準備工→織工→準備工	三世代家族	1970年	2007年	2011年10月10日
KT-19	1940年代半ば	父：炭鉱夫 母：専業主婦	2人 第一子(長女) 他に年の離れた義兄1人	中卒	福岡県	1960年代前半	織工→差入工	三世代家族	1982年	1999年頃	2012年2月17日 2013年3月6日
KT-20	1940年代半ば	父：職人(柚屋) 母：農業(生家の酪農手伝い)	5人 第四子(次女)	中卒	青森県	1950年代後半	織工	三世代家族	1976年	2004年	2012年3月23日 2012年9月3日 2013年3月5日
KT-21	1940年代半ば	父：農業・運送業 母：—	5人 第三子(三女)	高卒(洋裁学校)	北海道	1960年代前半	ニット縫製→事務→検査→織工	夫婦家族	1975年	2005年	2013年3月20日

KT-22	1940年代後半	？（母の死後、母方の実家［競走馬生産牧場を経営］へ）	2人第一子（長女）	中卒	北海道	1960年代前半	織工→準備工	夫婦家族	1973年	2010年	2012年2月17日
KT-23	1940年代後半	父：炭焼き・農業 母：機屋勤務	4人第二子（長女）	高卒	—	1960年代前半	準備工→織工	三世代家族	1975年	2007年	2012年3月22日 2013年9月5日
KT-24	1940年代後半	父：農業、林業、土木関係 母：農業、養蚕	1人第一子（長女）	中卒	—	1960年代前半	準備工→織工	三世代家族	1968年	2008年頃	2012年3月22日
KT-25	1940年代後半	父：炭鉱→開拓地で農業 母：無職	6人第二子（長女）	中卒	北海道	1960年代半ば頃	準備工	三世代家族	1973年	2007年	2013年3月20日
KT-26	1940年代後半	父：半農半漁・出稼ぎ 母：農家の手伝い	6人第三子（長女）	中卒	青森県	1960年代前半	織工→準備工→検査課	三世代家族	1973年	1986年	2013年3月20日 2013年3月22日
KT-27	1950年代前半	父：農業 母：機屋勤務・農業	3人第二子（二女）	中卒	—	1960年代半ば	準備工→織工→予備工	三世代家族	1978年	2010年	2012年3月21日 2013年3月21日
KT-28	1950年代前半	父：製材所勤務・農業 母：農業・製紙パート	5人第二子（次女）	高卒（定時制）	青森県	1960年代後半	準備工→織工	三世代家族	1977年	現職（2013）	2013年3月20日 2013年9月1日

第1章

織物産地の労働市場と女性たちの働き方・生き方
——労働の比較地誌学にむけて

中澤高志

1．産業立地中心主義を超えて

　序章で述べた通り、本書の目的は、勝山産地を対象地域として、織物業に従事した女性の仕事と家族生活を多面的に描き出すことを通じて、戦後日本の女性労働史に新たな光を投げかけることにある。他方で筆者らは、福島県の川俣産地において、同様の問題意識に立脚した調査を行ったことがある。それを踏まえ、本章では、すでに公刊された論文および関連する資料などの蓄積を生かすことで、勝山産地と川俣産地を比較する視点を導入する。勝山産地と同様に、川俣産地もまた羽二重を主要製品とする織物産地であり、ほとんどの女性が結婚・出産を経験しつつ、織布工として働き続けた。しかし、個人の職歴のレベルで見ると、両産地におけるライフコースを通じた女性の働き方は大きく異なる。何がこうした差異を生み出しているのであろうか。本章では、この問いに答えようとすることによって、戦後復興と高度経済成長を支えた織物業の産業史と女性の個人史という二重の「時間」を経糸とし、同じ織物産地でありながら、地域労働市場、地域社会、そしてその中に生きる女性たちの姿において興味深い相違を示す二つの地域すなわち「空間」を緯糸として、新たな戦後女性

労働史・誌を織り上げることを目指す。

　私の学問的なバックグラウンドは経済地理学である。欧米では、社会科学における経済地理学の存在感はそれなりに大きく、隣接分野と刺激を与え合いながら発展してきた。翻って日本では、経済地理学の存在感は、ひいき目に見ても大きなものではない。そうではあっても、経済地理学に芽生え、発展してきた問題意識が隣接分野に対して示唆を与えうることは、日本においても変わることがないはずである。以下において、あえて経済地理学の研究潮流に位置づけて、本章の問題意識を明確にするのは、そうした確信あるいは期待があるからである。

　日本に限定しても、経済地理学者の問題意識やよって立つ理論的立場は多様である。しかし、経済地理学の目的は国民経済の地域構造の解明にある、とした矢田（1974, 1982）の「国民経済の地域構造論」は、いまなお強い影響力を保っている。国民経済の地域構造とは、「国土を基盤にして、長い歴史的過程をへて形成された国民経済の地域的分業体系（矢田, 1990: 15）」であり、その骨格をなすのは、産業諸部門・諸機能の地理的配置である。産業立地は、それを核とするヒト・モノ・カネ・情報の循環（経済循環）を発生させる。地域経済とは、こうしたローカルな経済循環そのものである。そして、国民経済に対応する国土という「全体」に対して、地域経済の相対的なまとまりに対応する経済地域が認識される。

　矢田（1982: 242）は、「地域経済なるものは産業配置の従属変数とみることができる」と述べる。つまり、資本主義の成立によって国民経済が確立して以降の地域経済は、農村共同体などとは決定的に異なり、その特徴を産業立地に規定された存在であるという。「うつわ」としての地域があらかじめ与えられ、そこに地域経済という「中身」があるのではなく、産業立地とそれにともなう経済循環＝地域経済の存在によって、はじめて経済地域を認識しうるとする関係論的な視点はきわめて重要である。高度成長期における勝山産地や川俣産地にしても、資本主義的生産様式の下での織物業の立地と経済循環——それは独占資本である原糸メーカーの生産体系に組み込まれている——を抜きにして語ることはできない。

　しかし、これらの産地において女性たちがいかに働き、いかに生きたのかに

ついては、産業立地からも、地域経済からも引き出すことはできない。立地している産業の特性を反映した地域経済が、女性たちの働き方・生き方に対する重要な規定要因の一つであるとしても、その規定の仕方は、女性たちの語りや生きられた経験を分析して、初めて／事後的に理解できるものである。そして女性たちの働き方・生き方は、地域経済との関係のみならず、家族やそれを取り巻く地域社会といった、資本主義が包摂しえないものとの関係を含みこんだうえで理解すべきものである。

　労働者の労働や生活を捉えうる新たな経済地理学を展望するためには、産業立地中心主義を超えていく必要性がある。筆者は、「労働の地理学」という研究潮流を足がかりに、それを模索している途上にある（中澤，2014）。ただし、「労働の地理学」もまた、労働者を同質の集団として扱い、人種、エスニシティ、ジェンダー、年齢といったカテゴリーを捨象する傾向にあるという問題点を抱えていた。次節では、「労働の地理学」とそれに対する批判を整理したうえで、筆者が「労働の地誌学」と呼ぶ新たな分析視角について、当座の方向性だけでも提示したい。

2.「労働の地理学」とその問題点

　経済地理学の関心が産業立地に傾斜し、主体として働き、生活する労働者を軽視していたことは、欧米でも同じであった。このような経済地理学の偏向に対する明確な異議申し立てとなったのが、Herod（1997）による「労働の地理学（Labor Geography）」の提唱である。ヘロッドは、新古典派的なものにせよ、マルクス主義的なものにせよ、これまでの経済地理学は資本中心主義的（capital-centric）であったと批判した。そして、労働者を資本主義の経済景観（economic landscape）を形成する行為主体として正当に位置づけるべきであるとの立場から、実証研究に取り組んでいった。ヘロッドは、労働運動に労働者の行為主体性の発露を見出し、組織化された労働者がローカル、ナショナル、グローバルといったさまざまな空間スケールで連帯し、時には反目し合いながら、資本に対峙している様を描き出した（Herod, 2001）。

　ヘロッドの主張は後の研究に大きな影響を与え、経済地理学において労働や

労働市場に関する調査や理論的検討が花開くきっかけとなった[2]。それにつれて「労働の地理学」は、対象を労働運動に限定しない包括性を有するようになり、労働者の移動やアイデンティティ形成に関する研究などをもその傘下に収めるアンブレラ・タームとなった。多様な研究が展開する中にあって、労働市場が社会的に調整されている態様を、その地理的多様性に着目して分析する枠組みを提示したPeck（1996）のインパクトは、とりわけ大きかった。

　ヘロッド流の狭義の「労働の地理学」は、労働者の行為主体性を強調するあまり、攻守所を変えて労働者中心主義と批判されかねない本質主義的要素をはらんでいた。これに対してPeck（1996）は、資本と労働が出会う労働市場に対して制度論的にアプローチしており、すぐれて反本質主義的、非決定論的である。彼は、労働力商品の特殊性から説き起こし、ここにセグメンテーション理論、批判的実在論、レギュラシオン理論を摂取して緻密な議論を積み重ね、労働市場の社会的調整が必然的に地理的多様性をともなうとの結論に達している。そのプロセスの詳細は、中澤（2014）第1章に譲るが、ペックの言う社会的調整が法や規制といったフォーマルな制度に限定されないことに注意を促しておきたい。生ける人間と不可分の擬制商品である労働力が分配される労働市場は、価格メカニズムが貫徹する没歴史的な自己調整的市場ではあり得ない（ポラニー，2009）。労働市場はつねに社会に埋め込まれており、それゆえ多様な契機によって成り立っている[3]。たとえば、女性の労働力需給は、賃金水準よりも、むしろジェンダー規範やフォーマル／インフォーマルな家事・育児サポート体制、労働法による規制や税制、利用可能な交通手段などの影響を受けるであろう。こうしたことをもって、労働市場が（価格メカニズムのみによってではなく）社会的に調整されていると表現するのである。

　筆者は、「労働者は資本主義の経済景観を創り上げる主体性をもっている」というヘロッドの主張と、「労働市場は地理的多様性を伴って社会的に調整されている」というペックの主張の両方を継承・発展させることで、はじめて人々の労働と生活を捉えうる経済地理学への展望が開けると考えている[4]。その際には、「労働の地理学」に対して投げかけられてきた以下のような問題点に対して、十分に傾聴すべきであろう。

　その問題点は、資本家と対立する階級として労働者を集合的・均質的に捉え

る傾向にあったことに端を発する。結果として、人種、エスニシティ、ジェンダー、年齢といった、労働者のアイデンティティと切り離せない非経済的な範疇に対する配慮が不十分となった[5]。本書との関連で特筆すべき難点は、「労働の地理学」に見られるジェンダー・ブラインドの傾向であろう。たとえそれが鉄鋼や造船、港湾労働といった男性中心の職場における闘争であったとしても、労使関係の射程は労働環境の改善といった生産の領域にとどまらず、再生産の領域にも及ぶ。高度成長期に成立した家族賃金が、女性の労働市場へのアクセスを著しく制約することで、主たる稼得者である男性の雇用を保障するという、再生産に関する協約（reproductive bargain）の帰結であった（Gottfried, 2016）ことからも、それは明らかである。Peck（1996）は、労働者のスキルのみに着目した垂直的・一元的な労働市場のセグメンテーションを批判し、セグメンテーションの多元性に配慮する必要性を強調している。しかし、筆者の見る限り、その後のペックの研究は、ジェンダーというカテゴリーを軽視していると批判されても仕方がないものである。

　労働者を集合的に扱うアプローチは、労働者個人の生きられた経験を後景に退けるという問題点に行き着く（Dutta, 2016）。逆に、労働者個人の生きられた経験からアプローチすれば、人種、エスニシティ、ジェンダー、年齢といった諸属性が看過されることはないであろうし、生産の領域と再生産の領域の縫い目無き連続体として、個人の人生を扱うこともできるはずである。フェミニスト地理学者であるマクドウェルは、「労働の地理学」において女性労働者（とりわけマイノリティ）の声がほとんど聞こえてこないことを批判しつつも、自身の研究と「労働の地理学」との間に深い関連があることを認め、「小さなスケールで調査をし（working at small-scale）、物語を集め、労働者たちの声に耳を傾け、職場における社会関係を観察することによって、新しいジェンダー・レジーム、新しい福祉レジーム、さらには資本主義の新たな形態に関しても、さまざまな議論を補強するような豊かな詳細が得られるだろう（McDowell, 2015: 18-19）」と述べている。「労働の地理学」を継承・発展させようとするならば、マクドウェルの言葉を建設的批判として受け止め、これに応えていかねばなるまい。

　McDowell（2015）は、large-scale よりも small-scale、すなわち地域に根差した調査の重要性を再三強調している。それはなぜであろうか。労働力は労働者

の能力を擬制した商品であるため、労働者から切り離して労働力だけを流通させることはできない。加えて、工場などの生産手段も、住居をはじめとする労働力の再生産手段も、それぞれ生産の建造環境、消費の建造環境として土地に固着している（ハーヴェイ，1991）。時間的・身体的制約の中で、人々は住居を中心とする一定の範囲内において生活を組織化して生活圏とし、日々の労働力の流通は、その範囲内で通勤の形をとって行われる。つまり、労働市場・生活圏は、「『小売市場圏』『個人消費サービス圏』『公共的サービス圏』などと重なり合う多様な機能地域の最末端に位置づけられる」（末吉，1999: 17）、本質的にローカルな存在である。

　次に、地域労働市場・生活圏の文化的・社会的・制度的側面に目を向けてみよう。「労働市場は地理的多様性を持って社会的に調整されている」というときのペックの関心は、ナショナルな調整様式の違いよりも、むしろ国家内部における社会的調整の地理的多様性に向けられている[6]。繰り返しになるが、ここでいう社会的調整は、フォーマルな法や規制のみならず、労働文化や家族規範といったインフォーマルな次元を含んでいる。「女性労働者像のリアリティに迫るためには、地域労働市場と諸個人とを媒介し接続する家族的な諸条件、その階層性や、地域ごとの労働文化を含むローカリティを視野に入れる必要がある」という木本の言葉（木本／中澤，2012: 4）は、女性労働者像のリアリティを把握するためには、ローカルな社会的調整を視野に入れる必要がある、と言い換えることができよう。このように、人々の労働と生活が一定の範囲内に組織化され、それぞれの地域労働市場がローカルな社会的調整の様式をともなっているからこそ、マクドウェルが主張するような地域に根差したsmall-scaleの調査が重要になるのである。

　以上を踏まえ、筆者の構想する「労働の地誌学」について整理しよう。「労働の地誌学」は、従来の経済地理学に見られる産業立地中心主義の乗り越えを目指し、労働者を資本主義の経済景観を創る主体として扱う姿勢と、労働市場が地理的多様性をともなって社会的に調整されているという認識を「労働の地理学」から受け継ぐ。同時に、労働者を階級として画一的・集合的に扱ってきたという「労働の地理学」への批判に対応するために、ジェンダーやエスニシティによる労働者の多様性を視野に入れ、労働者の生きられた経験を生産／再

生産の二分法を超えて把握することに努める。「労働の地誌学」の目的は、労働者の声を拾い集めることで、ローカルな文化的・社会的・制度的な制約と可能性の中で、労働者が主体性をもって労働と生活の時空間を組織化しライフコースを構築していること、そしてその営みが地域労働市場・生活圏そのものを創り出し、変えていく力となっていることを描き出すことにある。

　以下で展開するのは、筆者なりの「労働の地誌学」の実践であるが、勝山産地と川俣産地の対照性に注目した分析であるため、章のタイトルを「労働の比較地誌学」とした次第である。続く3節では、高度成長期における川俣産地と勝山産地の織物業の変遷過程の違いが、地域社会や家族に媒介され、ライフイベントと交錯しながら、そこで働く女性たちの職歴に反映されていることを明らかにする。両産地の女性の職歴は、その出発点からして異なる特徴を示す。すなわち川俣産地では、ほとんどの女性が産地とその周辺の出身者であるのに対し、勝山産地では遠隔地からの「集団就職者」[7]がかなり存在する。そこで4節では、勝山産地における「集団就職」に焦点を当て、その制度的展開に加え、「集団就職者」の意思決定と彼女たちの家族的背景について分析する。

　「集団就職」と「労働の地誌学」の関係性について付言しておきたい。日本では、新規学卒労働市場において、例外的とも言える形でナショナルな空間スケールが重要になる。労働力は本質的に土地固着的であるから、強力な制度的枠組みを構築しない限り、全国労働市場は姿を現さない。集団就職とは、資本にとって障害でしかない労働力の土地固着性を克服するために、国家によって「上から」作り上げられた制度である。しかし、制度を作ったからといって、それが機能することが保障されるわけではない。集団就職は、労働力の需要と供給に関わる諸主体が、制度を前提にしつつ地域の実情を勘案して行うさまざまな実践に支えられて成立する（山口，2016）。新規学卒労働市場を移動するのは、抽象的な労働力商品ではなく、感情と主体性をもち、多くの場合出身地の家族との結びつきを強く保持した個性ある人間としての集団就職者である。若年労働力者は、いつの時代も流動性が高く、彼／彼女らをいかに定着させるかという問題は、単に労務管理の技術論で解けるものではない。勝山産地においても、むしろ重要であったのは、準拠集団としての職場が、そしてそれを取り巻く地域社会が、いかにして「集団就職者」たちを抱きとめるかであった。

こう見てくると、地域労働市場と独立して全国労働市場があるわけでは決してなく、移動する人間を介した需要地域と供給地域の関係の総体として、すなわちインターローカルな労働市場として、新規学卒労働市場を認識することが適切であることがわかる。言い換えれば、集団就職（者）を分析する際には、ナショナルな制度分析のみならず、地域性を重視する「労働の地誌学」の視点が不可欠なのである。逆に「労働の地誌学」を十全なものにするためには、それぞれの地域を閉じた実体と見るのではなく、より広い空間スケールへと開かれたローカルな関係性として認識する必要がある。本章における勝山産地の「集団就職」に関する分析は、まさにこうした問題意識に立脚したものである。

3. 労働市場の空間性と職歴にみる産地の特徴

（1）勝山産地

　高度成長期に向かう勝山産地の状況は、序章2を踏まえて次のようにまとめられよう。原糸メーカーの系列に組み込まれたことにより、織機の稼働率を高めることが求められた機屋は、二部制を導入した。これによって増大した労働力需要に対応し、同時により生産性を高めるため、熟練を解体して未経験者でも短期間で織布工程に従事できるよう分業制が敷かれた。これによって労働力の質の問題はかなり解消されたものの、拡大した労働力需要をいかに満たすかという量の問題は難題として残った。事実1950年代後半には、すでに勝山産地における労働力不足はかなり深刻化していた。

　勝山産地内の労働力供給によって、この不足を満たすことは難しかった。勝山市では、年齢階級別就業率が台形を示しており、働ける女性はほぼ全てがすでに働いていたからである（図1-1）。したがって、1980年代の大都市圏郊外のように、結婚・出産で離職した女性を再び（パート）労働力として動員することによって、労働力供給を増やす余地はほとんどなかった。頼みの綱は新規中卒者であったが、高校進学率の上昇や就職時の大都市圏への流出などが障害となり、採用は思うにまかせなかった。[8] 高校生になると、県外就職の傾向が一層強まるうえ、地元の織物業に就職先を求める例はまれであった。

　勝山産地の機屋は、やむを得ずして労働力を調達する空間の外延的拡張に乗

図1-1. 勝山市と川俣町の年齢階級別女性就業率の推移

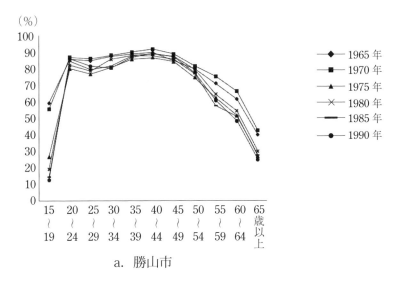

a. 勝山市

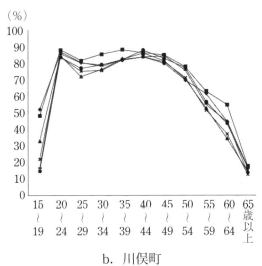

b. 川俣町

注：就業率は年齢階級別に就業者数を人口総数で除したものであるため、労働力率とは異なり、完全失業者を含まない。
資料：国勢調査により作成。

図 1-2. 年齢階級別労働移動性の比較

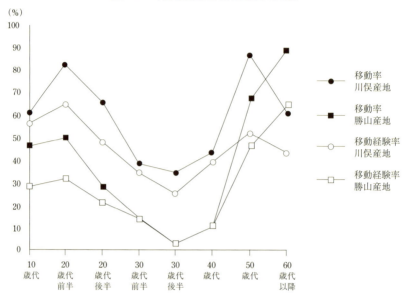

注：転職、離職、初職以外の入職を労働移動とし、各年齢階級におけるのべ労働移動数をサンプル数で除したものを移動率、労働移動経験者数をサンプル数で除したものを移動経験率とする。
資料：インタビュー調査により作成。

り出す。この動きは、まず旧勝山町内から旧村部、さらには勝山市外へという漸進的な膨張運動として現れた。例えば、1959年2月15日発行『B社社内報』には、「最近の傾向といたしまして旧村部の方が多くなってきました関係上現在の寮だけでは収容しきれませんので、今度本社玄関横の階上（元事務所）を改造して四十名収容の寮の分室を作ることになりました」とある[9]。しかし、福井県内部で労働力の調達範囲を広域化したとしても、県内他産地の機屋も同様に労働力を求めており、しかも大都市圏の労働力需要と競合している状況では、効果に限界がある。もはや産地とその周辺だけでは労働力を充足できなくなり、大手機屋は遠隔地に新規中卒者を求める「集団就職」へとかじを切ることになる。

　せっかく労働力調達の戦線を拡大しても、獲得した従業員がすぐに辞めてしまっては元も子もない。そこで、織布工の出来高制が廃止されて固定給となる

のに並行して、勤続に応じた昇給が制度化され、勤め続ける賃金インセンティブが組み込まれた[10]。加えて大手機屋は、過酷な労働の割に低賃金であるという織物業の印象を払しょくしようと、高度成長期を通じて積極的に賃上げを行った。1960年代の福井県の繊維産業では、年率10%を超えるような賃金上昇が毎年みられ、1967年の現金支給総額は1963年に比べて58.0%の増加を見た[11]。それでもなお他産業との賃金格差は見られたが、毎年のベースアップが期待できることから、大手機屋に勤務し続けるメリットは大きかった[12]。

　勤続に対する金銭的インセンティブのみならず、労働力不足に苦しむ勝山産地の機屋は、女性従業員が結婚後も働き続けることを再生産の領域においても支援した。二部制は、仕事と家庭生活との折り合いをつけることを難しくする。そこで、既婚女性を準備工程など二部制ではない職場に転属したり、社内結婚の場合には夫婦のシフトが重ならないように配慮したりといった対応がなされた。女性従業員の定着に資するものとして、社内結婚はむしろ奨励され、結婚後も夫婦が同じ職場に勤め続けることは普通であった。大手機屋は、高度成長期以前に自前の事業所内託児所を設置していた（第4章参照）。特に規模の大きなA社とB社は、生鮮食品や日用品を取りそろえた購買部や理髪店、従業員とその家族が利用できる大浴場などを整備し、生活の利便性を高めようとした。

　高度経済成長の終わりとともに福利厚生は次第に縮小していくが、事業所内託児所は1970年代にいずれも社会福祉法人格をもった保育所となり、地域住民にとって重要な保育資源として引き継がれた。高度成長期までに機屋に就職した女性たちもまた、高度経済成長終焉後も引き続き、産地を支える労働力であり続けた。勝山対象者においても、結婚や出産を機に退職したケースや（KT-7, 8, 17）、労働時間の融通が利きやすい小規模な機屋に転職したケース（KT-6, 18, 19）がある。しかし、のちに検討する川俣産地に比べれば、結婚や出産をきっかけとする離転職は少ない（図1-2）。勝山対象者において、離転職が増加するのは50歳以降である。孫の守りや介護などの家族的理由による自発的なものもあるが、最大の理由は定年退職である。正社員としての定年を迎えた後も、嘱託やパートといった形で同じ機屋に残った例も散見される。徐々に衰退する産地とともに年齢を重ねつつ、勝山対象者のほとんどは職歴の大半を織物業で過ごしたのである。

（2）川俣産地

　川俣産地は、福島県福島市の市街地から自動車で30分ほど南東に走った盆地に位置し、機屋のほとんどは1955年の町村合併前の旧川俣町に立地する[13]。ここでは、勝山産地に比べて原糸メーカーによる系列化の展開が遅く、二部制や分業制については、1960年代にようやく一部の機屋に導入された。川俣対象者は勝山対象者に比べて年齢構成が5歳ほど高く、そのほとんどは系列化が完了する以前に、織物業で働き始めている[14]。この年齢差は、勝山産地では1960年代を通じて「集団就職」の受け入れを含めた積極的な採用を継続してきたのに対し、川俣産地では同時期にすでに新規学卒者の採用が事実上不可能になっていたことに対応する。

　系列化以前の川俣産地の機屋は、基本的に産地および周辺農村から、もっぱらインフォーマルな形で労働力を調達していた。1950年前後の織物業雇用労働者の通勤状況を見ると、男性では75.7％が川俣町内居住者であるのに対し、女性では川俣町内居住者（45.6％）よりもむしろ川俣町外からの通勤者（54.2％）が多い（金田，1951）。同じ調査にもとづく論文と思われる伊藤（1952: 5）によれば、織物業従事者に占める家族労働者の割合は、男性が29.3％であるのに対し、女性では6.3％に過ぎない。これらを総合すると、この当時の川俣産地では、女性の通勤圏の方が男性のそれよりも広かったことになる。

　インタビュー対象者においても、実家である周辺農村部の小規模・零細農家から通勤していた事例が多い。しばらく実家から通勤したのち、旧町内にいた親戚などに身を寄せる場合もあったが、約1時間かけて歩いて通っていた例も少なからずあった。なお、労働力調達の空間が拡張して寮住まいが一般化する以前の段階では、勝山産地でも未婚女性の多くが周辺農村部から通勤していた。

　1950年代後半には、川俣産地でも原糸メーカーによる系列化が顕在化し、1960年頃には産地内の主要な機屋の多くがいずれかの系列に属する状況になった。この頃には、大都市圏の労働市場との競合や進学率の向上などによって、地元での若年労働力の確保が難しくなっていた。ある調査によれば、系列に加入していた機屋のうち、1962年2月に新規学卒者を対象としたと思われる求人を行ったのは半数にも満たず、求人のうち充足を見たのは半分程度であった（中澤，2011: 82）。求人申し込みをした機屋を上回る数の機屋が労働力不足を訴

第1章　織物産地の労働市場と女性たちの働き方・生き方　　**51**

えていたことから、人手は足りないが求人を出しても無駄に終わるだろうと考え、行動を起こさなかった機屋がかなり多かったと推察される。新規学卒者の確保は年を追って難しくなり、1968年度の新規中卒・高卒者になると、川俣産地を含む福島産地の織物業全体でも、わずか35人の就職者しか迎えることができなくなっていた（福島県織物同業会，1984: 133）。労働力は不足していても、規模の小さな川俣産地の機屋には、勝山産地の大手機屋のように、「集団就職」を導入して労働力調達の範囲を広げる余力はなかった。

　川俣産地を特徴づける労働力移動は、産地外からの転入ではなく、産地内部での流動性にある。川俣産地でも、比較的大きな機屋では、「見まわり」や「糸入れ工」と呼ばれた熟練度の高い女性が、糸切れに対応したり、欠勤者の代わりに織布を担ったりした（勝俣，2012）。しかし、勝山産地に比べて二部制の導入は遅れ、徹底した分業制をとるまでもない規模にとどまる機屋が多かった。こうして川俣産地では、機屋の生産性が個々の織布工の熟練に依存する状況が続き、1960年代にあっても出来高賃金が残存したのである。それを背景として、自らの腕を頼み、商売道具の握り鋏と上履きを携えて機屋を渡り歩く織布工が見られた。そうした女性の姿は、調査を通じて川俣産地の最盛期を象徴するものとして、インタビューにおいてしばしば口吻に上ったものである。機屋の経営者が腕の立つ織布工を引き抜くこともよくあったという。勝山産地との対比でいえば、川俣産地の女性たちは、一人の（優れた）織り手として、自己を認識していた。

　より良い条件を求めて転職を繰り返す事例は、われわれのインタビュー対象者の中にも確かに存在した。しかし、個々の事情をつぶさに見ていくと、川俣産地における女性労働者の高い移動率を、機屋による引き抜きの横行や、女性労働者の機会主義的な転職のみに帰すことは早計であることがわかる。

　まず、かなりの対象者が、機屋の倒産や雇用調整による非自発的離職を経験していた（中澤，2011: 80参照）。この種の離職のほとんどは、1960年代初めまでと、1980年代に発生している。前者は原糸メーカーの系列化が完了する以前であり、機屋が相場に任せた投機的な経営を行っていた時期に当たる。たとえばある女性は、1960年代のこととして、自身が勤務する機屋では、景気が悪くなると「失業手続きしてもらえない？」と依頼され、いったん解雇される

ことが何度かあったと語った。解雇期間は長い時には1年以上に及んだという。1980年代は、国内の織物業が決定的に衰退し、産地が解体へと向かった時期である。この時期の川俣の対象者には、機屋の経営悪化をきっかけとして人員整理の対象となり、織物業以外に転じることを余儀なくされた例がまとまって見られる。その間の時期は、系列の存在が機屋の経営の安定に寄与していた時期と見ても的外れではなかろう。

川俣対象者では、ライフコースと密接に結びついた離転職が目立つことも特徴である（中澤, 2011: 85 参照）。こうした転職は、結婚や出産によって新たに発生する再生産労働と機業労働との折り合いを付ける意味合いをもっていた。約3割の調査対象者は、明らかに以前よりも自宅に近い機屋への転職を経験していたし、そうでない事例の中にも、限られた時間の有効活用を図る必要性が、結婚・出産時の離転職につながっていることが見て取れるものがあった。

勝山産地と川俣産地における結婚・出産にともなう移動性の違いについて、その背景を検討してみよう。勝山産地では、1960年代には賃金面で勤続のインセンティブが確立されつつあったが、川俣産地では出来高制が広範に残存していた。このことは、両産地における女性たちの移動性の高低と整合的である。関連して、川俣対象者のうち、結婚・出産後も同一の機屋に勤め続けた事例のほとんどは、1950年代後半以降に就職している。彼女たちが結婚する頃には、川俣産地でも次第に賃金や労務管理の制度が整備されつつあったのかもしれない。事業所内託児所や福利厚生施設といった、機屋による組織だった家事・育児支援が得られたか否かも、両産地における結婚・出産時の離転職行動の差異と関連しているであろう。川俣産地でも、経営者やおかみが腕の立つ従業員の代わりに子どもを保育園に迎えに行ったり、買い物を代行したりという例が頻繁に見られたが、それは労使関係というよりは、むしろ人格的で個別的なものであった。

新たな労働力の供給源が断たれた中で、既婚女性が通勤時間の短縮を指向したことは、川俣産地の機屋にとっては、潜在的に労働力の調達が可能な範囲がますます縮小したことを意味する。従業員が離職した場合、それを代替する労働力を見つけることが難しくなるわけである。大掛かりな福利厚生も、勤続に十分応えられる賃金の上昇も提案できない川俣産地の機屋にとって、優秀な労

働者をつなぎ留めておくためにできることと言えば、人格的な信頼関係を高めることしかなかった。それに心を砕いたのは、経営者以上におかみであり、そのことはしばしばおかみの過重労働を結果した（宮下，2011，2012，2014）。実態としては、結婚・出産時のみならず、30歳代、40歳代の離転職率も川俣産地の方が高かった。しかし、高い流動性の裏側に、それに何とか対処しようとした経営者やおかみの苦悩があることを銘記しておきたい。

　機屋間の移動や一時的離職が頻繁にあったとはいえ、川俣産地でもほとんどの女性は結婚・出産後も働き続けた。集計的に見れば、高度成長期における川俣産地と勝山産地の女性労働力率の形状はほぼ同じく台形と言ってよい（図1-1）。ところがそこには、同一機屋への勤続と、機屋を転々としながらの就労の継続という、質的には大きく異なる職歴が覆い隠されているのである。

4．勝山産地における「集団就職」の空間と社会

（1）「集団就職」の実現に向けた実践

　勝山産地は、1960年頃から1971年にかけて、少なくとも1,500人を超える「集団就職者」を受け入れてきた（図1-3）。その大半は、最大手である3つの機屋によるものである。1963年における五大機屋の新規学卒者の70.4%は「集団就職者」であり[15]、産地内の労働力だけでは立ち行かなかったことは明らかである。「集団就職」が本格化したのは、1960年3月の新規学卒者受け入れからである。当初は福岡県の産炭地や青森県東部の農村・漁村からの受け入れが中心であったが、1962年以降は北海道の産炭地からの採用が増加する（図1-4）。九州では、次第に電気機械の組立工の求人との競合が起こり、採用が難しくなっていったという[16]。

　1960年代後半になると、「集団就職者」の確保そのものが次第に難しくなってくる。同時期の資料からは、大手機屋が再び産地内に目を向け、中卒者のみならず高卒者も採用しようと躍起になっていたことがうかがえる（中澤，2015）。しかし、高卒者の大半は産地外に就職し、高卒者のみならず中卒者の中にも、織物業への就職を希望しない傾向が強まっていた。もっとも、機屋が労働力調達に苦労する状況は、長くは続かなかった。まもなく高度成長期が終わりを迎

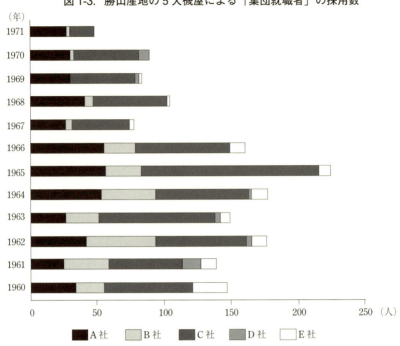

図1-3. 勝山産地の5大機屋による「集団就職者」の採用数

資料：勝山市編（1992：773）により作成。

え、今度は余剰人員が機屋にとっての重圧となる時代が始まったからである。

　勝山産地への「集団就職」は、制度的には大都市圏に向かう集団就職とほぼ同じ枠組み（山口，2016を参照）にのっとっている。雇用者である機屋は、所定の求人票を職業安定所に提出することから求人をスタートさせる。求人票をどこの地域のどの中学校に送るかは、送り出し地域と受け入れ地域の職業安定所の職員が折衝することによって決まり、機屋の採用担当者は職業安定所が指定した中学校で採用活動を行うことになる。なお、五大機屋が求人を行っていた中学校は毎年ほぼ同じで、ほとんど重複がなかったことから、機屋の希望を汲みつつ、職業安定所によって調整されていたと見てよい。

　機屋の採用担当者が現地を訪問して採用活動を行う際には、福井県や現地の職業安定所の職員が同行したという。現地訪問では、就職を希望する生徒はもとより、中学校の教員や親との信頼関係を構築することが重要である。各機

図1-4.「集団就職者」の出身地

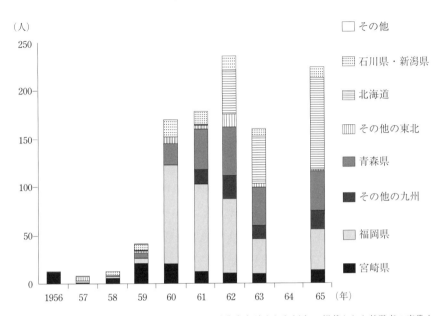

資料：1956〜1962年は『就職者名簿（大野公共職業安定所勝山分室）』に掲載された就職者の卒業中学校の所在都道府県の集計により、1963年、1965年は『勝山市報』により作成。1964年はデータなし。

屋は、職場や寮、福利厚生施設の写真とともに労働条件などが記されたパンフレットを作成して持参し、就職希望の生徒に向けた説明会やPRフィルムの上映会を開催した。中学校の就職担当教員には手土産を持参し、場合によっては接待もした。何らかの形で就職希望の生徒に関する情報が得られれば、両親を説得するために生徒の家庭を訪問し、父親と酒を酌み交わし、そこに泊めてもらったりもしたという。[17]

全国的には知名度の低い勝山産地の機屋にとって、就職先として生徒から選ばれるためには、採用実績にもとづく信頼関係を構築することが決定的に重要である。卒業生が元気に働いているという情報を教員に伝えれば、生徒に就職を勧めてもらえる可能性は高まる。前年度と同じ地域を訪れた際には、過去に採用した生徒の実家を訪問したり、父母会を行ったりして、職場での仕事ぶりや寮生活の様子を収めた写真や、「集団就職者」から託された手紙などを手渡し、[18]

保護者の間に好印象が浸透するように努めた。

　行政も、送り出し地域での求人開拓や信頼関係の構築に努めた。福井県は、「集団就職者」を多く輩出する青森県や鹿児島県のデパートで物産展を実施し、これにあわせて福井県内の機屋への就職を宣伝した。そうした中、1963年12月には、労働組合のない企業には就職のあっせんをしないようにとの請願書を、全繊同盟福井県支部が福井県知事に提出するという事件が起こる[21]。この請願は、募集時の労働条件と実態が異なっていたという「集団就職者」のクレームを踏まえたものであった。青森県では地元新聞がこれを報じるところとなり、結果として「父兄間に福井県事業所に対する不信感が高まり、福井県へ送り出すことをためらっているので[22]」、求職者を多くは期待できないとの情報が、青森県の職業安定所からもたらされた。これを受けて、福井県の職業安定所は、事業主や同業者団体の理事長とともに、職員をいち早く青森県に派遣し、事態の鎮静化を図っている。

　勝山産地では、五大機屋の社長をはじめとして、勝山市長、商工会議所会頭、市内の中学校の校長、職業安定所所長などを会員として、勝山市労務安定対策協議会が組織されていた。協議会では、産地内の中学校・高校から卒業生をより多く採用することを目指す取り組みのみならず、「集団就職者」を確保するために、現地に出向いての求人開拓も行われていた[23]。B社の元採用担当者によれば、「集団就職」が制度として確立した時期には、新卒採用の「五社協定」のようなものができており、求人票に載せる内容もある程度決まっていたという。1960年代の福井県における繊維産業では、全繊同盟福井支部が労使交渉に対して強い指導力を発揮していたため、県内の大手機屋の労働条件は似通っていた[24]。五大機屋の採用担当者が顔をそろえることになる協議会は、新規学卒者の採用数や、求人票の送付を希望する中学校・高校、賃金水準や労働条件などが、ローカルなスケールで実質的に調整される場であったと考えられる。

（2）「集団就職」を決意した背景

　産炭地や縁辺地域出身の「集団就職者」はどのような家族的背景をもち、なぜ勝山産地への「集団就職」を決意したのであろうか。私たちの調査対象となった「集団就職者」について、父母の職業と子どものころの暮らしぶりを見

る限り、彼女たちの出身家族の生業基盤が概して脆弱であり、経済的に恵まれない中で育ったことがうかがえる（表1-1）。また、両親が離別（KT-19, 21）したり、幼くして親を亡くした（KT-20, 21, 26, 筑豊-1）りした例が見られる。勝山産地で働いた後，筑豊に帰郷した対象者は、いずれも父親が炭鉱に勤めていたものの、身体を壊すなどして貧困状態に陥っている。

表1-2には、対象者が就職の意思決定をした経緯を整理した。「集団就職者」の多くは、貧困や家族の問題を背景に進学の断念を余儀なくされ、かつ出身地

表 1-1. 「集団就職者」の出身家族

番号 入社機屋	生年	就職年	出身地	父主職	母主職	子ども時代の暮らしぶり
KT-18 A 社	1944	1960	宮崎県	林業・土木関係	無職→駅の荷役（日雇）	母が仕事に出るようになって食事の支度，家の拭き掃除，風呂の水汲みと風呂焚きをするのが日課．水は川から担ぎ上げる．
KT-19 B 社	1944	1960	福岡県	炭鉱夫（小規模）実父ではない	無職	母が再婚．きょうだいの1人は父の連れ子である16歳年上の兄．
KT-20 E 社	1944	1960	青森県	職人（5歳の時に死亡）	実家の農業手伝	5歳の時，父が飲酒運転に轢かれて即死．母は苦労し「何度死のうと思ったかわからん．」兄は父代り，兄弟姉妹皆働いた．
KT-21 A 社	1944	1963	北海道	夏は農業・冬は石炭の配達など	夏は農業・冬は石炭の配達など	「最低限だろうね，サラリーマンなら毎月お金が入りますけど，私らは，野菜とか，大根とかをつくって，個人のところやら，お店に卸すというかね，そんな感じで現金収入．」
KT-22 B 社	1947	1962	北海道	小さいときに離婚	小1の時に死亡	母の死後母方の実家（競走馬生産牧場）で育つ．「居候みたいな感じに入っているから，けんかすると（居候とか）そういうような言葉がポンと出てきたね．」
KT-25 A 社	1947	1963	樺太→北海道	観光業（樺太）→炭鉱（引上後）→開拓地	無職	小学生の時から掃除，食事の世話，薪とり，風呂沸かし，弟妹の子守．「畑だけやったんで，（食事は）混ぜご飯，麦ごはんとか稗ごはん．」
KT-26 C 社	1948	1963	青森県	半農半漁遠洋漁業→建設業・林業→中3の時に死亡	農家の手伝い	父は遠洋に出ていたが，やがて船を降り，山稼ぎで山梨から北海道まで建設業や営林署の仕事に従事．本人が中3の6月に伐採した木の下敷きになって死亡．

KT-28 C社	1953	1968	青森県	製材所勤務・ 農繁期は農業	農業・冬 は農協の 出荷手伝 →製紙工 場勤務 (本人集団 就職後)	土地としては地域では狭い方だったが食べ物に不自由はしなかった. 何をやりたいと言うよりも, 高卒の資格を取りたいと考え夜学のあるところに就職しようと思った. 父の稼ぎだけでは学校に行けないと思っていたので.
筑豊-1 B社	1946	1962	福岡県	炭鉱夫 (死亡)	豆腐工場	父は病気持ちで欠勤がちであったが, 花札や闘鶏などの賭け事をよくしていた. 父は早くに肺がんで亡くなり, 母が働かねばならず, 生活苦で大変. 父母についてはあまり語りたがらない.
筑豊-2 B社	1947	1963	福岡県	炭鉱坑内大工 →普通の大工	荷役	小学校に上がる前に, 父は目が悪くなって坑内大工ができなくなり, 普通の大工に. 母は田と少しの野菜を作る程度もしていたが, 父の具合が悪くなって生活がきつくなると, 田を売ったりもしていたようだ.
筑豊-3 B社	1949	1965	福岡県	炭鉱夫 →鉄工所	失対事業 の日雇	父は炭鉱に勤めていたが, 体を壊し, 入退院を繰り返していた. 中学校の頃はほとんど入院していたように思う. 小学校に上がるとき, 母は学用品などの準備ができず, 学校に相談に行ったらしい.

資料：インタビュー調査により作成。

表1-2. 「集団就職者」が勝山産地の機屋への就職を決めた経緯

KT-18	先生も親に勧めてくれたが, 「とても……」ということで (高校には) 行けなかった. 中学2年の時, 1年上のバレー部の先輩 (集団就職の一期生) がA社に来ていて, 「いいところだ」と手紙をくれた. そのときから決めていて, 進学組には入らなかった. 自分の結婚式で勝山に来た妹が, 会社を見て気に入ってA社に入った.
KT-19	安定所を通じた求人案内で学校に連絡があった職場のうち, 私は一番遠いところに行きたかった. ちょっと家が複雑だったので, (実父ではない) 父親が嫌で父親から離れたかったのです.
KT-20	同じ村の子と, 東京, 大阪の都会は怖いとこ, 「一番遠いところを選ぼう」と, 安定所の方が募集にみえたときに「福井の一番遠いところを選ぼう」と思った.
KT-21	どこかに出ないとあかんというか, そういう感じだったから, 家にはいられない感じで, (勝山に来たのは) 若かったし, どんな所やろというか, 好奇心. 一緒に来た4人のうち, 1人はいとこ.
KT-22	両親がおらず, 母方の実家に居候のような形で世話になっていたため, 自然と, 遠い所の方が迷惑かからないだろうっていう気持ちで, 集団就職を自分で選んだんです. 学校の先生に相談したら, こういうところがあるから行くか？って言ったんやの. (それで,) 知らない土地へ, ポーンと来た.
KT-25	高校行きたいっていってもいけんかったで, 札幌の近くの農家の家へ3年間働きに行った. 農業が嫌で一緒に働きに行った友達と, 中学校の先生に相談に行って, A社を紹介された. パンフレットには, 周りは田んぼやったけど鉄筋の寮や工場もいっぱい載っているし, 給料もいいし, これはいいわと, ちょっと遠いけど, 妹も同じ機屋に入った.

KT-26	勝山からの求人は給料が高かったので、行きますと自分で言った。母は、勝山が雪深いところと聞いて「行くな、行くな」と言ったが、「自分が働いて家を建ててあげるから」と母に言った。
KT-28	高校に行く人が多い世代だったので、何をやりたいというよりも、高卒の資格を取りたいと考え、夜学のあるところに就職しようと思った。父の稼ぎだけでは学校に行けないと思っていたので。
筑豊-1	経済的な理由もあったが、中学校のバレーボール部の先輩だった近所のお姉ちゃんがB社に行ったので、そこに行くつもりだった。B社は当時バレー部が強かった。B社の人事担当者が2人で来たのは覚えており、実際に九州でお二人に会えていたので安心だった。
筑豊-2	経済的に許せば進学したいという気持ちもあったが、早く働かなければという気持ちだった。先生と相談して決めたが、なぜB社にしたのかは覚えていない。勝山に行く前から、1人先輩が就職していることは知っていた。1年後、2年後に1人ずつ、同じ中学校からB社に就職した。
筑豊-3	家庭の中が悪い状態だったので、とにかく外に出たいというのがあった。勝山に就職したときはいとこ一緒だった。求人票を見て、先生と相談して決めた。大阪や東京ではなく、なぜ勝山にしたのかは覚えていない。

資料：インタビュー調査により作成。

に就労機会が乏しかったことから、親元を離れての就職を選ばざるを得なかった。しかしそれは、たとえば東京や大阪ではなく、あえて勝山産地の機屋を就職先として選んだことを説明するものではない。たしかに福井県を含む北陸地方の織物業の賃金は、他の産地に比べて高い傾向にあった[25]。しかし、産業別に見れば、織物業の賃金は他産業よりも低く、大都市圏の求人に対して競争力があったとは言えない。

　勝山産地に先に就職している先輩やきょうだい、親戚の存在は、勝山産地を就職先として選ぶきっかけとして重要である（表1-2：KT-18, 25, 筑豊-1, 2）。また、KT-20や21のように、友人や親戚と一緒に就職している例もある。前節で明らかにしたように、機屋の採用担当者は、特定の地域あるいは中学校との間に、生徒の採用とその後のフォローアップを通じて、信頼関係を構築していった。このことは、実際に就職する生徒やその親から安心材料として受け止められていた。こうして築き上げられた「集団就職者」の送り出し地域と勝山産地との間のつながりが、次なる「集団就職者」を呼び寄せていたと言える。

　家族の問題を抱えていた対象者の中には、出身家族から物理的に身を遠ざけておきたいという気持ちを、勝山産地という遠隔地への就職を選んだ理由と結び付けて語った例（KT-19, 20, 22）がある。その語りは、勝山産地という特定地域の機屋に就職することを選択した理由を論理的に説明するものではない。しかし家族の問題を抱えた中学生の中に、実家から「遠い所」に行きたいとい

う共通した心情をもつ例があったこと自体が重要である。そして北海道・東北や九州の中学生にとって、物理的にも、心理的にも「遠い所」の典型であった勝山産地には、織物業という就労機会があったため、そうした心情をもった中卒女性の受け皿となりえたのである。

表1-2からは、進学率が急上昇する中にあって、できれば高校への進学を希望していた「集団就職者」が少なくなかったことがうかがわれる。しかし勝山産地の機屋への就職を選んだ理由として、定時制高校に通うことができることを挙げたのは、KT-28のみであった。勝山高校は1960年から県外出身者を受け入れていたが、1965年までの6年間の受け入れ数は15人に過ぎない（福井県立勝山南高等学校五十年史編集委員会，1992: 263）。勝山精華高校の昼間定時制一期生78人についても、県外出身者は21人であり、定時制生徒の中心は勝山市（23人）と大野市（23人）の出身者であった（福井県立勝山南高等学校五十年史編集委員会，1992: 265）。「集団就職者」の多くは、進学という夢を封印し、仕事に専念していたのである。

「集団就職者」が、大都市圏の就労機会ではなく、勝山産地の機屋への就職を選択した積極的な理由を明快に説明することは難しい。むしろ、諸主体の関与によってローカルに調整された新規中卒就職市場の中で、短期間のうちに勝山産地の機屋と特定地域の中学校との密接なつながりが構築され、それが労働力需給の空間的ミスマッチを克服する媒介項として機能したという事実が重要である。そして、五大機屋が自らを新規中卒者から選んでもらえる就職先とすべく努力したからこそ、北陸の山間に位置する一織物産地が、のべ1,500人を超える「集団就職者」を受け入れることができたのである。

（3）「集団就職者」の定着という問題

「集団就職者」のその後については、その多くが3年程度で出身地に帰るなどの理由で勝山産地を離れたというのが、インタビュー対象者たちの共通認識であった。「集団就職者」の勤続ないし離転職の状況を把握したデータは得られていないが、A社については、後述する「里帰り支援制度」の支給対象者数と、その3年前の「集団就職者」数を比較することで、3年間勤続した人数が推定できる（表1-3）。 A社における定着率は、次第に上がっていたものと思われる

第1章　織物産地の労働市場と女性たちの働き方・生き方　61

表 1-3.「集団就職者」の勤続状況

A 社				B 社		
入社年	入社人数	3 年間勤続者	入社年	入社人数	1968 年5 月 30 日在籍者	1970 年3 月 31 日在籍者
1960 年	34	6				
1961 年	25	8	1960 年	21	1	0
1962 年	42	20	1961 年	34	0	0
1963 年	26	16	1962 年	51	4	2
1964 年	53	42	1963 年	25	2	1
			1964 年	40	8	6
			1965 年	27	13	6
			1966 年	23	14	8
			1967 年	5	2	1
			1968 年	6	6	4
			総計		50	28

注：B 社は，新規中卒者として入社した女子のみ。A 社についても、ほぼすべてが女性であったと思われる。
資料：勝山市編（1992：773）、1967 年 6 月 20 日発行『A 社社内報』『A 社県外在職者明細表（昭和 43 年 5月 31 日）』『A 社県外市外出身者の在籍者名簿（昭和 45 年 3 月 31 日）』、福井県文書館所蔵『B 社文書』（J-1460）により作成。

が、1960 年代前半の離職率はきわめて高かったことがわかる。B 社については、「集団就職者」の在籍リストが断片的に残されており、このうち 1968 年 5 月 30日現在のものと 1970 年 3 月 31 日現在のものを照合することにより、離職状況を推察することができる。勝山産地内で結婚した場合も、このリストからは外されていると考えられるため、解釈に注意を要するが、未婚と思われる 20 歳以下[26]でも、かなりの「集団就職者」が離職していることがうかがえる。

　今となっては、「集団就職者」が勝山産地を離れた理由について知ることは困難であるが、彼女たちの語りや社内報の記事からは、「3 年間は頑張ろう」[27]という気持ちがもともと強かったことが読み取れる[28]。「集団就職者」について、B 社の元労務担当者が、「3 年で切れた子が多かったことが心残りである。こちらは最低でも 3 年はいてほしいということで、『石の上にも 3 年』と言い続けてきたが、「集団就職」の子たちには、何とか 3 年頑張ろうというゴールの気持ちで受け取られてしまった」と回顧したとおりの状況であった。

「集団就職者」の帰郷や他出が絶えないことは、機屋の悩みの種であり続けた。「集団就職者」を受け入れるに当たり、五大機屋はさまざまな福利厚生施設を備えた寮を新増設し、寮に配された舎監（寮母）は母親代わりの存在となった。また、「集団就職者」の寂しさを紛らわせようと、従業員の家族と過ごす「一日里親制度」を設けたり、正月には機屋の幹部が自宅に招いて日頃の労をねぎらったりもしたが、その効果は限定的であった。A社とB社では、一定期間勤めた「集団就職者」に対して、実家までの往復の交通費等を支給して里帰りを支援する制度を設け、離職を思いとどまらせようとした。しかし、帰郷したきり戻らない例もあったようであり、B社は逆に父兄を呼び寄せる制度に改めている[30]。

　教育機会の充実も、「集団就職者」の定着にはさほど結びつかなかった。すでに言及した、勝山精華高校の昼間定時制に一期生として入学した「集団就職者」21人について見ても、卒業までこぎつけたのは15人であり、うち5人は卒業後に帰郷し、高校卒業後も五大機屋に勤め続けたのは6人であった（福井県立勝山南高等学校五十年史編集委員会，1992: 280）。勝山市では、各機屋の取り組みとして行われてきた講習（生け花、和裁、洋裁など）や職場学級が、1964年に文部省認定の勤労青年学校に結実した。しかしこれは、修了しても高卒資格は得られないうえ、仕事の合間に通わなければならないため、中途で脱落する人のほうが多く、従業員の定着には寄与しなかった（山田，2012）。

　結局、「集団就職者」の定着に最も寄与したのは、結婚であった。1967年4月20日発行『A社社内報』には、「当会社の集団就職者の結婚が昨年に引き続き10組とあって県外者の結婚に対する関心も増し、当地で結婚する傾向が多くなり」とある。結婚が定着に寄与することを認識した福井県は、「集団就職者」の定着対策として、住宅政策や結婚あっせん所の設立すら計画している[31]。

　機屋にとって、「集団就職」は決して効率の良い労働力調達手段ではなかった。一方で、筆者らが比較的容易に元「集団就職者」にアクセスできたことからしても、彼女たちの一定数は結婚して勝山産地に定着し、その後も機屋に勤続して産地を支えたと見てよいであろう。今後は「集団就職者」の定着や帰郷の状況をより網羅的に把握しうる新資料の発掘に努め、その点の議論を深めたい。

おわりに

　本章は、産業立地中心主義を乗り越え、人々の労働や生活を捉えうる新たな経済地理学を展望するところから出発した。その目標を実現するためには、労働者の主体性の正当な評価と、労働市場が地理的多様性をともなって社会的に調整されているという認識を「労働の地理学」から受け継ぐ一方で、集合的・均質的な労働者像を想定しがちであるという「労働の地理学」の難点を克服する必要がある。そうした営為を意味する「労働の地誌学」は、ジェンダー、エスニシティ、年齢などにおいて本質的に多様な労働者の声を拾い集めることで、ローカルな文化的・社会的・制度的な制約と可能性の中で、それぞれの労働者が主体性をもって労働と生活の時空間を組織化しライフコースを構築していること、そしてその営みが目の前にある地域労働市場・生活圏そのものを創り出す力となっていることを描き出す試みである。

　本章の実証部分は、「労働の比較地誌学」の実践にあてられた。高度成長期の両産地において、ほとんどの女性は結婚・出産を経験しつつ、織布工として働き続けた。年齢階級別就業率として集計的に見るとき、両産地の女性はライフコースを通じて就業を継続しているという共通点が前景に出てくる。しかし個人の職歴のレベルでは、勝山産地では基本的に一社勤続であったのに対して、川俣産地では職場を変えながら勤続しており、本質的に相異なっている。そのことは、産地における機屋の経営形態の違いが、地域社会や家族に媒介され、ライフイベントと響きあいながら、女性たち自身による職歴の構築に反映されていることを意味する。

　後半では、勝山産地を特徴づける「集団就職」がいかに行われ、女性たちがそれをいかに経験したかを描き出した。機屋を含む産地内の主要アクターは、労働力の確保に組織的に取り組み、送り出し地域との信頼関係の構築に努めた。「集団就職者」の多くは貧困や家族の問題を抱え、出身地である産炭地や縁辺地域を後にし、勝山産地にやってきた。その後帰郷するなどして勝山産地を後にする「集団就職者」が多い中で、機屋はその定着に腐心した。他方で、結婚によって定着した「集団就職者」は、地域社会に溶け込み、産地を支える労働力であり続けた。「集団就職（者）」の分析が示すように、地域労働市場は、明確

な境界によって区切られた実体としてあるのではなく、より広い空間スケールへと開かれた関係性として認識すべきである。

　本章の到達点が、筆者自身が設定した「労働の地誌学」の目標からほど遠い地点にあることは自覚している。とりわけ、分析が生産の領域に偏りがちで、再生産の領域にまで十分に踏み込めなかったことが心残りである。ただし、他の章では再生産に深く分け入った分析がなされていることから、筆者としては、本章単体よりも、むしろ本書が全体として「労働の地誌学」の目標により近い地点に到達していることを期待する。そして「労働の地誌学」をめぐる問題提起が、経済地理学者にとってのみならず、さまざまなディシプリンの研究者にとって意義あるものとなればと願っている。

注

1）詳しくは、中澤（2014）第1章を参照。

2）詳しくは、Castree et al.（2003）を参照。

3）筆者は、埋め込まれる市場とその土壌たる社会を二分法的に認識しているわけではない。いうまでもなく、両者は不可分の関係にある。なお、ペックは現在、カール・ポランニーの言う実体的意味での経済を分析しうる経済地理学の枠組みを構築しようと試みている。詳しくは中澤（2016）を参照。

4）これに関連して、Coe and Jordhus-Lier（2010）は、「労働の地理学」の展開を批判的に検討し、労働者の主体性の概念を、グローバル・プロダクション・ネットワーク（GPN）、国家、コミュニティ、労働市場の媒介項という4つの制度の中で捉えることを提起しており、参考になる。

5）人種やエスニシティの軽視と関連して、先進国の労働運動が根付いた産業に研究対象が偏っているとの批判もなされている（James and Vira, 2012）。

6）この点については、Peck and Tickell（1992）やJonas（1996）において、概念的な検討が行われている。

7）集団就職とは何であり、集団就職者とは誰なのかという問いは、それ自体が固有の問題系をなす（山口, 2016）。勝山産地において実施された遠隔地からの新規学卒者の組織的確保が、地方圏から大都市圏への移動をともなう一般的な集団就職と同一のカテゴリーに収まるのか判断がつきかねるため、ここでは勝山産地に関するものについては、「集団就職（者）」と表記する。

8）特に1960年前後は、ちょうど第一次ベビーブーム直前の出生数の少ない時期に当たっており、中卒者数そのものが少なかった。

第 1 章　織物産地の労働市場と女性たちの働き方・生き方　　**65**

9）ここでは割愛したが、中澤（2015: 8）の表 2 も参照されたい。

10）一例を挙げよう。1969 年 9 月 20 日発行の A 社社内報によれば、女性の場合年齢給は 25 歳で昇給停止（男性は 35 歳）となるが、これとは別に年功加給があるため、長期勤続するほど賃金は上昇する。

11）『昭和 44 年版　北陸繊維年報』p.51。

12）福井県労働組合評議会／福井地方同盟編（1981）を見ると、高度成長期における労働運動を通じて、福井県の繊維産業の労働者が賃金や労働条件を巡って多くの成果を勝ち取ったことがわかる。その過程では、全繊同盟福井県支部が強い指導力を発揮していた。そのもとで、個別の機屋と企業別組合が労使交渉にあたったが、勝山産地においては五大機屋同士および各企業別組合同士の関係性も重要である。こうした重層的な空間スケールにおいて労働運動が展開していくプロセス分析することは、ヘロッド的な意味での「労働の地理学」の重要なテーマとなろう。

13）川俣産地の歴史の詳細については、中澤（2011）を参照。

14）川俣産地におけるインタビュー対象者の属性の詳細については、木本／中澤（2012:12）を参照。

15）『広報かつやま』1963 年 5 月 10 日号による。

16）A 社の元採用担当者による。

17）A 社および B 社の元採用担当者による。

18）1962 年 10 月 25 日発行『B 社社内報』には、筑豊地区で行った父母会の記録が掲載されており、「集団就職者」の声の録音テープや写真を持参し、父兄の声を録音して、「来年の集いを約束して帰ってまいりました」とある。また、1962 年 9 月 13 日発行『B 社社内報』には、九州の 6 つの中学校教員が別々の日に B 社を訪れ、かつての教え子と面会したとの記事がある。こうして相互に行き来することによって、信頼関係が構築されていったことがわかる。

19）『日刊繊維情報』1964 年 7 月 9 日付。

20）『日刊繊維情報』1964 年 9 月 12 日付。

21）『全繊同盟福井県支部　第 6 回協議会報告書・議案書（1964 年 4 月 12 日付）』福井県文書館所蔵『ゼンセン同盟福井県支部文書』（A-1454）。

22）『日刊繊維情報』1963 年 12 月 22 日付。

23）『北海道求人開拓日程表　福井県勝山市』福井県文書館所蔵『B 社文書』（J-1460）。

24）ただし、勝山産地の五大機屋のうち、1960 年代に一貫して全繊同盟の傘下にあったのは、B 社の労働組合のみである。

25）『日刊繊維情報』1962 年 8 月 2 日付。

26）インタビュー対象者（「集団就職者」以外を含み筑豊地区を除く）のうち、1950 年代後半以降に入職した 14 人の平均初婚年齢は、21.1 歳である。

27) たとえば、1970 年 5 月 20 日発行『A 社社内報』には、「集団就職者」自身による以下のような作文が掲載されている。「三月二十一日、三年間は A 社で頑張るぞと固い決心して故郷を出発しました」「お母さんの反対をおしきって入社したのですから、何が何でも三年間は頑張って初心を貫くつもりです」。

28) 実際に帰郷した筑豊出身者たちも、やはり 3 年間は頑張ろう、あるいは 3 年ほどで辞めようと考えていたという。

29) 1967 年 6 月 20 日発行『A 社社内報』は、この制度を「地元求人よりも、何かとロスの多い県外求人者の定着対策」と位置づけている。表 1-3 からもわかるとおり、A 社は 1960 年の「集団就職者」に対して、3 年後の 1963 年からこの制度を開始している。B 社については、1965 年 7 月 14 日発行『B 社社内報』の記述から、1964 年からこの制度を始めたことがわかっている。

30) 1968 年 5 月 10 日発行『A 社社内報』による。なお、父兄が勝山に来られない場合には、小切手を支給したとあり、勤続満 3 年に達した「集団就職者」は 38 人とある。なお、A 社が 1965 年 3 月に採用した「集団就職者」は 56 人である。

31)「集団就職者の土着化対策として結婚斡旋と住宅政策が必要とされてきたわけで、県は三十九年度から結婚に対し『お祝い』を贈ることにしたが、ことしはこれを一歩前進させて結婚斡旋所、住宅政策を推進する計画である（『日刊繊維情報』1965 年 1 月 8 日付）」。これが実行に移されたか否かは、今後資料によって裏付けたい。

参考文献

Castree, N., Coe, N., Ward, K. and Samers, M. (2003) *Spaces of Work: Global Capitalism and Geographies of Labour*, London: Sage.

Coe, N. M. and Jourdhus-Lier, D. C. (2010) "Constrained Agency? Re-evaluating the Geographies of Labour," *Progress in Human Geography*, 35, pp.211-233.

Dutta, M. (2016) "Place of Life Stories in Labour Geography: Why does it Matter?" *Geoforum*, 77, pp.1-4.

福井県労働組合評議会／福井地方同盟編（1981）『福井県労働運動史 2』福井県労働者福祉協議会。

福井県立勝山南高等学校五十年史編集委員会（1992）『勝山南高等学校五十年史』福井県立勝山南高等学校。

福島県織物同業会（1984）『福島県織物同業会のあゆみ』福島県織物同業会。

Gottfried, H. (2016) *The Reproductive Bargain: Deciphering the Enigma of Japanese Capitalism*, Chicago: Haymarket Books.

ハーヴェイ，D.（1991）『都市の資本論』水岡不二雄監訳、青木書店（Harvey, D. (1985) *The Urbanization of Capital: Studies in the History and Theory of Capitalist*

Urbanization, London: Blackwell)。

Herod, A. (1997) "From a Geography of Labor to a Labor Geography: Labor's Spatial Fix and the Geography of Capitalism," *Antipode*, 29, pp.1-31.

Herod, A. (2001) *Labor geographies: workers and the landscapes of capitalism*, New York: Guilford Press.

伊藤　迪（1952）「地域社会としての川俣機業地帯」『東北経済』9巻、1-18頁。

James, A. and Vira, B. (2012) "Labour Geographies of India's New Service Economy," *Journal of Economic Geography*, 12, pp.841-875.

Jonas, A. (1996) "Local Labour Control Regimes: Uneven Development and Social Regulation of Production," *Regional Studies*, 30, pp.323-338.

勝俣達也（2012）「戦後織物業における女性労働と労務管理」『大原社会問題研究所雑誌』No.650、16-32頁。

勝山市編（1992）『勝山市史・通史編第三巻——近代・現代』。

木本喜美子／中澤高志（2012）「女性労働の高度成長期——問題提起と調査事例の位置づけ」『大原社会問題研究所雑誌』第650号、1-15頁。

金田良造（1951）「川俣機業地域における農業経営の実態」『東北経済』7巻、1-52頁。

McDowell, L. (2015) "Roepke Lecture in Economic Geography——The Lives of Others: Body Work, the Production of Difference, and Labor Geographies," *Economic Geography*, 91, pp.1-23.

宮下さおり（2011）「戦後の企業経営と女性労働——東北・川俣産地の事例を基に」『九州産業大学国際文化学部紀要』48巻、137-151頁。

宮下さおり（2012）「経営者の妻の事業関与——その規定要因に関する考察」『九州産業大学国際文化学部紀要』51巻、115-135頁。

宮下さおり（2014）「経営者の妻が果たす役割——北陸織物業における経営者家族の分析から」『現代女性とキャリア』（日本女子大学現代女性キャリア研究所紀要）6巻、75-88頁。

中澤高志（2011）「在来型産業地域の構造変容と地域労働市場——福島県川俣地域における織物業を事例に」『人文科学論集』（明治大学）57巻、69-95頁。

中澤高志（2014）『労働の経済地理学』日本経済評論社。

中澤高志（2015）「高度成長期地方織物産地における「集団就職」の導入とその経緯——福井県勝山市の事例から」『地理学評論』88巻1号、1-22頁。

中澤高志（2016）「ポランニアン経済地理学という企図——実証研究にむけた若干の展望」『明治大学教養論集』514号、49-92頁。

Peck, J. (1996) *Work-place: the social regulation of labor markets*, New York: Guilford Press.

Peck, J. and Tickell, A. (1992) "Local Mode of Social Regulation? Regulation Theory, Thatcherism and Uneven Development," *Geoforum*, 23, pp.347-363.

ポラニー, K. (2009)『新訳 大転換——市場社会の形成と崩壊』野口建彦／栖原学訳、東洋経済新報社（Polanyi, K. (1957) *The Great Transformation*, Boston: Beacon Press）。

末吉健治（1999）『企業内地域間分業と農村工業化——電機・衣服工業の地方分散と農村の地域的生産体系』大明堂。

矢田俊文（1974）「経済地理学について」『経済志林』41巻3・4号、375-410頁。

矢田俊文（1982）『産業配置と地域構造』大明堂。

矢田俊文（1990）「地域構造論概説」矢田俊文編著『地域構造の理論』ミネルヴァ書房、13-40頁。

山口　覚（2016）『集団就職とは何であったか——〈金の卵〉の時空間』ミネルヴァ書房。

山田雄造（2012）『勤労青年学校勝山女子高等学院——その儚い校史をたどる』朝日印刷。

第2章

大規模機業場における生産・労務管理の近代化

──女性の働き方と労働意識の変容

勝俣達也

はじめに

　本章では、高度成長期における勝山市の大規模機業場において、どのように生産管理や労務管理が変化していったのか、またその変化の前後において、生産の主力であった織工（織布工）の女性たちの働き方がどのように変容したのかを検討する。はじめに、本章で明らかにすることの概要やその意義を示しつつ、本章の議論の流れを説明しておこう。

　序章1（4）でも指摘したように、戦前来、織物業は繊維産業の中でもとりわけ在来的な要素が強い産業であった。紡績業・製糸業に比べれば経営規模は総じて小さく、労働市場はどちらかといえば狭隘であり、本書の対象とする福井・勝山を含め、住み込みではなく通勤する女性労働者が一定割合を占める産地も少なくなかった。こうした織物業における生産・労務管理のあり方を見る上で一つの注目すべきポイントとして、特に織布工程において、出来高給が比較的近年まで残っていたということが挙げられる。1972年に労働省婦人少年局が行った調査によれば、織工の賃金形態は、日給月給（40.3%）や日給（24.8%）が多いが、出来高給も16.6%を占めており、他の繊維労働者における数値と比[1]

べてかなり突出している（高橋／原田／湯沢, 1991: 182）。また、われわれが勝山に先立って調査研究を行ってきた福島県伊達郡川俣町においても、出来高給によって織工を管理する方式が、とりわけ小規模機屋においては高度成長期後も続いていたことが明らかにされている（勝俣, 2012）。上記の労働省の調査は、30 人以上の常用労働者を雇用する事業所を対象としていたが、川俣の状況を踏まえるならば小零細規模の事業所を含めた調査であれば、さらに大きい数値が出てきた可能性もある。

このような織物業における出来高給は、戦前はどのように存在していたのであろうか。J. ハンターの包括的な整理によれば、織物業に限らず、戦前の繊維産業に従事した女性労働者の大多数が、何らかの出来高給による支払いを受けていた。その一方で、同じ繊維産業の男性労働者に出来高給が適用されることは稀であったことから、ハンターは賃金形態における男女差と、繊維女性労働者全体における共通性を、ジェンダーの観点から捉えるべきであるとする（ハンター, 2008: 170）。しかし、後述するようにハンター自身の整理においても、大規模経営を中心として発展してきた紡績業や製糸業と、在来性が強く中小零細経営が多い織物業では、出来高給といってもかなり異なるところがあった。本章では、事例分析に先立って、戦前の織物業における出来高給が、全体として他の繊維産業とは異なる性格を有しており、繊維産業全体として一括りにできない女性労働の多様なあり方の一つを示していたことを説明する（1 節）。

その上で、本章では、織物業における出来高給ベースの働き方・働かせ方が、本書が対象とする福井県勝山地域において、戦後どのように変化したのかを明らかにする。福井産地では、もともと、絹や人絹といった長繊維の織物を輸出向けに大量生産してきたため、戦後に登場する合成繊維の製織と技術的に相性が良いということもあって、多くの機屋が 1950 年代に大手原糸メーカーの系列下に入っていった。この時期と前後して、本書の中心事例である勝山の大規模機業場 A 社および B 社も、生産管理や労務管理を大きく変化させていったのだが、そのプロセスがどのようなものであり、またそれまでの出来高給をベースとした織工の働き方がどのように変化したのかを明らかにする。まずは、戦前から続く出来高給にもとづく生産現場の管理のあり方について検討する（2 節）。その上でそうした生産・労務管理のあり方が変容していくプロセスを明らかに

し（3・4節）、それが機業場で働く女性の労働意識に与えた影響について考察する（5節）。以上から、織工としての働き方や彼女たちの労働意識が、戦後の生産・労務管理の近代化を通じて、どこまで変化したのかを、事例分析において明らかにする。

1．戦前の織物業における出来高給

（1）戦前の織物業における賃金制度

　戦前までの機業労働の歴史を広く検討した三瓶（1961）によれば、戦前の織物業における賃金制度は、基本的に二通りであった。一つは、一定の年期を定めて契約を結び、その契約金を受け取るというものである。契約金の一部は本人の親などに前払いされ、残りが年期の満了時に支払われる。この契約金に、寄宿舎生活における食事や仕着などの現物を加えた額が、賃金総額となる。もう一つは一般的な雇用契約にもとづく賃金であるが、機業労働の場合は、糸繰や管巻などの準備工程は日給で、製織工程は出来高給が多かった（三瓶，1961:501）。そして、年期契約と通常の雇用契約のいずれが中心になるかは地域によって異なっていた[2]。また、両者はさしあたって別の支払い形態ではあるが、全く無関係でもない。年期契約を行った女工は、年期明け後、生家に戻り賃機として製織に従事することもあるが、経験工として再び機場に入るときは「反織工」として、出来高払いのもとで働くこともあった（三瓶，1961:514）。

　このように織物業の中でも、出来高給は特に織布工程に広く見られたのだが、これは織物の製品の種類によって単価が定められており、その単価に労働者個人が織り上げた生産量を掛け合わせて算定するというシンプルなものであった。単価は一反、一疋、一機といった数量・個数を単位として、織布作業の難易度を考慮して定められた。また製品の品質によって一定額の減少や割増などが加味されることもあったが、いずれにせよ出来上がった製品を客観的な基準で算定することで決まることに変わりはなかった。

（2）繊維産業における出来高給の多様性

　一方、他の繊維産業部門の賃金制度においては、製糸業における等級賃金制

のような仕組みにも出来高給的な要素が含まれていたと見ることもできるが、織布工程のそれに比べればかなり複雑なものであった[3]（ハンター，2008: 164）。また、綿紡績業においては、岡本幸雄の研究（1993）などによってそれまでの等級賃金制に代わって明治30年代以降に出来高給制が急速に普及していったことが明らかにされてきた。その背景として、刺激賃金による能率の増進と職工の定着、女工不足によって高騰する賃金を管理する新たな賃金制度が必要とされたことがあったとされている（岡本，1993: 153-154）。しかし、それに対して金子良事は、大正期の富士瓦斯紡績を事例として、出来高給が「糸の単価×個数×等級率」で決められており、この「等級率」が勤続などを加味した属人的な評価・査定にもとづく数値であったことに注目する。すなわち、こうした富士紡のような出来高給には、属人給的な評価が組みこまれていたとしている（金子，2011: 237）。いずれにせよ紡績業や製糸業では、出来高給制が、近代的な工場組織において労働者を管理する「新たな」手法として導入されてきた経緯がうかがえる。

　それに対して織物業における出来高給は、在来的な生産形態すなわち賃機における工賃との類似性を強くもっていた。佐々木淳は、戦間期の兵庫県のある有力織元が経営する小幅綿布工場の事例を検討し、織工に対する出来高給の算出方法が、一部の賃機業者に対する工賃の算出方法とほぼ同様であったことを明らかにしている。この点から、佐々木は、この工場が力織機を導入していながら、実際は家内労働者の集中作業場に近いものであったと指摘する（佐々木，2006: 129-130）。工場に雇われて働く織工の存在が、賃機を営む家内労働者の存在と地続きで捉えられていたとすれば、出来高給という賃金形態もそうした織工の存在様式にもとづくものであったと考えられるだろう。ハンターも「織布部門の大部分における賃金支払方法は、工場制の下で必要とされる方法というよりは、前工業化段階での形態に規定されたものであり続けた」（ハンター，2008: 170）と指摘している。また、上記のような出来高給と賃機工賃の類似性だけでなく、機織技術の伝習を目的とした年期契約がかなり後の時代まで残ったことも、織物業の賃金形態における在来性の強さを示しているだろう。以上のことから、織物業における出来高給は、他の繊維産業における賃金制度とはかなり異なる性格をもっていたことがわかる。

（3）福井産地における生産組織の特徴

　もちろん、在来性が強い織物業においても、工場生産における出来高給と賃機生産における工賃は、雇用であるか否かという点において本質的に異なる。工場と賃機のいずれの生産組織が中心になるかは、各織物産地によって異なり、それには相応の理由があった。戦前の福井産地は、羽二重など輸出向絹織物の産地として発展したのであるが、問屋・織元と賃機による生産ではなく、工場＝集中作業場が生産の場の中心であった。その理由として、橋野は上田貞次郎（1930）の分析を参照しつつ、製品の品質にばらつきを生じさせないために、生産組織として工場が選択されたという事情を挙げている（橋野，2007: 69）。また三瓶も、輸出羽二重においては「品質の均一なる製品の必要から農家の賃機が不可能で、農家の主婦が機屋に通勤するという習慣が生じた」（三瓶，1961: 532）とし、賃機ではなく工場へ通勤することが多かった技術的背景に言及している。

　本章においては、こうした工場＝集中作業場において、実際に出来高給にもとづいてどのような生産・労務管理が行われていたのかということが検討課題となる。橋野は、福井県今立郡の一機業場における賃金支払に関する資料を分析し、各女工の勤続期間や一か月当たりの生産量にかなりのバラつきがあったことを示しつつ、そうした状況においては、輸出品に求められる品質の斉一性といった要因とあわせて、彼女たちが集中作業場に集められて仕事をすることが、生産・労務管理上ポジティブな意味があったのではないかとする。さらに、資料の制約上、工場の中の様子については推測の域を出ないとしながらも、周囲の女工と一緒に働く時間を共有することによって、家事に分断されることなく集中して同じようなペースで織ることや、織工同士あるいは経営側との情報共有、さらに織工同士を競争させるようなインセンティブ賃金[4]が、生産・労働における斉一性を生み出す鍵だったのではないかとしている（橋野，2007: 68）。

　以上、戦前の織物業、特に織布工程における出来高給について若干の検討を行ってきたことから、以下のことが指摘できる。すなわち、織工に対する出来高給は、生産した織物の量・種類・品質から算出するシンプルなものであったが、そのシンプルさや出来高給の導入の経緯から見ても、他の繊維産業のように工場組織における新たな賃金管理の手法というよりは、賃機のような在来的な取引形態との類似性を強くもっていた。つまり、製糸業・紡績業などとはや

や異なる系譜の賃金形態であり、そこには繊維女性労働として一括りにできない働き方、働かせ方の違いがあった。序章1（4）では、織物業における労働市場のあり方が、他の繊維産業部門と異なる側面があったことを指摘し、それが女性労働の歴史の多様な源流を捉える上で無視できないことを主張したが、そうした織物業における在来性がもたらす特徴は、賃金形態にも表れていたということができるだろう。

　また、特に本書が対象とする勝山地域を含む福井産地に関しては、輸出向羽二重の生産に求められる品質の問題から工場生産が優位となったことを踏まえて、工場では通勤者を含む織工たちが出来高給制のもとでどのように働いていたのか、橋野による推論に言及した。次節以降は、時代を大きく下って、事例分析に入っていく。戦後まもない時期の勝山機業においては、実際に出来高給によってどのように生産の現場を管理していたのか、あるいはそこで働く織工たちの労働意識はどのようなものであったのか、そしてそれらは生産管理や労務管理の近代化によってどのように変化していったのか、具体的な事例分析を通じて明らかにしていきたい。

2．織賃制度下の勝山機業における生産・労務管理

　福井県勝山市の織物産地としての概要や歴史については、すでに序章で示されたとおりである。主な調査対象者は、高度成長期とその前後の時期に、Ａ社あるいはＢ社で働いていた女性たちであり、彼女たちが経験した労働や生活に関して幅広く聞き取りを行っている。また、特にＢ社の元従業員で当時「運転士」と呼ばれた織機調整工兼現場監督者の経験をもつ男性5名に対しても、当時の職場の様子について聞き取りを行っている。本章では主にこれらの聞き取り調査のデータに依拠しながら議論を進めていく。[5)]

（1）Ａ社およびＢ社の沿革

　まずＡ社、Ｂ社の沿革に触れておく。勝山地域は福井産地においては後発の機業地であったが、Ａ社、Ｂ社の本格的な創業時期もそれほど古くはない。Ａ社の発祥は明治中期にさかのぼるが、横浜の商社が経営を継承し、力織機を備

えた本格的な機業場として再出発をしたのは大正初期であった（勝山市編，1992:
423）。またB社は、勝山の基幹産業であった刻みたばこ業が、1896年の大火
で大半の工場を失った後、それに代わって機業を営んでいた十数名が企業合同
を行い、明治末に誕生している。いずれも絹物の輸出羽二重を中心に発展して
いったが、勝山では1915年に産地の機業数社によって「勝山電力会社」が設立
されたことで、急速に力織機化が進められた。B社では、1919年頃には全ての
織機を力織機にしている（『B社社史』）。

　A社とB社は、いずれも輸出向織物を中心としており、第一次大戦の大戦景
気による輸出の急拡大、そして大戦後の不景気による急速な輸出不振を経験す
る中で、国内向けの製品や人絹の製織を手がけるようになる。そして、昭和初
期にはいずれも人絹交織縮緬の製品開発に成功し、国内・輸出向けの縮緬製織
に力を入れていった。この昭和恐慌後の人絹ブームの時代にA社、B社とも分
工場や地方工場を建設し、急激にその設備や人員規模を拡大させている。B社
の場合、1929年に織機500台であったのが、1935年には1610台とわずかの期
間に設備を拡大させ、1939年には織機1710台、従業員約1700名に達してい
る。A社も1933年の時点で工場25棟、職工数966名、広幅織機742台を数え
た（勝山市編，1992: 423）。

　こうしてA社、B社は、いずれも福井県下あるいは全国的に見ても屈指の規
模の機業場となり、序章でも示したように、旧勝山町だけでなく近隣の農村を
含めた地域労働市場において、その存在感を大きくしていった。そしてこのA
社、B社においても、戦前期あるいは戦時を経て事業を再開した戦後初期の段
階では、織布工程における生産・労務管理は前節で見たような出来高給をベー
スとしており、そうした管理手法は職場によっては1950年代後半においてもま
だまだ残っていた。今回の調査でも、多くの方が当時の出来高給にもとづく現
場管理の様子について詳細に語っている。まずは、後述するような生産・労務
管理の近代化が進む以前の勝山大規模機業場において、とりわけ織布工程を中
心に、どのような労働とそれに対する管理がなされていたのかについて記して
いく。

（2）織賃制度下における織工の職務内容・労働過程

　織工の仕事は、経糸がセットされた織機を動かし、機を織ることである。当時の織機の主力は木製または半木製の力織機であったから、動かし始めてしまえば一旦は監視労働になる。しかし、後に導入される自動織機に比べれば、稼働においてさまざまな作業が必要であり、それぞれに技能や慣れが必要であった。たとえば、管巻に巻かれた緯糸は一定時間でなくなるので、時間を見計らって管巻を補充する作業は常時必要であった。また、単純な平織ではなく、綾織、朱子織、ジャガード織といったさまざまな柄を出すためには織機を適宜操作する必要がある。あるいは、経糸が切れた部分があれば、一度織機を止め、糸結びをしてつながなければならない。注油などの織機のメンテナンスも行う必要がある。そして、織機自体は常に不具合が起こる可能性があるため、その兆候がある場合は問題が生じる前に運転士に調整を依頼する。こうした諸々の作業を手際よく行いながら、織機を動かすのが織工の仕事であった。糸結び一つをとっても無駄な時間をかければそれだけ織機が止まっている時間が長くなり、生産量が落ちる。その意味で織機一台一台、ひいては工場全体の生産性が、こうした織工一人一人の個人的な熟練や手返しの良さに依存していた。

　動力のついた力織機であるので、一人当たり複数の織機を受け持つことは可能であるが、その持ち台数は、上のような作業を手際よく行って織機を動かし続ける個々人の技量によって異なっていた。当時の木製あるいは半木製織機の場合、インタビュー調査ではその限界を４〜８台と見る向きが大半であった。そして、当時の賃金制度は「織賃制度」といわれる出来高給であった。そのため個人の織機の持ち台数はそのまま収入の多寡に直結する[6]。こうした工場の生産性に直結する仕事を担う織工の賃金は、管巻などの準備工に比べてかなり高かった。そのため機業場に就職をした女性の多くが、準備工よりは織工になることを望む傾向があった。われわれの調査データにおいては、28ケースのうち10ケースが入社時から織工として配属されているが、その一方で準備工として配属された残りの18ケースのうち14ケースが、かなり早い段階で自ら会社に強く願い出て織工となっており、織工という働き方に女性たちが強くコミットしていた様子がうかがえる[7]。それは、何より準備工に比べて相対的に賃金が高かったからであるが、それだけではなく、「憧れ」（KT-11）や「それが出来な

第2章　大規模機業場における生産・労務管理の近代化　77

ければ一人前ではない」という本人（KT-11）または親（KT-17）の考え、ある
いは織工のほうが嫁のもらい手があるという地域の評価（KT-13・KT-23）など、
本人または他者による評価や規範的な意味づけについて明示的に語るケースも
少なくなかった。

（3）織賃制度下における運転士の職務内容

　機場における女性の仕事の花形が織工であるとすれば、男性の仕事の花形は
運転士であった。運転士の主な仕事は、織機に生じた不具合を調整することや、
経糸がなくなった織機に次の織物の経糸をとりつけること（ハタカケ）であった。
いずれにせよ織機を止めた状態で行う仕事である。織工にとっては、この止
まっている時間の長さが織高・織賃に直結するため、運転士にこれらの作業を
いかにスムーズに行ってもらうかが重要であった。そして、もう一つ織工が関
心を寄せたのは、自分の織機に運転士がどのような織物のハタカケをするかと
いうことである。織賃の単価は織物の種類によって異なっており、端的に言っ
て「儲かる機と儲からない機がある」（U-1）。技量があるにもかかわらず単価の
安い平織などのハタカケをされてしまうと、収入が少なくなってしまう。運転
士は、織工の技量を見極めながら、適宜誰にどの織物を織らせるか、何台の織
機を受け持たせるかを決める権限をもっていた。そのため、U-1によれば、織
工からの不満が出ないように、各織工の技量と織賃の単価や難易度を考慮しつ
つ、バランスよくハタを仕掛ける必要があった。

　運転士は、織機の調整に関する技術やノウハウを、いわゆる職人的なやり方
で身に付けていた。U-1、U-3、U-4、U-5は、自身が運転士の見習いであった
とき、指導役の運転士が直接的に織機調整のやり方を教えてくれることはなく、
親方として仕事ぶりを見せながら、技術を盗めと教えられていたという。U-4
によれば、運転士が一人前になるには5～6年はかかったが、一定の技術が身
に付くと、数十台の織機が据えられた工場一棟を任されて運転士としての仕事
にあたる。また、U-3によれば、工場長から各棟の運転士に至る職人集団が形
成され、内部に濃密な人間関係があったという。

（4）運転士と織工の関係——出来高給と運転士による間接的管理

　織工としては、不具合の少ない良い織機の工場、単価の高い織物を織れる工場、そしてウデと仕事ぶりがよい運転士が担当している工場で働くことが望ましいことであった。運転士の仕事ぶりは、織工の収入に直結するため、両者の間にはさまざまな思いが交錯しやすい負荷がかかっていた。ベテランの織工は、運転士にとって無視できない存在であったし、腕の悪い運転士は織工たちから突き上げられかねなかったが、総じて力関係は運転士が上であった。次の資料はB社の社史からの引用である。

　　織工は、受け持ちの織機がよく動くこと、自分の技量に合ったハタを仕掛けてもらえるかどうかが一番の関心事でした。だから担当の運転士には礼をつくし、常に友好を心がけるのでした。しかし、実際は所詮人間、男と女の間柄、ときには、相愛、憎悪はまぬがれません。例えば、織りにくいハタをかける、織賃の安いハタをかける、機械の直しを遅らせるなどして嫌がらせをしたり、またこの反対のことをして喜ばせたりしたものです。……（中略）……とかく織工は、いつも運転士の顔色を気にして"砂糖箱"などの遣い物をするのが習慣でした。（『B社社史』）

　U-5（1950年代入社）は、かつての運転士が現場でいかに強い存在であったかを示すエピソードとして、「気にくわない」織工に対しては、受け持ちの織機のベルトを外して動力が伝わらないようにしてしまうことがあったという例を挙げている。KT-3は戦前にB社に入社しているが、やはり織工の大半が、運転士の仕事ぶりや振る舞いについて不満があっても、それを工場長など上層部に言うことはできず、みな泣き寝入りをしていたと回想する。U-1（1930年代入社）は、不真面目な運転士が工場を出てどこかに遊びに行ってしまうと、織機に不具合が生じたときに織工たちが困るため、とにかく真面目であることが織工たちから求められたという。これらの語りからは、運転士という現場管理者に多くの裁量が与えられており、その働きぶりによって織工の収入が左右される状況だったことがわかる。現場の生産性は、いわば運転士と織工の人格的な関係の中に埋め込まれていた。

　このような現場の管理（管理というには緩い形ではあるが）をどのように捉え

ればよいのだろうか。かつて20世紀初頭のアメリカにおいて、F.W.テイラーが自身の唱える科学的管理法を導入する上で障壁となったのは、当時広く見られた万能職長制（職長が職場における生産や人事に関してほぼ全ての決定権限をもっている状況）であった。テイラーはこれを打破して、動作管理・時間管理にもとづく課業を設定し、それを基準として生産管理・賃金管理を導入したわけであるが（クロースン, 1995；三戸, 2000）、経営側が現場を直接管理しようとするとき、キーマンになるのがそれまで現場を管理していた者への対応である。勝山の大規模機業場においても、戦後、生産・労務管理が近代化される過程で、運転士の役割が変化していったことをこの後の議論において注目していくのだが、ここでは織賃（出来高給）時代における運転士の役割について、もう少し検討しておきたい。すなわち、この時代の運転士は、テイラーの時代における万能職長や、第一次大戦以前の日本の重工業の生産現場において親方職工がもっていたような技術上の自律性や賃金配分の権限はもっていなかった。ハタカケの権限は、どのハタを誰に織らせるかを決める権限であって、織賃の賃率そのものはあらかじめ決まっている。しかしながら、彼らは一定の権限を与えられることで、上に示したような現場の織工に対する権力をもっていた。U-2およびU-3によれば、戦後間もない織賃時代の運転士たちは、高等小学校卒業程度の学歴をもった人で構成されており、「親方」を頂点とした徒弟関係にもとづく集団を形成していた。職場で強い権力をもっているため、職種としては憧れの対象であったが、その働きぶりは悠長なところがあったようである。以下はU-3の語りである。

> 運転士さんはその現場の大将みたいなものでの。運転場というのがあって、運転場のいすにどーんとすわって。刻みタバコをキセルで吸って。それで機織りさんがおねがいしますと言ってくるまでは、そこにどんとすわって与太話をしながら運転場に控えていた。織賃の時はそんな状態で。（U-3）

　こうした牧歌的な働きぶりについては、複数の元織工からも証言されている。少なくとも生産性を高めるために現場を指導することに躍起になっていた様子はうかがえない。現場の生産性は、織賃収入を少しでも多く上げたい織工の意

欲と技能に依存していたのである。こうした状況の背景には、そもそも目の前の受け持ち織機をどう稼働させるかは、ライン労働のように同期化されていない以上、織工個人次第にならざるをえないという生産技術的な状況もあったであろう。

　A社、B社ともに、こうした前近代的な管理状況をなんとかしたいと考える経営側の人間がいたことは、インタビューでも指摘されており、B社における改革の動きについては、次節で述べる。ただし、こうした現場の状況は、会社にとっては都合の良い部分があったともいえる。つまり、織工たちにとって運転士は自身の収入の多寡を左右する存在だったわけであり、労使の利害関係におけるいわば憎まれ役を運転士がある程度引き受けてくれることは、職場の管理上都合がよかったからである。KT-3は、織工が数百名いても、そのうち誰一人運転士に対する不満を上層部に直接言うことができなかったという[10]。それほど現場の運転士が強い権力をもつ存在として認識されていれば、逆に会社が職場の管理を直接行う必要はなくなる。

　そうした運転士の存在が、労使間の壁になった管理のあり方においては、織工たちが会社全体の生産性を考える余地はない。U-1は、織工たちが運転士の技量および勤務態度や織機の設備状態をよく見極めていたとし、「あの工場はよく儲かる、あの工場は儲からんと、機織りさんはそういうのがわかるから」と語っているが、こうした会社に対する織工の手段的な関わりを示すような語りは、織賃制度下における従業員と会社の関係性をよく示しているように思われる。もちろんA社やB社は、戦前から勝山における大規模機業場としての地位を確立しており、織工たちにとっても多かれ少なかれ依るべき対象として立ち現れていたであろうが、後に生産・労務管理の近代化を果たし、QCサークル活動が展開していった頃のA社やB社における会社と従業員との関係性とは、かなり異なるものであったといえるだろう。

　しかし1950年代以降、経営内外からこうした生産現場の管理のあり方を見直す動きが出てくることになる。

3．生産・労務管理の近代化の始動

（1）1950年代前半の勝山機業をめぐる状況——系列化の開始

　まず、当時の福井産地全体の機業の経営状況について確認しておこう。昭和戦前期に、福井・石川は人絹王国としてその産地の規模を急速に拡大していったのであるが、戦時下の統制経済における企業整備や織機供出、福井や敦賀を中心とした戦災、震災によってその生産力は著しく減退した（福井県編，1996）。1950年には、原糸や織物の統制が解除され、自由な企業活動が行われるようになり、朝鮮戦争の特需を迎える。特需ブームのもとでは、機業への転業と織機の増設が進んだが、「原料高」の「織物安」という状況が続き、「紙より安い人絹織物」といわれた苦境に陥った。1950年代前半の人絹織物業は総じて慢性的な不況期であった（木村，1995: 30）。この時期に中小商社の倒産が相次ぎ、勝山の機業もB社をはじめ多くが損害を被っている（勝山市編，1992: 760-762）。福井の人絹織物業は、戦後に急速な回復を見せたとはいえ、戦前の最盛期（1937年）の生産量741,413千平方ヤードと比較した場合、1953年で30.8％の生産量（228,483千平方ヤード）にとどまっていた。さらに、1954年の産地診断書がより大きな問題として指摘しているのは、織機の操業度の問題であった。織機一台あたりの平均年間生産量は、同じく1937年の数値（8,344平方ヤード）に比べて1953年の時点で52.7％（4,394平方ヤード）に過ぎなかったのである。こうして福井産地は、特需ブームを経た後、過剰設備と原料高という構造的な問題を抱えることになった（福井県編，1954: 30-33）。

　機屋が不安定な原糸相場に苦しむ中で、原料糸や織物における流通の構造に変化が生じてくる。福井産地の場合は、とりわけ1952年以降、産元商社ではなく丸紅・伊藤忠・蝶理・日綿など県外の大手商社が、原糸メーカーと特約関係を形成して原糸を機屋に販売する形が発展する。それが固定的な取引関係となっていわゆる「系列化」が進展した（福井県編，1996）。富澤によれば、当初は機屋への救済手段として行われた系列化は、人絹糸の高度加工や合繊糸の増大とともに戦略的手段として位置づけられるようになり、原糸メーカーと県外商社が中心となって織布企業の系列化、選別を行い、囲い込み競争が行われた。

これによって、機屋の事業内容は「糸買い布売り」の自己リスク型から賃加工型へ変化したのである（富澤, 2005: 126）。勝山の機業も系列傘下の賃織生産を行うようになり、A社、B社を含む大手機業場も、旭化成、帝人、東レ、倉敷レイヨンなどの原糸メーカーによって系列化されていった（勝山市編, 1992: 772）。

　系列化が進むことによって、系列内での技術指導・資金援助・共同開発が行われるようになったが（富澤, 2005: 126）、それは同時に原糸メーカーが、機屋の経営内容を細かく把握する道が開かれたことを意味していた。U-2によれば、B社の場合も、1954年に系列傘下に入った頃から操業に関わる具体的な数字を原糸メーカーに抑えられるようになり、営業面での数字のやり取りが細かくなっていくなど、総じて生産の締め付けが厳しくなっていったという。

（2）1950年代前半のB社における二部制導入のプロセス

　戦後の福井産地では、上記のような系列化が始まったことで、機屋は徐々に外部から変化を迫られるようになっていくのであるが、勝山のB社の場合は、そうした外圧がかかる以前から、新しい生産体制づくりの試みが始まっていた。一つは、新入社員の初期研修の集団化であり、もう一つは二部制の導入である。U-2によれば、これを主導したのが当時の工場長であり、U-2を含む旧制中学出の若手運転士3人はこの工場長に呼び出されて、今までの生産現場のあり方を変えたいと打ち明けられたという。以下、U-2の語りにもとづいてB社における二部制の導入プロセスについて説明する。まず1949年度の新入社員から、それまでのようにはじめから織部（織布工程）や準備部（準備工程）などに配属されるのではなく、一度全体で集団教育を受けさせてから、誰がどの部署に行くのかを会社主導で割り振るようにした。それまでB社では入社後、大抵まずは準備部に回され、そこから推薦されて人気の織部に変わるというのが一般的であったが、そうした配置に対する現場の裁量を制限するためであった。

　もう一つの二部制の導入については、現場に対して不規則な勤務時間に対応する負担を求めなければならないことに加えて、そもそも出来高給としての織賃制度がやりにくくなるという問題があった。そこで上記の新人研修が始まった1949年入社組を対象に、まずは部分的に導入された。そして、新入の社員

が二部制に対応している実績をまずつくってから、ベテラン社員たちにも徐々に適用させていこうとした。織賃制度にとっての問題とは、二部制の場合、一台の織機を早番と遅番の2人で使うため、誰がどれだけ織ったかを計算しにくくなることであった。当初は、自分が織ったところまでの織物に小さな紙を挟んで個人の織高を計算していたが、その煩雑さから、次に早番と遅番の2人で織ったものを合計して等分する方式に変わり、やがて賃金制度そのものを徐々に時給制に変えていくことになった。U-2によれば、その際、それまで個々人が受け取っていた請負給（出来高給）の平均的な額よりも1割ほど高くなるように時給に設定することで、現場の了解を得ていったという。出来高給を時給に変えていく際の諸経緯については、次節で詳しく述べるが、数年がかりで徐々に進められていったこのプロセスをU-2は「生易しいものではなかった」とふりかえっている。

　加えて、B社における二部制の導入、さらにそこから派生する時給制への転換は、全社的に一気に進んだわけではなかった。B社では、市街地にある本社に隣接する工場と、昭和戦前期に郊外に建てた工場の2つが主力であったが、この2工場は職場の雰囲気が全く異なっており、新しい管理上の取り組みが行われるのは、郊外の新しい工場のほうであった。逆に本社隣接の工場では、従来の織賃制度やそれに付随する運転士と織工の関係がしばらく続いた。それが全体としていかに変化していったかについては次節で改めて取り上げる。ここでは、系列化による外圧以前から、B社において新たな生産体制、管理体制を模索する動きが始まっており、二部制の導入など一定の変化が生じていたことを確認しておきたい。

4．生産・労務管理の近代化の諸相

（1）1950年代後半〜1960年代前半の勝山機業の経営状況

　A社、B社をはじめ、福井・勝山の大規模機業場が、現場の生産・労務管理のあり方を大きく変化させたのは、1950年代後半から1960年代前半、つまり昭和30年代であった。まずは、背景としての経営状況について概略を述べておく。

この時期、前述したところの系列化が一層進展し、多くの機業場が大手原糸メーカーや商社の賃織を行うようになった。福井産地全体でみると、織物生産高のうち賃織が占める割合は、1953年12月の時点で32.9％だったが、1958年12月には62.1％に上昇している（吉田勇，1962: 15）。この流れは、さらに1960年頃から人絹にかわって合繊が原糸として大きく伸びていく中で加速していった。B社の場合も、1963年に新たに東レのプロダクションチームの一員となっている。木村は、この賃織体制の確立を背景に、徐々に製織の前後の工程（準備や染色）を含む系列一貫体制が展開されていくことになったとし、それは大量生産体制の確立と高度な消費市場への対応という高度成長期が要請した産業構造に向けた、原糸メーカーを先頭とする繊維業界全体の転換を意味していたとする（木村，1995: 32）。

この系列一貫体制の展開は、合繊という新素材への対応を含め、大きな技術革新を伴っていた。特に、従来の糊付け、乾燥、整経といった準備工程における作業を一工程で行うサイジングマシンの導入によって、機屋の仕事は大きく変わった。大手機業場はサイジングマシンを自前で導入し、中小機業場はこの工程を専業のサイジング工場に委託した（勝山市編，1992: 765）。B社の場合も、サイジングマシンや自動管巻機、さらには革新織機といった新設備を導入していった。しかし、こうした設備投資が相次ぐ一方で、労務費や減価償却費および資材の高騰などによって、借入金などの他人資本が増加し、企業体質は悪化していった（『B社社史』）。また一方で、全繊同盟による最低賃金獲得闘争が展開され、賃金の上昇圧力が高まっていた[11]。そうした状況において、設備の有効活用や生産性向上のために導入されたのが、二部制や三部制、さらに後に説明する分業制であった。この分業制によって、すでに二部制の導入で動揺しつつあった織賃制度は、完全になくなっていく。次項以降では、こうした賃金制度や生産現場の管理方法の変化を職場がどのように受け止めたのか、インタビューのデータを中心に見ていきたい。

（2）B社における賃金制度の変更（組合資料にもとづく分析）

前述のとおり、従来の織賃制度を中心とした賃金制度は、二部制の部分的導入によって動揺を受けていたが、それによって即座になくなったわけではな

かった。B社の労働組合の大会資料には、労働協約の改正に関する記載があるが、まずは、ここからわかる賃金制度の変化を確認しておきたい。入手できた1958年以降の大会資料のうち、労働協約における賃金制度の改正が記されているのは、1958年の臨時大会資料、1961年の定期大会資料、1969年の定期大会資料の3点である。それに加え、B社の1966年における基本労働協約書の資料がある。まず、1958年と1961年の大会資料を見ると、いずれもB社の賃金制度は、月給制、時給制、請負制の3つであることが明記されている。織工は時給制または請負制であった。1961年の時点では、請負制つまり従来の織賃制度と呼ばれる出来高給は、制度としてまだ残っていたことがわかる。この点はインタビュー調査対象者の経験についての語りとも合致する。問題は、時給制および請負制の内訳、とくに基準内賃金における改正内容である。図2-1および図2-2はそれぞれ1958年資料、1961年資料に記載された労働協約における賃金制度に関する変更内容を示したものである（「イ、月給制」については省略）。ま

図 2-1．B 社の労働協約における賃金制度に関する変更①（1958 年組合資料）

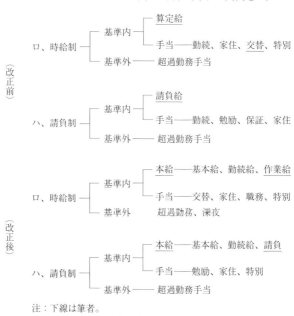

注：下線は筆者。
資料：1958年度臨時大会（12月1日）資料。

ず、図 2-1 から 1958 年資料における変更点を見てみる。

まず基準内の手当以外の部分に注目すると、「改正前」は、時給制においては算定給、請負制においては請負給という形でシンプルだったものが、「改正後」にはいずれも複雑になり、基本給や勤続給を含めた形で本給とされていることである。特に時給制においては、「改正後」に作業給が導入されており、この部分が後述するように織布や準備といった職務内容によって異なった時給を設定するために入ったところと思われる。次に、図 2-2 から 1961 年組合資料における変更点を見てみよう。

1958 年資料が示す「改正後」の制度では、時給制と請負制を本給部分において共通化していく方向が示されていたが、1961 年資料が示す「改正後」の制度では、再び基準内賃金は、時給制においては基礎給、請負制においては請負給がメインとなっており、1958 年の「改正前」に近い形に戻されたように見える。また、1958 年資料の「改正後」では、時給制の基準内賃金に導入されていた作業給にかわって、1961 年資料の「改正後」では、職能給が新たにおかれている。

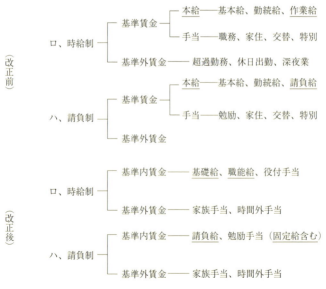

図 2-2．B 社の労働協約における賃金制度に関する変更②（1961 年組合資料）

注：下線は筆者。
資料：第 15 回定期大会（1961 年 4 月 9 日）資料。

第2章　大規模機業場における生産・労務管理の近代化　　87

このように、1960年前後に時給制と請負制の内容が様々に模索されている様子がうかがえるが、その状況の詳細については、次項で聞き取り調査の内容から考察したい。なお、この1961年資料まで明記されていた請負制は、1966年の基本労働協約書においては完全に消滅しており、賃金は月給制と時給制の二種類とされている。また、1969年資料における賃金制度の変更点は、時給制を日給月給制に変更することであった。

（3）請負制（織賃制度）の時給制への転換

　1950年代前半から二部制が順次導入されながらも、少なくとも1961年までは制度としては残っていた請負制であるが、その間も徐々に請負制から時給制への転換が進められていた。U-2やU-3は、1950年代後半に、組合内部でももともと請負制だった個人個人の時給をいくらにするかで大激論があったことを記憶しているという。特に当時、組合役員をしていたU-3は、時給を工程ごとにどのように設定するか会社と協議している。そのU-3によれば、織部（織布工程）では織賃制度なのでもともと個人によって異なるものの、総じて準備部（準備工程）より高い賃金を得ている人が多かったため、織部のほうは基本給が1ランク上に設定されたという。まずはそうした工程ごとに異なる形で基本給を設定した上で、さらに織工の中でも個人個人によって差があった部分を、個々人の技能レベルとして反映させた。おそらくは、1958年資料の「改正後」および1961年資料の「改正前」の時給制に入っている「作業給」と、1961年資料の「改正後」の時給制に入っている「職能給」のところで、織工内部に存在していた収入差を反映させていたと考えられる。総じて、織工たちが織賃制度のもとで得ていた賃金を、ある程度反映させる形で時給制への移行を進めていったのである。図2-1および図2-2で示されたような基準内賃金の内訳の改正は、織工の賃金形態を時給制に移行させていく過程で、それまでの主に準備工を対象とした単純な時給制を、工程間の賃金差と織工内部での賃金差を反映できるように変えるために、行われていたと見られる。[15]

　こうした請負制から時給制への移行について、織布の現場では当然賛否両論があった。U-3は、一部の古参の織工はある程度給料が下がった形になるが、一般的には平均化され、時給制への転換については喜んだ人のほうが多かった

のではないかとする。一方、K-13は、「織賃にしてもらわな馬鹿らしくてやってられないという感じだった」というベテラン織工の反応について語っている。[16)]

（4）分業制の導入

　上記のような請負制（織賃制度）の時給制への移行を決定的にしたのが、分業制の導入である。『勝山市史』によれば、この制度は、新人社員の織工が、一人前として織機を動かせるようになるまでの期間を短くすることを目的として導入が始まった。つまり、それまでの織工には、緯糸の挿入、キズの補習、注油などを行いながら各種の織物を織りこなす能力が求められたため、一人前になるために4、5年の経験が必要とされていた。そこで、織工の作業の中で最も難しい「補修作業」のみを担当するベテランを配置するなどし、分業化をすることで、新人でも半年ほどで織機を動かせるようになったとしている（勝山市編, 1992: 781）。

　U-3によれば、B社の場合、分業制はB社自身のアイディアではなく、系列傘下に入った東レの指導によって導入された。具体的には、やはり数名で一つのグループをつくり、一人一人は糸切れを直す作業や、緯糸を入れる作業などを専門に担当することで全体としてより多くの織機を動かせるようにした。東レからは当時一人8台だった持ち台数を3倍の24台にまで増やすように指導されたという。[17)] U-2も分業になったことで織賃制度は完全になくなったとしているが、やはりこうした新しい合理化の試みは、郊外の工場において始まっている。

（5）生産管理における運転士の役割の変化

　織賃制度は、織工個々人の生産性を高めるインセンティブに働きかける仕組みだが、分業制は工場システム全体としての生産性を上げることに関心が向けられている。系列化の下で原糸メーカーからの経営指導を受ける中、生産性向上に対する圧力が強まっていったが、現場の生産性を高めるためのキーマンが、運転士と呼ばれた現場の責任者であった。

　木村は、福井産地のある大規模機業場における出張報告書の内容から、合繊への転換期（昭和30年代）における系列関係の深化が、産地織物業の生産現場

にもたらした変化を分析している。それによれば、この時期、原糸メーカーによる指導や系列企業相互の技術交流を通じて、品質・技術の向上が徹底化されていったと同時に、これに対応する経営組織、経営管理手法の確立の必要性が経営サイドで認識されつつあったこと、その中でも重視されたことの一つが現場監督者の意識変革であったという（木村，1995: 55-56）。

　A社およびB社でも、この時期に分業制の導入とあわせて、工場全体の生産性を高めるための方途や管理手法が導入されている。たとえば、織機の稼働状況を旗で知らせるシステムである。A社の場合は、赤色の旗を立てることで織機の異常を知らせ、運転士を呼ぶ仕組みであった。B社の場合は、旗は三色あり、赤色はA社と同じ使われ方であったが、白色は糸切れが大量に発生するなどして「予備さん」と呼ばれる補修作業の熟練織工を呼ぶために、黄色は織機の経糸がなくなって次のハタを仕掛ける状態になっていることを示すために使われた。かつてのように、織工が「運転場」でのんびり待機している運転士に、自分の織機の調整を「お願い」しに行くという形とは大きく異なっている。U-3（B社）によれば、こうした旗によって異常を視覚化するシステムは、運転士に織機の異常を即座に知らせるだけでなく、経営側が工場内の状況や運転士の仕事ぶりを監視し易くするという効果ももたらした。たとえば、担当の上司が工場を巡回する中で旗の数が目立っていると、月末の生産会議で「おまえのところはいつも何本か旗が出ているやないか」と言われたという。[18]

　またKT-13によれば、B社では昼休みに機械を止めないために、「放置時間」という方法をとるようになったという。たとえば4人が一つのグループとして分業制の下で仕事をしている場合、3人が所定の休憩時間に昼食をとる一方で、1人だけ時間をずらして別に昼食をとり、休憩時間内は現場に残って大きな問題がないかだけ確認する。こうした態勢で昼休みも機械を止めずに稼働時間を長くする仕組みが導入された。この仕組みも生産会議などで運転士同士の情報交換の中で工場全体に広がっていったという。

　こうした生産管理の変化によって、運転士の役割や勤務態度は、織賃時代とは極端に異なるものに変わっていった。以下の語りはそのことを指摘したKT-13およびU-3によるものである。

（運転士の織工に対する）ひいきというのはなくなる。逆に機織りさんをうまいこと使わなあかんということで、態度がそれからは逆に。というのは、織賃でなくなってからだんだん変わって。織賃制度がなくなったことで会社全体が変わりました。（KT-13）

僕らの時代はどちらというと、織り子さんを上手な織り子さんに育てるという方向へだんだん行きましたから。織賃制度は、そんなものは構わない、本人の能力で伸びる人は伸びるし、駄目な人は駄目やと。ただ、今度、時給になりますと、自分の受け持ちの織り子さんは、一人でも能力の高い、技術のあるような織り子に育てていかなん、自分の成績に関係してきますから、今度は。今度は調整工にかかってきたのです、時給の場合は。（U-3）

　工場の生産性は、織賃制度においては織工個々人に依存していたが、時給制のもとでは現場の運転士によって高められるべきものとなり、運転士の役割は大きく変わっていったのである。U-3によれば、毎月の生産会議で運転士は受け持ちの工場が生産性をどれだけ高めたかを発表しなければならず、そこで運転士の能力が問われる形になった。あまりに生産が上がらない運転士については異動の対象になったという。

　1961年10月のB社社内報では、「職場めぐり」と題された記事において、かつての「運転士」は「調整工」という職名に変わったとしつつ、その職務内容について以下の2点が指摘されている。一つは、技術革新や製品の変化に対応して、織機を最高の状態で運転させなければならないという基本作業に加え、「不合格品発生による現場の責任を一手に受け」「織布工の不注意も指導不足」などとされるなど、責任の範囲が広いということである。もう一つは、「織機調整中は調整工」で「織布工の人間関係の話合いの時は運転士」といったように「二重人物的作業内容」をもつとされていることである。ここには、織賃時代とは異なって現場の生産性に関する責任を強くもたされていること、そして同時にかつての運転士のように現場の人間関係をまとめる役割をも担っている状況が「二重人物的作業内容」として捉えられており、この時期の運転士の役割の変化を示す資料として興味深い。

第2章　大規模機業場における生産・労務管理の近代化　　91

5．生産・労務管理の近代化と労働意識の変化

（1）織工として「稼ぐ」意識の変化

　以上、本章では、勝山の大規模機業場において、従来の出来高給を中心とした賃金制度によってなされていた現場の生産・労務管理が、系列化の進展とともに合理化への圧力が高まる中、大きく変わっていった様子を見てきた。かつては織工個人の稼ぐ意識に依存していた現場の生産性は、二部制や分業制など工場全体の生産性を高めるための手法によって実現されるものになった。その過程で、「運転士」はその役割を大きく変えていき、現場の生産性を高める責任主体としての役割を求められるようになっていった。それと同時に、賃金制度は織賃制度から徐々に時給制へと切り替えられていったのである。こうした生産・労務管理制度における変化は、勝山機業で働く女性労働者の意識にどのような影響をもたらしたのだろうか。

　一つは、織工の労働意識のあり方である。かつての織工の労働エートスは、受け持ちの複数台の織機を一人で動かすという自律的な労働過程において、織機の稼働率と品質を高めることによって「稼ぐ」というところにあった。そうした織工としての働き方・生き方に対して勝山機業の女性たちは強く主体化しており、前述したように調査対象者の多くが、入職時から織工としての配属を求めるか、当初準備工として配属された場合もその大半が織工への配置換えを希望して実現させている。そして、そうした働き方・生き方を求める彼女たちのエートスは、労働過程そのものによって規定されるだけではなく、彼女たちの"織姫"としての稼ぎが、家族や地域における彼女たちに対する評価を左右するという背景によって支えられていた。隣家の嫁と織工としての稼ぎを比較されたり[19]、織工のほうが嫁のもらい手があるとされたり、一人前であると見なされたりしたというエピソードからは、この地域においては、織工という働き方・生き方が人々にとって目指すべきものとして規範的な意味をもっていたことがわかる。しかし、そうした個人個人が出来高で稼いでいた時期から根付いてきた労働意識のあり方は、本章で見てきたような生産・労務管理の近代化を経て微妙に変化していったことがうかがえる。

　賃金制度が時給制へと移行していく際にも、織工たちの時給は、上記のよう

な織工に対する意味づけを考慮してか、織賃制度のもとで稼得していた賃金を参考にして決められ、準備工との格差は当面維持された。しかしその後、高度成長期における毎年の賃金上昇にも関わらず、全体として女性の賃金は男性ほど上がらなかったため、織賃時代の状況を知る多くの織工たちは、そのことに対して多かれ少なかれ不満をもっていた。高度成長期の賃上げを経た後の時代のA社あるいはB社の賃金テーブルを見ると、かなり露骨な男女差が付けられていることがわかる[20]。そうした中で、世帯収入の一翼を担っていることに変わりはないとはいえ、自らが「稼いでいる」ことへの意識と、それによって他者から評価されているという期待は、女性労働者の中で相対的には小さくなっていったように思われる。

　しかしながら、既婚女性が働いて稼ぐことに対する規範まで揺らぐことはなかった。この規範は、織工という具体的な働き方を称揚する規範の基底にあり、また職種を問うことなく存在していた。われわれの調査のケースの多くが、結婚・出産後も仕事を続けるという選択をしたことについて、異口同音に「当たり前」と語っており、KT-11 や KT-19 はこうした女性の生き方が、地域全体の規範になっていた状況について指摘している[21]。勝山の大規模機業場においては、男女の賃金差に多かれ少なかれ不満をもちつつも、共稼ぎを当然とする地域の規範に導かれながら、与えられた職場の労働において主体性を発揮し、そうした自らの働き方・生き方をそれなりにポジティブに受け止める女性労働者の姿があったように思われるのである。

（2）企業意識の生成の可能性

　第二に、こうした生産・労務管理の近代化が、上述のような織工の労働意識の変化をもたらした一方で、彼女たちの企業意識の生成を促す方向で作用した可能性が挙げられる。中澤（2017）が指摘するように、勝山地域においては、A社やB社のような大規模機業場の存在感は際立っており、もともと会社に対する帰属意識も生まれやすかった。その企業規模の大きさを信頼して入社したというケースも散見される[22]。そして、織賃時代における賃金水準は、時給制への移行に伴って、織工としての職務内容や技能・能力への評価という形で反映されたわけであるが、ここには「評価」というプロセスが入るようになった。単

第2章　大規模機業場における生産・労務管理の近代化　　93

純に個人の仕事量で賃金が自動的に決まる織賃制度とは大きく異なる。KT-16
は、A社において織賃制度から時給へと変わっていった後、いわゆる職能給に
相当する部分がどのように決められていたかについて、次のように語っている。

　　やっぱし、おんなじ品物を織ってても上手な人、下手な人は中にはやっぱりいる。
　　出てくる。いかにして機械を上手に7台なら7台をフルにうまいこと動かすこと
　　ができるかということで、課長とか担当者、運転士、お師匠さん、教婦さんという
　　のがわたしら正規だから見られている。あの子は上手に機を動かすとか、きれいな
　　機を織るとかそういう評価がある。ボーナスの時にしても、ランクづけ、Aがだれ
　　だれ、Bがだれだれ、Cがだれだれ。織るだけでなく、それこそ人間の和とかそう
　　いうのが絡んでくる。いかにして上手に上の人を敬うか。……（中略）……給料の
　　査定というのがあって、だれだれはそんな仕損ないもせんし、きれいな機をおるし、
　　朝はまじめに来るしと、そういうのをランク付けて、そんなら時給いくらやと。

　一方、基本給の部分は「組合があるから年齢と年功で全部だいたい決まる」
（KT-16）とすれば、「基本給＋職能給」をベースとする賃金体系のもとで、企
業意識が育てられていくことは想像に難くない。自らの仕事や存在を属人的に
評価する主体として、「会社」がかつてより意味のある存在になったというこ
とである。その一方で、前述のように女性の賃金は男性に比べてあまり上がら
ない仕組みになったという側面もある。しかし、そうした中にあっても、KT-3、
KT-7、KT-13などのように、織賃時代の「稼ぎ」においても強い上昇志向を
もっていたケースでは、時給制に変わった後も会社からの評価を呼び込みつつ、
独自のキャリアを歩んでいったことがうかがえる。
　たとえばKT-13の場合は、時給制が導入された後、新入社員の時に目をかけ
てくれた係長のすすめで、昇進する見込みがない織部から準備部に移った。そ
こで、さまざまな資格をとりながらキャリアを積んで、課長代理まで昇進する。
会社に「うまく使われて」「会社で結局成長させていただいたと思っている」と
語っている。それまで、織工としての女性が評価されるのはその稼ぎに対して
であり、評価主体は何より家であり地域であった。もちろん織工としての技術
や仕事ぶりに対する職場の評価や信頼は、織賃制度の時代から働く女性の承認

要求を満たしていた面もあろうが、それに加えて労務管理や賃金制度の近代化に伴って、会社がより制度的な承認主体として浮かび上がってきたといえる[23]。ただし、こうした強い上昇意識をもっていたケースはともかく、男女差をつけられた賃金制度のもとでも、織工たちが企業主義的価値観を受け入れていったかどうかについては、慎重な検討を要する。この点は、QCサークル活動などへの関わり方などを分析する中でより見えてくるように思われるが、ここでは十分に検討することはできない[24]。

　上記に示してきたことは、端的に言えば、賃金制度が、従来の織賃制度から属人的評価を含みこむ時給制へと変化したことによって、組織原理が変わったということである。そのことに関連する資料として、「身分・職分のとりきめ」と題された1961年3月のB社社内広報の記事を取り上げておきたい。記事によれば、これまでB社では特に「身分」についてあいまいなところがあったため、「改めて」取り決められ、「将来も変更はしない予定でよく検討の上」作成されたとしている。それは次のように説明され、あわせて具体的な役職名、資格名が簡略に図示されている。

　　この「身分」とは、その人の技能・経験度合などを色色の要素を加味して給与の保証をするものであり、「職分」とはおお勢の人の作業を円滑に行い、一人一人の持ち分に充分力を出してもらうための組織活動上の役わりです。

　　身分のとりきめ：参事―主事―書記・技手―書記補・工手―工手補―事務員・工員
　　職分のとりきめ：課長―職長（事務担任）―組長―班長

　　　　　　　　　　　　　　（『B社社内報』1961年3月14日号・下線は筆者）

　ここには、属人的評価と職務評価を切り離し、賃金を前者によって決めていくという日本的人事労務管理の典型的なあり方が示されているといってよい。第5章で論じられるように、B社ではすでに1950年に職階制を導入していたが、その後の紆余曲折を経て、この時期に「身分」の意味が日本的な形で定着したとみられる。こうした「身分」の意味が「改めて決められた」のがまさに織賃制度から時給制へと変化する渦中の時期であったということが注目されるであ

ろう。

（3）集団就職者における労働意識のあり方

　最後に、生産・労務管理の近代化が達成される時期とほぼ同時に入社してきた集団就職者の労働意識のあり方について言及しておく。中澤によれば、1950年代以降、二部制の導入などによって労働力不足が顕在化し始めると、勝山の機業場は労働力の調達範囲をより広域化させていったが、1960年頃からA社、B社を含む五大機業場は、本格的に県外（特に北海道、九州など）の労働市場を開拓し、集団就職者（「県外生」と呼ばれた）の受け入れを行うようになった（中澤，2015）。本章で述べてきた生産・労務管理の近代化は、まさに県外生を受け入れ始める時期にほぼ達成されている。本書が依拠する調査ケースのうち、KT-18 ～ 22 および 25、26、28 の 8 ケースはこうした県外生として入社してきたケースである。これらのケースでは、入社時においては、本章で述べてきたような織賃で稼ぐ織工のイメージをほとんどもっておらず、意識されていたのは、せいぜい給料の相対的な高さや、社会保険が完備されていること（KT-18、KT-25）や、夜学で高卒の資格がとれること（KT-28）であった。勝山から遠く離れた地で生まれ育った彼女たちのこうした反応は、当然といえば当然である。もちろん、入社後にかつての織賃制度時代の職場の様子を伝え聞いたり、KT-28 のように義母から「勝山にいる限りは織工は食いっぱぐれがないから習いなさい」と準備工ではなく織りを習うことを推奨されることはあった。しかし、織工という働き方を称揚する地域の雰囲気の中で生まれ育ったわけでもなく、実際に織賃制度を経験してもいない彼女たちにとっては、ある意味過去のことに過ぎない。しかしその一方で、この地域において女性が結婚・出産後も働くことを前提とするような文化に対しては、KT-19 のように驚きを伴うこともありながら、県外から来て勝山に定着した彼女たちは、おおむねポジティブに適応していたことがうかがえる。

　彼女たちは、分業制が導入された職場に時給制で入社しており、二部制のもとで寄宿生活を送った。こうしたかつてとは全く異なる職業意識をもって入社してきた若者を受け入れながら、分業制と革新織機の導入を通じて、織機の受け持ち台数は飛躍的に増え、やがて現場には人手そのものがそれほどいらない

ほど、機械化が進んでいくことになるのである。

小　括

　最後に本章で明らかにしてきたことを簡単にまとめておく。まず、本書が対象とする勝山機業をふくむ産地織物業、とりわけその織布工程においては、戦前から単純な出来高給が採用されてきたが、これは、他の繊維産業のように工場制度における管理方法というよりは、賃機などの在来的な形態との関係で捉えたほうが適切であろうということ、さらにその意味で、織工としての働き方・働かせ方は、他の繊維産業の場合とは異なる近代日本の女性労働の一つのあり方を示すものであったと指摘した。その上で、そうした出来高給のもとでの織工の働き方が、戦後どのように変わったのかを事例研究から明らかにしようとした。

　本書の事例である勝山産地のＡ社およびＢ社は、全国的に見ても有数の大規模機業場であるが、戦後も当初はやはり出来高給にもとづく管理が行われていた。その出来高給のもとで、織工たちは受け持ちの織機数台に向き合い、その自律的な労働において自らの「稼ぎ」のために生産性を上げようとしていた。それを現場で緩やかに管理・支配していたのが織機を調整する運転士であった。しかし、そうした生産・労務管理のあり方は、系列化の進展や技術革新が進み、Ａ社やＢ社のような大規模機業場でも賃織が中心となっていく中で大きく変わった。二部制や分業制が導入されて、工場全体の生産性が問われるようになり、生産管理のあり方が大きく変わっていく中で、運転士の役割も大きく変わっていった。それに伴って、織賃制度と呼ばれた出来高給も、紆余曲折を経ながら徐々に時給制へ変化していったのである。

　その結果、織工たちの労働意識にも微妙な変化が生じた。かつての織賃制度で「稼いでいた」織工たちは、その働き方・生き方に強くコミットしていた。その背景には、そうした「稼ぎ」を評価する家族や地域のまなざしがあり、それを彼女たちは内面化・規範化していた。しかし、分業制の導入によって決定的となった時給制への転換後、徐々に男女差をつけられていった賃金制度のもとでは、かつての織工としての労働意識は、「稼ぎ」に対する自負という意味で

は、行き詰まるところがあった。また、多かれ少なかれ女性労働者たちを企業主義的な意識に方向づけようとする状況も生まれた。しかしながら、かつての織賃制度のもとで示されていた労働文化、すなわち「織工」として働くことに対して積極的に意味づけようとする意識のあり方は、共稼ぎを当然とする地域の規範に後押しされつつ、生き続けた。仕事への強い意識によって、組織内で独自のキャリアを切り拓いていったケースもあったが、そうしたケースだけでなく、多くの女性たちは、それぞれの職場においてそれなりの主体性を発揮しながら働き続けた。そうした女性労働者の主体性を、会社は引き続きどこまで[25]利用できたのか、より詳細には1960年代後半以降における職場の分析から明らかにされるべきであり、今後の課題とするほかない。ここでは、戦前から続いてきた出来高給による管理方式や、それにもとづく織工としての働き方や意識のあり方が、1960年代前半までに行われた生産・労務管理の近代化によってどのように変わったのか、特に織物業の中では全国有数の大規模機業場であり、いわば最も近代的な工場組織・企業組織に近いというべき本書の事例において、どのような展開をたどったのかということを明らかにしたところで稿を終えたい。

注

1) 織布以外で比較的大きい数値を示しているところとしては編立（5.7％）があるが、それ以外は、粗紡・精紡・繰紡（1.3％）、合糸・ねん糸・かせ糸（1.5％）、縫製（0.9％）、検反・検査（0.3％）などの工程でわずかに見られるのみである。

2) 『職工事情』によれば、明治後期において年期制度が広く行われているのは京都西陣・足利・桐生であり、逆に米沢などはこうした年期制度を採らなかった（農商務省編，1903 → 1998: 376-383）。

3) ハンターの説明に依拠すれば、製糸業に広く見られた等級賃金制は、労働者の技能に応じて等級づけられた日給額をベースとして、そこから労働者が生産した糸の品質や量によって減額されて支給されるというものであった。また、その品質や量に対する評価の基準は、女工全体の平均からの乖離という形で相対的に決められていた。このように効率性の評価基準は、生産集団内の相対的な位置（相対効率性）によって決められていた（ハンター，2008: 164）。

4) 橋野によれば、福井においては「社」と呼ばれた共同受注・共同販売のための組織が様々な役割を果たしていた。たとえば福井県今立郡の「社」の一つであった「今

立同盟会」においては、1894年に「織賃表」が定められ、「社」に属する機業家同士が織工の賃金について協定を結んでいたが、そこでは一定の出来高賃金の賃率と、一定の課業以上の生産に対する割増賃金、そして品質の高い織物に対する褒章規定が定められることによって、生産性と品質を両立させるインセンティブ・システムが機能していたとする（橋野，2007: 67）。

5) 運転士経験者のインフォーマント5名に関する基本情報は以下のとおりである。

	生年	学歴	B社への入社年	B社での主な職種	調査年月
U-1	1910年代後半	尋小中退	1930年代後半	運転士	2012年9月2日
U-2	1930年代前半	旧制中→高卒	1940年代後半	運転士 →労務担当	2012年9月2・3日、 2013年3月20日、 9月4日
U-3	1930年代前半	高卒	1950年代前半	運転士（組合役員・ 工場長を経験）	2012年9月3日、 2013年9月2日
U-4	1930年代前半	中卒	1950年代前半	運転士（組合委員 長・工場長を経験）	2012年9月4日
U-5	1940年代前半	高卒	1950年代後半	運転士 →商品開発・営業	2012年2月19日

6) たとえば一台の織機を順調に稼働させれば、一か月で織賃1,000円分の定数の織物を生産できるとすると、持ち台数が5台であれば月々の収入が5,000円、6台であれば6,000円ということになる。KT-14によれば、それくらい単純に持ち台数が収入に跳ね返ってくるという。したがって織工と準備工の差も大きかったが、織工の間でも差が生まれやすかった。

7) もちろん、実際には準備工として勤め続ける人も数多くいた。準備工として働くメリットとしては、日勤で働くことができることが挙げられる。そのため、KT-22の場合のように、出産後に二部制を続けるのがつらかったために希望して準備工に変わるというケースもあったようである。KT-10は、準備工として働く人やその働き方について、「織部のような厳しい仕事のところには行きたくないという人が多い」「仕事をしただけのことを評価される、厳しいと嫌がる人もいる」「準備は体に無理がかからない程度にできるというのはある」といった捉え方を示している。準備工は、織工ほどは負荷が大きくなく、ある意味マイペースで仕事ができたのかもしれない。ただし、本書の依拠する調査データでは、準備工として職を全うしたのは2ケースのみであるため、こうした準備工として働いた女性たちの労働のあり方を詳細に捉えることは難しい。本章では、出来高給という賃金形態に着目しつつ、織物業における花型であった織工の働き方に焦点をあて、なぜ調査対象者の多くが織工という存在に強く主体化していたのか、その労働意識のあり方に注目した分析を

第 2 章　大規模機業場における生産・労務管理の近代化　　99

　行っている。しかし、織物業全体として見た場合、花形としての織工の存在の裏に
　は、相対的に低い賃金であった準備工の存在があったことは忘れられてはならない
　だろう。

8)　技量が未熟な運転士の調整が、織高に最も影響を与えることの一つは、調整が不十
　分であるために生じる糸切れの発生である。織物は、緯糸が巻いてあるシャトルが
　経糸の間を左右に動くことで製織されていくのであるが、そのシャトルの動きに不
　具合が生じて、左右の運動の途中で止まってしまうと、経糸が自らの動きによって
　シャトルの幅の分だけ切れてしまう。そうなると何百本という経糸を手でつながな
　くてはならなくなる。一日がかりでそれを直す間、織機を動かすことはできず、糸
　切れをした反物自体の品質も下がって単価が安くなってしまう。KT-3 や KT-13 の
　場合、なまじ技量が伴わない運転士が調整を担当しているときは、別の運転士の担
　当時間に変わるまで織機の調整を頼まないこともあったという。

9)　U-2 や U-3 によれば、たとえば会社の内部に「○○一家」などという派閥ができたり、
　あるいは「運転士会」という組織がさまざまな年中行事を行ったりしており、運転
　士の間に強い上下関係が存在していた。

10)　『B 社社史』の記述によれば、織工は決して運転士に頭からいうなりにはなってい
　なかったとして次のような「ハタ織さんの唄」（一部抜粋）の歌詞を紹介しているが、
　当時の織工と運転士の関係や織工の仕事意識を垣間見ることができる。

　　　いやんなった　いやんなったこの工場
　　　工場はいやじゃないけれど
　　　いやな運転士がいるからは
　　　好きな仕事もいやんなる

11)　詳細は第 5 章を参照。

12)　本章では B 社の組合資料から賃金制度の一部のみを取り上げて分析している。労働
　協約全体を対象とした分析については、第 5 章を参照されたい。

13)　1958 年資料では、月給制の適用範囲が原則として職員（改正前）から職長以上（改
　正後）に変更されているが、いずれにせよ月給制は限られた男性従業員を対象とす
　るものであった。

14)　個々の職場で織賃制度から時給制への変更時期は異なっていたと思われる。B 社
　に勤務していた KT-11、13 はそれぞれ 1958 年、1960 年に結婚しているが、その時
　点では織賃制度だったという。また、A 社に勤めていた KT-10 も結婚時（1959 年）、
　すでに二部制は導入されていたが、織賃制度だった。同じく A 社だった KT-14 も
　「織賃で赤ん坊を（昭和）35 年に産んだんです」としている。

15) 織賃制度時代にあった織工と準備工との間の賃金差が、基本給に反映されたことについては、時給制が上記のような形で導入された後、改めて労働運動の中で問題化されていく。U-3によると、準備工と織工の初任給における基本給の統一がなされたのは、1970年代前半であった。

16) 総じてA社、B社における時給制の導入に際しては、それほど大きな反発が起きていた様子はうかがえない。ただし、こうした織工たちの比較的穏やかな反応は、地域の大企業としてのA社やB社の存在感ゆえかもしれない。たとえば、ある地方産地の中規模機屋（300人程度）において、労務管理の展開を検討した山田（1967）によれば、この機屋で固定給を導入した際には、能率給を望んでかなりの数の従業員が退職して、同市内の別の機屋に移っていったとしている（山田，1967: 20-22）。

17) 一人24台というのは、より正確に言えば、たとえば72台を3人の織工で動かすという形であり、3人がそれぞれ72台すべての緯糸の補充、キズの確認、キズの直しといった担当作業だけを行うことで、結果として一人当たりの持ち台が24台になるという意味である。

18) この視覚化による監視効果はA社でも同様であった。KT-10は次のように語っている。

「織っているものが、直してちょうだいと頼みにいくというのではなく、機械が故障すると、パッと赤旗が上がるんです。そうするとあっちもこっちも赤旗が上がっていると、運転士さんが工場の中の受け持ちのところをまわって歩かないといけない。そこに事務所の人がくるといっぱい旗が立っていると、なんだ仕事をしてないでとわかる。上手にシステムをつくったなと、私はそう思ってました」

19) KT-13によれば、織工同士の競争意識が工場内において高じた場合、たとえば競争相手の織機の経糸を紙でこすって糸切れを起こしやすくするというような嫌がらせに発展することもあったという。そうした過剰な競争意識も単なる個人的な性格や人間関係に由来するというよりは、織工としての自分に対する他者からのあるいは地域における評価というものが、個々人の内面を捉えていたからではないかと思われる。

20) A社における1973年度の賃金テーブル（最低保障賃金）を見ると、15歳中卒入社で勤続している場合、15歳（勤続0年）では男子41,000円、女子41,000円と同額であるが、22歳（勤続7年）になると男子63,000円、女子55,000円と差がつき始め、30歳（勤続15年）では男子88,000円、女子59,000円とかなり大きく差がつけられている。女子の基本給が年齢とともにあまり上がっていかない仕組みであることがわかる。こうした男女格差の状況について、KT-11の場合は、夫が運転士であり、自身の賃金と直接比較することができる立場にあった。結婚当時（1960年）は夫の賃金が9,000円であったのに対し、本人は8,500円であり、ほとんど差がなかっ

第2章　大規模機業場における生産・労務管理の近代化　　**101**

た。しかし、時給になってから大きく差がついたという。「男はこれではいかんということで上がっていったが、女は上がらなかった。ほんとわずか気持ちだけだと思います。お父さんようけ上がったの。私らこんだけや。仕方ないなと」と、生活を支える夫の賃金の上昇を望みながらも、その複雑な心境をのぞかせている。男女の賃金格差の詳細や、全繊同盟主導のA社およびB社労組における賃上げ要求の内容、およびその配分をめぐる男女格差の問題については、第5章で詳しく分析されている。

21）この地域における女性が働くことの意味については、第3章および第4章を参照。たとえば、KT-11は、第二子出産後仕事を一年ほど休んでいたところ、舅はすでに亡くなった後であったが、家族というよりは近隣地域の年配者から「まだ（仕事に）行かんの」という指摘をたびたび受けたことが「恐ろしかった」と語っている。また集団就職でB社に入社したKT-19は、自身が生まれた地域（産炭地）とは異なり、姑などの協力が見込めない夫婦家族でも、夫婦で共稼ぎをしながら子どもを育てる生活の仕方に言及し、「ここはすごいですね。福井県の共稼ぎというのは本当にすごいですよね」と驚嘆している。

22）たとえばKT-10は、家の事情で中学卒で就職しようとするが、「大きいところというとそこしかなかった」としてB社に就職している。また、KT-14は「大きい工場に行きたい」という考えで、KT-16は、当時としては「A社に行けば大丈夫やろって感じだった」としてそれぞれA社に就職している。

23）KT-13の場合は、キャリアを積んでいくことで、かえって舅や夫から「お前会社では係長かもしらんけど、家では係長ではないんだからな」と言われたという。会社や職場で高く評価されることは、女性にとってさしあたりポジティブな意味をもっていたと思われるが、もう一つの承認主体である家族との間では軋轢を生むことがあったようである。

24）仕事における特段の強い上昇志向をもたなくとも、織工たちが企業主義的な価値観を自然と受け入れることは十分に現実的だったことをうかがわせるケースもある。たとえば、KT-12は、準備工から会社に願い出て織工に変わったケースであるが、「年功になればなるほど友達も親しく」なるとし、「引っ込み思案な性格だったが、最後に猛勉強して」QC活動にも参加したことを「よい思い出」として語っている。しかし、その一方で、KT-15によればQC活動を嫌って会社をやめる人もいたという。KT-15自身も活動は「嫌だった」とし、特に人前で話すこと、勤務時間外の活動、家での資料作成などを求められることを理由として挙げている。

25）本章では全く検討していないが、この主体性が、労働組合運動に向けられる部分はもちろん注目されなければならない。この点についても、第5章を参照されたい。

参考文献

クロースン、D.（1995）『科学的管理生成史』今井斉／百田義治／中川誠士監訳、森山書店（Clawson, D.（1980）*Bureaucracy and the Labor Process: The Transformation of U.S. Industry, 1860-1920*, Monthly Review Press.）。

福井県編（1954）『福井県繊維工業産地診断報告書』。

福井県編（1996）『福井県史　通史編6　近現代2』。

福井県経済調査協会編（1961）『福井県繊維年報（昭和36年版）』。

橋野知子（2007）『経済発展と産地・市場・制度』ミネルヴァ書房。

ハンター、J.（2008）『日本の工業化と女性労働――戦前期の繊維産業』阿部武司／谷本雅之監訳、有斐閣（Hunter, J.（2003）*Women and the Labor Market in Japan's Industrialising Economy: The Textile Industry before the Pacific War*, Routledge.）。

金子良事（2009）「戦前期、富士瓦斯紡績における労務管理制度の形成過程」東京大学大学院経済学研究科博士論文。

勝俣達也（2012）「戦後織物業における女性労働と労務管理」『大原社会問題研究所雑誌』第650号。

勝山市編（1992）『勝山市史・通史編第三巻――近代・現代』。

木村亮（1995）「合繊転換期の産地織物経営――福井県A社の「出張報告書」分析」『福井大学教育学部紀要Ⅲ（社会科学）』49巻。

三戸公（2000）『科学的管理の未来――マルクス、ウェーバーを超えて』未來社。

中澤高志（2015）「高度成長期の地方織物産地における「集団就職」の導入とその経緯――福井県勝山市の事例から」『地理学評論』第88巻第1号。

中澤高志（2017）「地方織物産地における労働の比較地誌学――川俣産地と勝山産地における女性労働」『明治大学教養論集』通巻523号。

農商務省編（1903→1998）『職工事情（上）』岩波文庫。

岡本幸雄（1993）『明治期紡績労働関係史――日本的雇用・労使関係形成への接近』九州大学出版会。

三瓶孝子（1947）『日本綿業発達史』岩崎書店。

三瓶孝子（1961）『日本機業史』雄山閣。

佐々木淳（2006）『アジアの工業化と日本――機械織りの生産組織と労働』晃洋書房。

高橋久子／原田冴子／湯沢雍彦監修（1991）『戦後婦人労働・生活調査資料集　第5巻　労働篇（5）産業別労働実態』クレス出版。

富澤修身（2005）「福井繊維産地の構造調整史――産業集積のダイナミズムの分析」『経営研究』（大阪市立大学）第56巻第3号。

上田貞次郎（1930）『商工経営』千倉書房。

山田稔（1967）「織物企業における労務管理の実態（3）」『社会科学論集』（埼玉大学）、

20 巻。

吉田勇（1962）「福井県繊維産業の動向」『福井大学学芸学部紀要　第 3 部　社会科学』11 巻。

参考資料

A 社労働組合「組合大会資料」（1971 ～ 1974 年）A 社労働組合所蔵

「B 社社内報」（1958 ～ 1962 年）B 社所蔵

ゼンセン同盟 B 社労働組合編『B 社組合史』

B 社労働組合「定期大会資料」「臨時大会資料」（1958 ～ 1973 年）B 社所蔵

B 社・B 社労働組合「基本労働協約書・労働協約細則」（1966 年）福井県文書館所蔵

第3章

女性の継続的就労と家族
——女性が「働く意味」を問う

木本喜美子

はじめに

　本章は、女性労働者が雇用労働に従事して働くことが、どのような意味をもたらすのかについて考察することを課題としている。ここでの「働く意味」とは、彼女たちが働きに出るに至った家族的背景とその就労が家族にとっていかなる役割を果たしたのかという側面と、彼女たち自身がそうした家族内諸事情を踏まえつつ自己の就労に対してどのように意味づけをしていたのかという側面の、双方を含んでいる。こうした観点から働く意味を問うという課題は、過去においても現代においても、女性と労働に関わる最も根本的な問いであり、また彼女たちを単なる労働力の駒としてではなく主体性をもった存在として捉えようとする本書のスタンスからしても、欠かすことはできない。だがこうした問いに対して現実分析をもとにストレートに論じた研究は見あたらない。そこで、これに対して考える糸口を与えうると思われる論議を参照し、この問いに接近する方法についてまずは考えたい。それを踏まえて本章では、高度成長期をはさんで、福井県勝山市の織物業で働き続けてきた既婚女性労働者28名のライフヒストリー分析によって、彼女たちが働いてきたプロセスを追い、働くことがもたらした意味を探ろうとする。

1．女性労働をめぐる現代フェミニズムの一論点

（1）「女性は働くべきか／否か」をめぐる論争

　女性が雇用労働に従事して働くことは何をもたらすのか。女性が働く意味について考えるにあたって、「女性は働くべきか／否か」をめぐる女性解放論、現代フェミニズム論において論議されてきた論考のなかに、その手がかりを探ることができるのではないか。「働くべきだ」とするのは働くことに意味を見いだすからであって、その出発点は、女性解放運動における経済的自立を目指す女性の労働権要求と深い関わりをもっている。これに対して異議申し立てを行う議論が、現代フェミニズムの系譜から登場するに至る[1]。

　「女性は働くべきだ」と主張し、日本の主婦論争の幕を切って落とした石垣綾子は、1955年、女性が結婚退職していく時代風潮を批判し、「主婦の心はふやけている」とした。家事をとり行う主婦業は「第二の職業」とすべきものであって、雇用労働を第一の職業とすることによって、「精神を刺激され知的な新陳代謝」を得ることができるとした。また「職場を生き抜く覚悟」があってこそ、男性との対等の地位と待遇を要求することができると主張したのである（石垣，1955a)[2]。これに対して嶋津千利世は、「主婦はふやけている」どころか真剣に生きていると反論。すなわち「一般の主婦」は、「家庭の雑事」をこなしながら「満たされない家庭の経済をになって」働きに出ているとした。そのうえで、石垣同様、「際限のない家庭の雑事が果たして人間をどれほど発展させるだろうか」と疑問視し、女性が雇用労働に参入し「その労働が賃金に評価されることによって、はじめて自分の社会的な地位を自覚」することになる。ひいては、個人の人間性確立の域を越えて「働く者全体の立場」を認識するようになり、男女平等の基盤になると主張した（嶋津，1955)[3]。石垣と嶋津とでは、理論的バックグラウンドは異なるものの、雇用労働に従事する意味を、女性に自立の基盤を与え、人間としての成長と社会的視野の広がりに結びつくことに見いだしている点で類似している。雇用労働への従事によってこそ、男女平等の達成に近づきうるとする視点においても共通性がある。さらに、経済的な事情から既婚女性が働きに出ざるをえないのが時代の趨勢であるとの認識においても、共通している[4]。

だがその後の議論は、女性労働の可能性に対して道を閉ざしていくことになった。資本主義的生産とその一角をなす雇用労働への従事を否定的に捉え、子ども、老人、障がい者のケアを担う専業主婦こそが「解放された人間像」だとする主張がその典型である[5]。これは、ウーマン・リブ運動の中から出た「主婦礼賛」論と位置づけられている（池田，1991: 21）。江原由美子が総括しているように、日本の1970年代初期のウーマン・リブ運動は従来のマルクス主義婦人論に対立する形で問題をたて、雇用労働に従事して「働いてもなお女は解放されない」こと、そこでの労働の性質は資本主義社会における「労働の疎外的性格」を免れないとした（江原，1990: 18-19）[6]。こうした雇用労働に女性が従事することに対するアンチテーゼは、1990年代初頭にもシンプルな主婦礼賛論から脱皮して提示されている。そこでは、企業社会の戦士たる夫を支える主婦役割から降りて社会的意義のある「仕事」づくり、わけても地域的ネットワークの創出を目指す実践に重きをおくべきだとする論調へと至っている。ただしこの論議においては以下に見るように、嶋津が注意を喚起した経済的に働かざるを得ない「一般の主婦」の存在を一瞥はするが、視野から放擲する。

その代表的論者である池田祥子は、「女の経済自立論」もしくは「働くべき論」の背後に相対的に高学歴層である「知的な"職業婦人"」による"専業主婦"批判を読み込み（池田，1991: 23）、これに対峙する形で高学歴専業主婦層における「マイホームの枠を越えた地域のネットワークづくり」の実践に期待を寄せた。池田は、彼女が論敵とする「働くべき論」は、「貧しさゆえにとにもかくにも"働かねばならなかった"女たちの、底辺の、非知性的な単純かつ低賃金労働なども視野におさめるものではなかった。むしろ、それらの即時的な"働きぶり"はもともと論外だったのではないだろうか」（池田，1991: 15）とし、自らの主張にもこうした層を組み込まない。経済的事情ゆえに働かざるをえない女性を置き去りにしたまま高学歴の専業主婦を焦点化した議論が、雇用労働によらず、経済的稼得動機にもとづかず、もっぱら社会的意義をもつ働き方の可能性として論じられるところとなった。こうした議論を、現代社会において資本主義的な枠組みからより自由な「仕事」を探求しようとしたという点で意味がないとはしないものの、石垣や嶋津が提起した雇用労働に従事することがもたらす意味についての、人間としての成長や発展、男女平等に結びつく基盤

といった問題提起を深めることはなく、むしろそこからは遠ざかる展開となった。しかも高度成長を牽引した製造職の既婚女性の働きは、「底辺の、非知性的な単純かつ低賃金労働」としてひと括りにされ、それらは社会的意義を見いだしえないものとして軽視されている。[7]

　こうした専業主婦礼賛論の延長線上にあるような雇用労働に対する否定的な捉え方は、1980年代以降、専業主婦増大の勢いがむしろ減じていき、雇用労働に従事する既婚女性の数が凌駕していく流れの中で（序章、図序-1を参照）、影をひそめざるをえなかった。1980年代を通じて「労働力の女性化」が進展したことに着目した金井淑子は、専業主婦と働く女性の対立図式を乗り越える分析課題を提示した。女性の労働力化を通じて職場の中にもち込まれた家父長制に目を向けるべきだとし（金井，1990: 37）、「女性が労働の場と家庭の場との二つの領域にまたがって活動する存在として登場しているという事実」（金井，1990: 39）[8]を重視すべきだと主張する。家族と労働の相互関係をジェンダー視点から現実的に把握するという研究の重要性が注目されるようになったのである。ここに至ってようやく、女性が働く意味を問うための現実分析へのスタートラインが据えられたということができよう。家族と労働の場の双方を視野に収めた考察に道を開く必要性が認識され、やがて実証的研究として切り拓かれるステージに進むことになる。[9]だがこれまでのところ、女性が雇用労働に従事する意味についての検討は十分にはなされていない。本章では、家族と労働とを連結して捉える家族と労働の社会学の視角を堅持しながら、この課題への接近を試みたい。

（2）「働く意味」に接近する方法

　そのために以下では、織物業に継続的に従事してきた既婚女性労働者のライフヒストリー分析から、「働く意味」に接近しようとする。とりわけ家族との関係を中心に据え、同時に家族内諸関係が職場に影響を与える側面にも留意しつつ、働く意味に肉薄したい。ライフヒストリーにおける語りからは、彼女たちの雇用労働への従事を基軸とする経験それ自体とそれをめぐる彼女たちの「声」を把握することができる。それらをできる限り生かして考察していきたい。

　ここでとりあげる事例のライフヒストリーは、地域労働市場、働く場として

の機業場、そして家族と地域社会を舞台として展開する。彼女たちの就労形態と就業諸条件自体は、当該地域の機業が需要する労働力編成によって決定づけられている。それと同時に特定の家族的諸条件を抱えた彼女たちが職場と生活拠点（家族と地域社会）とを行き来し、そこでの既存の社会関係に規定されつつ、新たな社会関係を作り出していく営みの場であり空間として、地域労働市場が織りあげられている。[10]彼女たちは、特定の時代に特定地域内の労働市場にはめ込まれた存在に他ならないが、そうした構造に規定されながら、家族的諸条件や家族内の位座に縛られながらも、アクターとして、既存の構造や社会関係を受けとめ、それと折り合いをつけ、また変えていこうとする営みを繰り広げていた側面にも注意を払いたい。本章は、ライフヒストリー分析から把握しうる「生きられた経験」をもとに、家族内諸関係を捉え、職場で働くことと家族との連関関係を探る中から、彼女たちにとっての働く意味を捉え出そうとする。

　ただしライフヒストリーの多面的な側面を照射するのは紙幅の都合で難しいため、以下では本章の狙いにそって、つぎの二つの分析軸に的を絞りたい。その第一は、雇用労働への就労を誰が決めたのかに焦点をおき、就労決定に関する家族的背景と本人の意思との関連を探る分析軸である。私たちの28事例の多くは第二次世界大戦後に織物業に入職しているが、6ケースは戦前期入職であった。新制中学を卒業して入職した戦後世代が、戦前期入職者世代とどの点で共通性をもち、また違いがあるのかを考える上でも欠かせない分析軸である。さらに第二には、彼女たちが稼得した賃金がどのように使われたのか、その使途に対する決定権や発言権を彼女たち自身がもっていたのか否かを把握する軸を取り上げたい。嶋津が指摘したように雇用労働に参入し「その労働が賃金に評価されること」は、働く意味を考えるうえで重要な論点であろう。自ら稼ぎ出した賃金の使い途は、今日では、その本人自身に委ねられると考えるのが一般的かもしれない。だが、われわれの事例を見ると様相が異なっている。自己の稼得賃金に対する決定権をもたない事例が少なからず存在するのである。そうした中での自己納得のとりつけ方と働く動機づけをいかに調達し、日々の労働と生活に挑んでいたのか。これが二つ目の分析軸となる。以下では、こうした分析軸にそって、彼女たちが身をおいてきた社会的現実に分け入る中から、働く意味を考察していきたい。[11]

2. 結婚前の就労と家族

　彼女たちの職業的人生の出発点にあたる結婚前の就労と家族との関係を見た場合、つぎの二つのグループに分けることができる。その第一は、親の意向が強く働いた事例や、家族の経済的状況を勘案して本人が就労を決意したという、家族と就労との関連性が強い事例である。彼女たちの賃金は基本的に親に差し出されており、稼得賃金に対する自己決定の余地はきわめて限定的であった。これに対してもう一つのグループは、親元から遠く離れた地域で就労し、賃金の使途に関する決定権を全面的に掌握していた事例である。前者は地元を含む近隣地域の出身者であり、後者は遠隔地からの集団就職者の場合である。

（1）近隣地域出身者の場合──親・家族の意向あるいは経済的圧力

　上記の第一グループを見よう。旧小学校卒という年齢で初職に従事した戦前期入職者についても、1960年代初頭までに新制中学を卒業した世代にあっても、基本的には同様の傾向を見てとることができる。

　戦前期入職のKT-3の生家は、父が川魚採りと「食べるだけ」の農業に従事し、母は織工だった。兄は農業を手伝い、冬は出稼ぎに出ていた。KT-3は尋常小学校卒業後1-2年間和裁を習った後、大手機業B社に就職した。

> 私は頭が悪くて、工場に行くほか何もできないと思った。親も、やっぱり工場に行くと稼ぎ（家の収入状態）が楽なんで行ったらって言うので、行くことにした。妹も高小卒後、B社に。自分の給料は親に出していた。欲しいものを買う時は親からいただいて。（生理用）脱脂綿のようなものでも買う時には、親に金をもらっていた。小遣いって、もらった覚えがない。

　1940年代後半に新制中学を卒業したKT-8は、すぐにC社に入職。父親（金掘と農業）の「言うなりだった」という。

> C社を父が選んで（C社に）行きなさいと言った。お金なんて親にそのまま渡していたから、（初任給がいくらだったか）覚えていない。給料もらってきて、それを

すんなり母親に出していた。その中からちょっと（小遣いを）もらっていた。母は何も言わなかったが、家の暮らしを支えていたんかな。家には現金（収入）はそんなになかったし。

1950年代前半に中学を卒業したKT-9の場合、父は山菜や魚採りと家族で「食べるだけ」の農業をやり、母は、小機屋勤務であった。

貧乏で、小学校の修学旅行にも行ったことがない。3人の弟・妹がおり、農閑期以外は子守と農業手伝いで学校には行けなかった。親からは言わなかったが、（卒業したら）「機屋（に行く）」と自分で言っており、自分で下見に行ってB社に決めた。給料はもちろん、親に渡していましたよ。それはずーっと。小遣いはもらっていた。

親が働く工場をも決めたのに対して、「言うなり」だったとする事例は、戦前期入職者はもとより、新制中学の卒業者の場合にも見られる。その一方で、新制の中卒の人々の中には、「自分で決めた」とする事例が出てくるが、その背後には実家の経済的窮状を察しての「本人の決心」があった。「早く働いて、親の喜ぶ顔がみたい」（KT-14）、「父の体が弱かったので、（自分が）働かないといかんと思って」（KT-10）という、自発的意志が強調される事例もある。また「この町では、女の子は機屋に行くものと決まっていたので、自然に」就労したとの語りもある。1950年代には高校進学者以外は、女性は機業で働くものと定められていたため、それを回避するには市外に、とりわけ大阪などの県外に出る必要があった。いったんは市外に出てみたものの、あるいは市内の機屋就労ののちに市外に出てみたものの、親元を離れての就労では貯金もできないと知って地元に戻った事例もある。

また親元に近い機業場に就職した彼女たちの稼得する賃金は、多くの場合、親にほぼ全額差し出されていた。「給料袋を父に渡す前に、母が仏壇に上げた」（KT-14）、「給料袋の封も切らずに親に渡した。自分が自由にできるお金なんて、考えていませんでした」（KT-10）と語る自宅からの通勤者は少なくない。親から生活必需品の購入費用をもらうことになるが、「小遣い」分として渡される事例もある。給料日に彼女たちによって家族のもとに運び込まれる給料袋は、そ

のまま封を切らずに親の手に渡されていた。近隣地域出身者の場合、賃金は基本的に親に帰属するものであったのである。[12]

（2）集団就職者——自己決定権の掌握

　これに対して集団就職者の場合は、まったく異なっていた。第1章でも触れたように集団就職者は、遠隔地の親元を離れて勝山の大手機業場に就職するためにやってきた人々である。初職のために遠隔地に向かわなければならなかったのは、出身地元の労働市場の狭隘さゆえであった。加えて複雑な家族関係をも抱えてもいた。3年で出身地に戻ろうと考えてやってきたが、勝山での縁に恵まれて結婚し定着することになったのが、私たちの8ケースである。彼女たちは寮暮らしであり、寮費は自分の賃金から天引きされる。手元に残った賃金の使途については、ほぼ全面的に彼女たちの自己裁量下におかれ、この点が、先に見た近隣地域出身者とは決定的に異なっていた。この8ケースは、1950年代後半から1960年代に就労している。KT-18は、つぎのように語る。

　　寮費（2千円）を差し引いた4千円を自由に使った。（親元への）仕送りはせず、貯金もそれほど多くはしなかった。親から一度も「（お金を）送れ」とは言われなかった。何かのお祝いの時に、一度だけ親元に1万円送ったが、（自分が結婚する時に）「祝い金だ」と言って、この1万円をきっちり返してくれた。家にお金を入れなかった代わりに、結婚資金は全部自分持ちだった。嫁入り用のタンス、布団ダンス、和箪笥、鏡台、下駄箱、ミシン等、すべて自分で（買った）。

　集団就職者のうち、親から「千円は送金しなさい」と言われていたのは、KT-20のみである。この他、親からの指示はなかったものの、実家の経済状態を察して必ず毎月千円を親元に送っていたという事例（KT-19）、ボーナス分だけは母に送っていたとする事例（KT-26）もある。だが残る5ケースについては、結婚費用を貯めるためとして天引き貯金を利用しながら、手元に残った金額で日用品はもとより、洋服や間食用の菓子を買い、洋裁や編み物を習う費用を捻出した。親から唯一仕送りの指示が出されていたKT-20の場合も、最初のうちは守っていたが、当座しか続かなかったという。出身地から遠く離れて働き生

活することが、実家への経済的サポートという義務感から自らを解き放つことを可能にしたと思われる。「自分自身の生活費用がある程度はかかるのだから」という言い訳をしながら、である。それとひきかえに、せめて結婚資金は自分で準備することを自らに課すという心理が働き、現時点および近未来の生活上の自立こそが自分自身のなすべきことと考えていた。「自分が嫁ぐときは（親に）迷惑かけられない」（KT-22）との自覚をもつこと自体が、自分自身の稼得賃金を自由に処分できる境遇を謳歌する際の、歯止めになっていた。

　このように、集団就職の人々は自らの稼得賃金に対するほぼ全面的な自己決定権を行使していた。親元から遠く隔てられた空間に身を置くことによって親の指示や干渉を意に介することなく、自己の采配で生活を推進すること、将来に向けて貯蓄していくことを決めていた。賃金を自己の裁量下にほぼ全面的においていたということができよう。家族との空間的分離が、賃金使途に関わる自己決定を支えていたのである。こうした集団就職者と近隣地域出身者とでは、家族との関係のありようが大きく異なっていた。

（3）出身家族から分離された空間としての寮生活

　ただし近隣地域出身者であっても、親元から通勤していた事例と寮住まいの事例とでは違いが見られる。近隣地域の出身者といえども、自宅から通勤するには距離的に遠すぎる場合や、冬場だけは通勤が困難である場合には、寮に住んでいた人々がかなり存在していた。[13]寮を基本的な生活の場にしている近隣地域出身者の場合、親元に帰る頻度は1週間に一度あるいは月に数度となり、集団就職者と比べれば格段に高い。それでも、寮に住まうことによって生じる親元からの空間的分離が、自己決定の範囲を少しずつ広げていったことを見てとることができる。つぎの事例は、1週間に一回程度実家に帰っていたが、寮生活を経験する中で自分の取り分を増大させている。

　　初めは封を切らずに親に渡していたが（一度）出したら、（あとから）ちょうだいと言ってももうもらえない。そこで考えた。自分が欲しいだけ先に取らないといけない、と。自分で五百円なり千円なりを取って、残りを親に渡していた。裕福な家の人は、（取り分を多くすることができたので）自分で貯金もしていたみたいだが

（自分はできなかった）。（KT-13）

> はじめは寮費分を引き去った残額を、（帰宅したさいに）父に渡し、千5百円か2
> 千円くらいを（小遣いとして）もらっていた。これでは貯金ができないと気づいた
> んで給与天引き貯金（千円か2千円）を始めた。（KT-24）

　KT-13 に見るように、封を切らないで親に渡すというやり方を変え、自分が
必要な金額を先に取ることへの切り替えは、寮という生活空間を有していたが
ゆえにできたのではないかと思われる。寮生活上の避けられない出費を主張す
ることができた、と考えられるからである。また KT-24 が語る給与天引き預金
は、前述した集団就職者の結婚費用の蓄えの際にも利用されていたものである。
これは、実は引き出すことがきわめて容易であり、手元の現金が不足気味にな
る、盆踊りに備えて浴衣を購入するなど、必要が生じた時に自在に引き出すこ
とができた。1960 年代半ばに B 社の天引き預金の出し入れ係を担当していた B
氏によれば、「給料日が来ると、その日のうちに下ろしにくる子」も少なからず
いたという[14]。KT-24 が、父から小遣いをもらうだけでは「貯金ができない」と
気づいて天引き預金を始めたのは、まさしく、自分が自在に引き出して処分し
うる範囲を広げる戦略の行使であったのである。彼女は、「集団就職の人は自分
で全部裁量していた」と語っており、そうした姿をうらやましい思いで眺めて
いた。彼女も自分自身で使うことができる金額を増大させ、つぎの寮生の語り
にみるような活発な消費生活に追随していった。

> 映画を観たり、ショッピングをしたり、ラーメンを食べたりして帰る。男子寮と盆
> 踊りとか、クリスマスやお正月、秋祭りには他の寮との交流会があった。その他、
> 組合の婦人部の活動で、東京や岡山など、あちこちへ出かけた。（KT-21）

寮にいると先輩の真似をして、化粧水や乳液をつけるようになる。慰安旅行に行く
ときは、タイトスカートのスーツで着飾って出かけ、バス旅行でも盛装して出かけ
る、そんな時代だった。（スーツは）けっこう高いんで毎年は買えず、2〜3年に
一回買った。夏祭りのために単衣のお召を（自分で）買ったのが思い出。先輩が着

飾っていそいそ出ていくのをうらやましい気持ちで眺めていた。4年経って、初め
て大きな買い物をし、舎監さんに着付けてもらった。着飾るのは、異性に見られ
ているというよりは、みんながそうしているから。パーマは2年目くらいからで、
（自分は）遅い方だった「あの人もかけた、（私も）かけようか」と恥ずかしがりな
がら。（KT-11）

　家族から分離された寮という空間は、楽しみのための消費を促す場でもあっ
た。何よりも先輩から後輩に向けて、衣類や化粧品、パーマなどの消費生活ス
タイルが伝授される場であり、おそらくほぼ全面的に自己の賃金を自在に消費
できる集団就職者のライフスタイルが「お手本」になっていたものと思われる[15]。
また同時に寮は、さまざまな諸活動が繰り広げられる場でもあった。寮生の自
治会活動や、寮を舞台とする労働組合活動のほか、青年団活動の一環として映
画上映やフォークダンスの集いもあった。また会社主催の慰安旅行や運動会な
ど、多くの活動が織り込まれていたが、そうした際のファッション等のライフ
スタイルの共通化を、寮生活はリードしていたと考えられる[16]。
　以上で見てきたように、親の「言うなり」であれ、家族の窮状を察しての本
人自身の決意によるものであれ、学卒後の就労とそこで稼ぎ出す賃金は、出身
家族から自由ではなかった。先述したように母に給料袋を渡していたKT-8が
「母は何も言わなかったが、家の暮らしを支えていたんかな。家には現金（収
入）はそんなになかったし」と語っていたように、家族の生活を支えていると
いう自覚を彼女たちはもっていた。集団就職者の場合は自分たちが親から自立
して結婚まで到達することが、実家の生活を助けることになるとの自覚をもっ
ていた。そして近隣地域出身者の場合も寮生活を媒介として、自分自身のため
に使いうる余地を広げながら寮内の消費文化に接していったのである。

3．結婚後の就労と家族

　つぎに結婚後の就労を決定したのは誰なのか、賃金はどのように使われてい
たのかを見よう。すべてのケースについて言えるのは、結婚した後も、出産
を経ても、女性が働き続けることが大前提としてあったということである。結

婚・出産後の就労継続は一般的には、同居家族の中に既婚女性の就労をバック
アップする資源がどれほどあるかに影響をうけることから、家族形態のもつ意
味が大きいと考えられる。調査事例を整理してみると、新婚時に夫婦一世代家
族形態をとった11ケース（以下では夫婦家族と呼ぶ）と、夫婦二世代家族とし
て出発し子どもの出産を経て三世代家族となった17ケース（以下では三世代家
族と呼ぶ）とでは、家族と既婚女性の就労との関わり方が大きく異なっている。
以下の分析では、この子育て期の家族形態に照準を合わせるものとする。[17] 前者
では賃金の使途の決定および家計管理における自立性に特徴がある。これに対
して後者は、従属的世代間関係の束縛から抜け出しがたい点で、きわめて対照
的である。

（1）夫婦家族の場合——大きい自己決定・自己裁量の余地

　結婚時に夫婦家族を構成した事例については、迷うことなく共稼ぎとなるこ
とを決定し、子どもが生まれた後も同様である。また家計を基本的に妻自身が、
あるいは夫婦共同で掌握し、耐久消費財をつぎつぎに購入していくライフスタ
イルに特徴がある。[18] B社で社内結婚したKT-3、大工と結婚したKT-8、集団就
職しB社で社内結婚したKT-22の三つの事例を見よう。

　　子どもを産んでも、辞めようと考えたことはない。3人目を産んだとき工場長に
　　「もう来られんなあ」と言われたが、「使ってほしい」と頼んだ。そしたら「来れ
　　るだけ来い」と（言われた）。借家暮らしから始め、夫と相談してテレビ、洗濯機、
　　冷蔵庫（購入順序は不明）を買った。(KT-3)

　　（働きに出たのは）やっぱり（家計上）働かないと、ということで。みんな働いて
　　いたし、長く仕事を辞めているような人もあまりいなかった。自分の収入を自由に
　　自分で使うという感じで、盆と暮れに夫の収入がはいるが、夫のお金をほしいとも
　　思わなかった。まず洗濯機を買おうと言ったのは私でしょうね（1963-4年頃）。テ
　　レビの時は二人で「買おう」って（1969年頃）。(KT-8)

　　夫は八百屋の養子だったが、「継ぎません」ということで親と別居して結婚。勝山

だったら、みんな働いてるんだから（働きに出るのが）当たり前だろっていうような。また働いてると、自分のお小遣いもできるわね。だんなの給料だけだったら本当に、財布の中に入るのが少ないでしょ。だから自分の物も買えないわね。私ら、辞めようっていう気持ちはなかったね。家計は自分で管理し、洗濯機や冷蔵庫は、貯金をおろしたり、ボーナスで買ったし、子どもにお金をかけた。（KT-22）

　結婚当初、「仕事をしないで家にいる」と考えた事例は皆無である。その決め手は、第一に借家暮らしからスタートし、持ち家を目標としつつ、高度成長期に普及した耐久消費財をつぎつぎに購入するライフスタイルに、夫婦共稼ぎで追いついていくためであった。耐久消費財の購入順序が明確でない事例もあるが、購入の主導権を妻が握り明確に記憶している事例においては、まずは洗濯機を購入したとしている。共稼ぎの負担を大きく削減することにつながる家事省力化機器が、娯楽用としてのテレビよりも早期に導入されたのである。また第二には周囲を見渡しても専業主婦という存在形態はほとんどなかったためである。勝山は、「みんなが働いているんだから当たり前だろ」という空気に包まれていたのである。特に集団就職者の場合、多くの人々が退社し故郷や別な地域に移動していく中で「勝山に残る」ということは格別な意味をもっていた。上記の KT-22 はつぎのように語っている。勝山に来た当座は「もう嫌だから家（故郷）へ帰るってなっていたんだけど、考え直した。こっちにいた方がいいのかな、という考え方になった。22 歳くらいの時、みんな結婚するって辞めていく。（それを見て）勝山にいると一生機織りしなければならないんで、どっちがいいのかな、と」。最終的には彼女は、職場で蓄えた技能によって生活基盤を築いていくことができるとの判断から、勝山に残る道を選択した。結婚後の生活においても、家計の切り盛りを一手に担い、耐久消費財や子どもの教育への支出を自分の意思で行っており、寮住まいの未婚時代と変わらない自己決定権を行使していた。

　以上のほか、新婚期には三世代家族であったが夫婦家族として子育てに取り組むことになった事例を見よう。KT-11 は舅が「仕事をするのは当然」という考えであったので、彼女は結婚後も就労することになった。当初は（1958 年頃）千円だけ小遣い分を残して、あとは「舅にとられた。夫（B 社）も封も切らずに

渡していた」という。この舅が1年後に病気で倒れたため、彼女が家計をただちに掌握し、さらに1年後には舅が亡くなって夫婦家族形態に転じた。上記の夫婦家族としてスタートした事例同様に、耐久消費財を積極的に購入するライフスタイルを追求していった。

　　舅が亡くなった時点で気持ちが楽になって、つらい会社生活にも耐えてくることができた。舅の死後は、「働かなあかん」という思いだった。二人で働いて、楽に円満に生活できる。「女も働く」のが勝山だから。以来お金の管理は自分でやって、「世間ではまだ買ってない頃」（1961年頃）に洗濯機を買った。近所の人には「親からもらった手があるのに」と、わざわざ聞こえるように言われたことがある。2年後に冷蔵庫を、そのあと掃除機も買った。夫はいつも「見てると大変そうだから、買うか」と言ってくれた。結婚後10年して、夫が言い出して家を建てることになった。（KT-11）

（2）三世代家族の場合——従属的世代間関係と夫婦間分離

　つぎに「嫁」として嫁いで二世代夫婦を構成し、やがて子どもをもうけて三世代家族になった事例を見よう。われわれが把握することができた事例のほとんどは、嫁ぎ先の親世代（舅または姑）が働くことについての決定権をもっていた。そしてきわめてわずかな例外はあるものの、マジョリティは、給料袋の封を切らずに親に渡しており、その使途に関しても決定権を親が握っていた。こうした親への賃金の差し出し行為には、従属的世代間関係が色濃くまとわりついている。実際の働き手自身には稼得した賃金に対するアクセス権がなく、まずは親世代に賃金が帰属することになる。しかもその使途に対して、意見を聞かれることもなかったという点で、先に見た夫婦家族における意思決定過程とは、まったく対極的である。

　KT-6（戦前期入職者、夫もA社）は、姑の指図で就労先を変えたという。

　　この機屋は給料が安いから、今度は別の機屋に（行け）という具合だった。結婚前には実母に封を切ることなく給料袋を渡していたが、結婚すると今度は姑に渡すことになった。（自分で）封を切ると「暇を出されるから」。小遣いはもらえず、実家

に行っては（金を）もらって帰った。夫も姑に渡していたのではないか。姑が決めて、まず洗濯機を買った。つぎにテレビを買ったが、自分にはチャンネルを回させなかった。自分にテレビを見る時間があったのかなかったのか、覚えていない。家事は姑がやり、子どものこと、進路も姑が仕切った。

　生活上の決定権の一切を姑が握っていた典型的な事例である。結婚後しばらくすると、夫が小機屋を開業し、それにともなって彼女はＡ社を退職し、熟練技能を発揮してその小機屋の核となって織り続けた。夫の開業後も彼女は収入、家計、家事、育児の決定権に与ることなく、ひたすら「ただ働き続けるだけで生きてきた」という。姑が寝たきり状態になるまでこれが続いたが、その時彼女は 55 歳、結婚後 34 年が経過していた。これより若い世代に属し、1950 年代前半に働きに出た KT-9（夫は鍛冶屋溶接工）と 1950 年代半ばに働きに出たKT-13（夫は建具屋自営）も、義理の親に給料袋ごと渡していた。

　給料袋はもちろん、親に渡していましたよ。それはずーっと、お嫁に行ってもずーっと舅さんに渡しました。夫は（自分自身の稼ぎを）自分で（管理していた）。（食費も含めて）舅が何もかも買うものを決めた。家を建てるのは舅と夫が相談して（決めた）。自分には何の相談もなく、あー私、舐められていると惨めな悲しい気持ちがした。舅が亡くなった後、自分の給料を自分で自由に使えるようになった。その時（本人 37 歳、結婚後 16 年）のうれしさ、忘れられません。私はそれからが幸せやったんです。ああ、働いた甲斐があったなあ、って思いました。私が、「あれ買おう、これ買おう、家をリフォームしよう」って全部口出しする。テレビ、冷蔵庫、洗濯機の買い換えでも、自分が（まず）言って夫も金を出した。（KT-9）

（結婚前はしだいに封を切ってから母に渡すようになっていたが、）結婚したらそうはいかないですね。封をしたまま姑に渡し、夫も母に出していた。結婚後姑から「働いてくれるか」という相談もなく、「当然」という感じだった。1 万円の稼ぎのうち小遣いが千円で、それで鼻紙から薬代、子どものものを全部買った。賃金の一か月分にも満たないボーナスは、自分のものだった。[19] 食費も何もかも、姑が切りまわしていた。洗濯機等を買うときも、自分の意見を聞かれたこともない。最初に

買ったのは洗濯機だったが、自分のためではなく、お産で戻っていた小姑のために姑が買った。そのつぎはテレビ、電気釜の順だった。姑が家計の算段するのが嫌になって自分に回してきた（本人42歳、結婚後15年）ので、それから自分の給料は自分で（管理できるようになった）。（KT-13）

　まず結婚後の就労について、親世代からの「相談」もないまま、すでに決められていた。親への賃金差し出しは、夫も行っていたというケースもある一方で、親にとって実の息子に対しては「甘い」対応をとりがちとのことで、「嫁」のみが差し出すという事例も見られる。いずれにしても三世代家族の中の新婚夫婦は少なくとも当初、互いの稼ぎ高を知らない場合が少なくない。親世代が、夫婦のあいだに介在していたからである。KT-9に見るように、自分の稼ぎが舅の手を介して家族生活に投入され、家計に寄与している現実を知りながら、家計運営上の決定権から遠ざけられている事態には、「惨めな悲しい気持ち」を感じざるをえない。だが、やがてはやってくる親世代の病気や死によって家計管理から手を引く段階が訪れる。その時点から、KT-9に見るように、「働いた甲斐があった」と実感できるような旺盛な消費活動を実現するとともに、家計や家庭運営をめぐって、「全部口出し」することが可能になるライフステージがめぐってきたのである。ただしそのタイミングが早いか遅いかは、誰にもわからないことであった。遅かった事例では、20年、30年が経過した後であった。
　こうした事態は、とりわけ未婚時代に賃金使途の自己決定権をほぼ全面的に行使することができた集団就職者が、三世代家族に嫁いだ場合、きわめて大きな落差を痛感せざるをえない。農家の長男のもとに嫁いだKT-18とA社の共稼ぎカップルとなったKT-26はつぎのように語っている。

（給料袋を姑に出すことについては）なんで、なんで、私が稼いだ金なのに、と強く思った。でも姑が威圧感のある人で、こわくて逆らうことはできなかった。姑からもらう3千円で（1966年頃）、生理用品や下着、そして子どものものを買った。職場で、同じ「嫁」のなかに、2万円もらっている人もいた。夫の収入は一切知らされなかった。（KT-18）

夫が借金して家を建てたばかりだったので、姑に、しっかり働いてもらわないと、と言われた。勝山ではみんな働いていたし、働くことはいやではなかった。（夫婦の）給料袋二人分を姑に出して、姑がやりくりしていた。13万円中2〜3万円を小遣いとしてもらった。夫は25万円中5万円をもらっていた。ボーナスは自分のものだった。（給料袋ごと姑に出すことに対しては）気持ちがすさむ、というか、いやな気持ちだった。「（勝山では）みんなそうしているのか」と夫に尋ねたところ、「そうだ」って。（結婚して4年後に、姑が胃の大手術をしたのをきっかけに、家計管理役を交代）。以後、夫と相談しながら大きなもの（耐久消費財）を購入し、子どもの教育については、学資保険をかけるなど、自分が采配を振った。（KT-26）

　集団就職者も、結婚後も女性が働き続けるというこの土地の慣習に関してはすでに了解していた。だが賃金に対する自己決定の権限を剥奪されたことは、衝撃的であった。KT-26のように早期に家計管理を掌握できたケースは、「自分で管理できてはりあいになった。目標をもって蓄えるようになった」とし、働き、生活を管理し、生活設計をたてていく主体者としてのやりがい感を強調している。彼女によれば、同じ職場でいつまでも「嫁」の立場から抜け出せない人たちが、愚痴をこぼし、姑の悪口を言う傾向があったという。
　以上で見てきたように、三世代家族の場合、結婚後の就業については、嫁ぎ先の親世代の意向と、「この地域では女性も皆働くのだ」という慣行が当然の前提となっていた。稼得した賃金は、親世代に差し出すのが主流のパターンであり、親元から通勤していた娘時代よりもより厳格に「封を切らずに渡す」という原則が貫かれた。この親世代への賃金の差し出しという行為は、自己が稼ぎ出した賃金の処分権の放棄であり、彼女たち自身の「働き甲斐」を損なうものでもあったと言えるだろう。しかし、その状態は永遠に続くのではなく、いずれ「奪回」のチャンスがめぐってくる。それが早いか遅いかは、運に委ねざるをえない。奪回のチャンスがめぐってくるや、彼女たちは、賃金の自己決定権を掌握していた夫婦家族の場合と同様に、旺盛な消費活動へと動き、生活設計をたてる主体者になっていった。また三世代家族の特徴は、夫の収入も親世代に差し出される場合もあり、またそうでない場合にも、結婚当初の夫の収入高を聞いたこともないとする人々が少なくない点にある。紙幅の都合で家事・育

児については十分触れることはできないが、夫婦家族の場合には、夫を、子どもの送り迎えや食事作りにと巻き込んでいったという語りが一定程度なされている。それに対して三世代家族の場合は、本人自身と、姑か舅との組み合わせでの家事・育児分担が語られ、夫が登場しない事例がめだつ。三世代家族の夫の分担についてあえて尋ねてみると、若干の例外はあるものの、多くは「就学前後ともに、まったくしなかった」「夫は子育てに関わらなかったし、家事は一切やらなかった」との回答であった。三世代家族における従属的世代間関係のもとで、夫婦が互いの収入を知ろうともせず、また夫を家事・育児に巻き込むこともできなかった点を見ると、夫婦間の横の連携が阻まれ、夫婦間分離が起こる傾向があったのではないかと推察される。[20]

（3）三世代家族におけるバリエーションの意味

　以上のような世代間関係および夫婦間関係が主流パターンの三世代家族の中にあって、少数ながらも異なる実践をしていた事例が見いだされる。その第一は、新婚当初、賃金の親世代への差し出しはしたが、夫婦がそれぞれもらう小遣い分については、「嫁」自身が集約して一手に管理していたKT-26である。

　　封を切らずに差し出し、姑が管理していた中からもらう夫の小遣い分を自分に出してくれたので、自分の小遣い分とボーナス分ともども、自分が預った。貯金をしたり、子どもを連れて自分たちだけで旅行に出たりした。

　このように、夫婦の小遣い分をまとめて妻が采配を振るといった事例は、三世代家族の他の事例には見あたらない。またこの事例では、子どもの保育園への送迎を、夫婦が互いに二部制の勤務体制のもとで調整し合い、これに姑が加わる形で分担されていたという。世代間従属関係とそのもとでもたらされる夫婦間分離というあり方とは異なる実践がなされていた数少ない事例である。またもう一つのバリエーションは、給料の差し出しを実践する主流パターンに対して明確に一線を画す事例である。三世代家族でありながら、世代ごとに区切って家計管理が行われたKT-28の事例がそれである。彼女が、夫婦二人分の賃金を自分自身で管理することができたのは、義理の親たちが「守ってくれた

からだ」という。私たちの事例の中でもっとも若い事例である KT-28 は、1960年代後半に集団就職で C 社に入職。未婚時代は家には仕送りをせず、学校への支払い、習い事（生け花）費用、パンやおかずの買い食い、お祭用の浴衣購入などにどんどん使い、結婚するときには「しもた！」と思うほど、貯金が少なかったという。「1973 年に職場結婚した時、姑と舅は退職しており、子守と家事を手伝ってくれた。電力会社に勤めていた舅と小機屋に勤めていた姑は、もう一つ上の親世代に賃金のすべてを差し出した経験がある。家計管理権を姑自身が手にしたのは、KT-28 の結婚の 2 年前だったという。姑は、自分たち夫婦が差し出している賃金のうち、ごく一部だけ小遣いとして渡されていたという。姑は「義祖母に盗み取られていた」という激しい言葉遣いで KT-28 に語った。「惨めな思いをした」と何度も語ったという。舅は、そうした実の親の行為を見て妻である姑に、「悪いな、悪いな、我慢してくれ」と言い、「下の世代にはこんな思いをさせたくない」と、いつも言っていたという。義祖母は、孫にあたる KT-28 の夫が学卒後に勤めに出るようになると、その給料をも差し出させようとしたが、夫自身が義祖母に反論して阻止した。

　こうした経緯を経て、KT-28 が結婚した時は家計管理の実権を姑が握っており、若夫婦に対して給料の差し出しを求めることはなかった。こうして世代別の家計管理が同一世帯内で行われるようになったが、これはひとえに舅と姑の体験にもとづく「差し出す」という行為への反発に根ざすものであった。結婚後 KT-28 は自分たち夫婦の賃金月額の 3 割ないし 4 割を、生活費として拠出した。それ以外は自由に使い、子どものための学資保険、青森の実家への帰省のための貯金も自由にできたという。職場でこの話をすると、「そんな家はない！」というのが大方の反応であった。同時代の多くの家では「差し出し」慣行が続き、世代間従属関係のもとにおかれていたのである。こうした主流のパターンの中で、上述した KT-26 のような主流のパターンにのりながら親世代とは一線を画するあり方を実践していた事例は注目に値する。さらに KT-28 の場合は、この慣行そのものを、変えることができることを示す事例として重視する必要がある。多くの場合、「嫁」となった女性の発言権がないうちにこの慣行は押しつけられ、継続してきた。未婚時代に、寮で必要経費が増えたから、あるいは結婚準備金をしっかり貯めないといけないからといった言い訳をしなが

ら、自分自身の取り分を増やしていった彼女たちも、義理の親に対してそうした「交渉」を行うことは困難であった。すでに見たとおり、悔しい思いを募らせながら、やがてやってくる家計管理権の獲得の日まで耐えるほかはなかった。唯一、上の世代に向かって反論して阻止したのは、KT-28 の夫である。おそらく祖母のやり方を苦々しく思っていた彼の親たちが、息子を応援したものと推測される。だが実子にあたる夫自身が、「嫁」たる自分の妻の立場にたって自分の親と交渉したという事例はわれわれの聞き取り調査の限りでは皆無である。親世代への差し出し慣行という主流のパターンはきわめて根強かったのである。だがその一方で、上記の少数の事例から変化へと向かう兆しを見いだすことができる。

4. 家族・職場・地域社会の相互連関

　以上で見てきたように、勝山市で高度成長期をはさんで継続的に就労してきた既婚女性には、結婚後の家族と就労との関連構造という観点から見ると二つの異なるグループがあり、それぞれに働き甲斐や働く意欲の調達の仕方が異なっていた。夫婦家族の場合は、夫婦二人で新婚期以来、物質的生活基盤をたしかなものにするために働き続け、そのために不可欠な資源を、電気洗濯機に代表されるように、惜しみなくいち早く導入していった。妻が夫の収入ともども一手に管理し、生活目標の設定をしている事例も少なくない。これに対して三世代家族の「嫁」の場合、日々の労働と家族生活のための諸活動をこなしながら就労意欲を持続させることが困難であるようにも見える。従属的世代間関係のもと、自ら稼ぎ出した賃金へのアクセス権さえ剥奪されていたからである。「悔しさ」や「すさんだ」「惨めな」気持ちを抱えながら、いつかはやってくる世代交代期を待たざるをえなかったのである。そこで以下では、三世代家族の「嫁」の立場にあった人々を中心に、彼女たちにおいて家族と職場との関係がいかなるものであったのかをあらためて捉え、彼女たちにとっての職場の位置づけを探ってみよう。さらにまた、家族関係や家族内実践と地域社会との関わりを考察して、本章のまとめとしたい。

（1）家族内関係と職場空間

　これまで見てきたように、自らの賃金の自由な処分権をもたなかった三世代家族の「嫁」にとって、職場空間はいったいどのような意味をもっていたのだろうか。KT-13 が、職場と家族との関係について重要なポイントを突く語りをしている。彼女は、1960 年に建具屋自営の夫と結婚し、舅と姑および義理の妹二人の 6 人世帯の一員となった。1961 年、1964 年に出産後は、自分で子どもを送迎し、学校の授業参観日には「（会社の）制服のまま走った」。

　　当時の稼ぎが月だいたい 1 万円（と記憶しているが）、そのうち小遣いが千円ですよ、千円。もうそれこそ、鼻紙から、薬代から、もう全部賄わなあかんのですから。子どものものも、もちろん買いますよ。自分のものなんて全然買えんわね。それでね、ボーナスというものがあったんです。ただし一か月分にも満たなかったと思う。それでも、その頃はボーナスというのは、一応全部お嫁さんのところへ出すというのが、勝山地区の風習やったんです。風習で、当たり前という感じで。「（姑に）自分とこの嫁はよその嫁より取ってくる金が少ない」と言われたくないんで、一生懸命働いたんです。金が少ないってことは、仕事ができないってことですから。もちろん一生懸命働いたのは、会社の中での評価の方が大きかったんですけど。腕がよければ難しい仕事を回してもらえる。「いつまでも平織りや」と言われたくないでね。自分の腕を認めさせる方が重要だし、人に負けるのはいやだ、という勝ち気の気性のせいもあって。家では単に小遣いを千円もらっているだけ。千円もらって人格があるわけはない。会社に出れば自分の人格が認められる。姑のいる家の嫁は、（職場で）上に上がっていく人は上がっていった。

　彼女の語りの第一のポイントは、親世代への給料袋ごとの差し出し慣行のもとでは、「嫁」の人格は認められていないことになる、との判断である。「嫁」自身が稼ぎ出した賃金に対して権限をもちえないことを、KT-13 はそのように表現したのである。これに対して、職場において「仕事ができる」と認められることは、彼女にとっては「職場は人格が認められる」場ということになる。これが第二点目である。したがってそのためにこそ、「一生懸命働いて」腕を上げるように努力してきたという。そしてその結果賃金が高くなれば、職場にお

ける人格承認の確証を得ることができる。そのようにして高い賃金水準を保ったとしても、所詮は親世代に丸ごと差し出さざるをえない。それでも親世代に「稼ぎが少ない嫁だ」と言われずにすむ。家族内での賃金の自己決定権が剥奪されたままだとしても、彼女の職場での「働き」を親世代に承認させることになる。そうした中に置かれていたからこそ、彼女は、職場内での「承認」を人一倍求め、「上に上がる」、つまりは上司に認めさせ給料を高めるための努力を惜しまなかった。

　こうしたKT-13の語りから、明らかに、職場という空間がもつ格別な位置づけを見てとることができる。職場空間こそは、そこではりめぐらされた人間関係があり、仲間との競争関係もある中で、技能の評価に基礎づけられた「人格」の承認がなされる場であったのである。家族空間では彼女たちは、自己の賃金に対する自己決定権はなく、購買品をめぐる相談に与ることもなく、子どもや持ち家になることを含む未来への生活設計への関与すらなしえない。だからこそ、職場にエネルギーを注ぎ、家族生活では得がたい承認、その手応えを得ようと、仕事の遂行とスキルアップに邁進したのである。KT-13の言うところの「上に上がる」、すなわち上司に認められて職階上昇を遂げていくという歩みは、第2章で見たように、生産・労務管理近代化以降の実感として、リアリティがある。織賃制度と言われる出来高給からすでに脱皮し、職場内の評価を基礎とする職階上昇が「上に上がる」ルートになっていたのである。彼女は、B社の課長代理になって退職している。従属的な世代間関係は、職場での熱意をこめた働き方と職位を上昇させていく努力を惜しまない姿勢を引き出すうえで、大きな役割を演じていたと言うことができるだろう。

　これ以外の事例においても出来高給の時代には、出産イベントをはさんで、なるべく休む期間を短縮して「早期に職場に復帰して働き続けた」という語りも少なくない。それは、「いい場所」、つまりは高度の技能を要する現場は一反あたりの単価が高く、稼ぎの高さにつながっていた。こうした「場所」を皆が狙っており、長く休むと他者に取られてしまうからだという。こうして職場空間で勝負をかけようとするのは、稼げば稼ぐだけ賃金をより多く獲得でき、それを自在に消費できる立場にあった夫婦家族の既婚女性だけではなかった。出来高給の時代も、それ以降も、三世代家族における世代間関係が、職場空間で

第3章　女性の継続的就労と家族　　**127**

の労働意欲の喚起、技能形成とその維持へと向かわせて行く駆動力としての役割を果たしていた点を見落としてはならない。

（2）家族内関係と地域社会における規範

　先に引用した KT-13 の語りの中にあった、「ボーナスは嫁のところに出す」という慣習も大きな意味をもっていた。ボーナスについては、三世代家族の「嫁」であった人々が、家計管理について尋ねた場合には必ず言及していた。親世代への月々の給料の「差し出し」、それへの悔しい思いが語られた際に、必ず「ボーナスは自分のものだった」「ボーナスだけは（親に）出さなかった」という強調がなされるのである。[22] 月々の給料袋をそのまま親世代に取られることに対して、「なんで、なんで、私が働いた金なのに」と思ったという集団就職で勝山にやってきた KT-18 も、「ボーナス分は出さなかった」と強調している。そのきっかけとなったのは、近所に住む農家の男性が、舅と本人の前で、「ボーナスだけは（義理の親に）出さないで、自分で使うんだ」と教えてくれたことであったという。農家として長男に「嫁」をもらう側の舅は、機業場の賃金やボーナスについて熟知しているわけではない。また KT-18 自身も、地域内の慣行やルールを十分には知らない。地域社会の慣行を伝授する「近所の人」が介在したからこそ、彼女はボーナス分だけは自らの掌中に収めることができたのである。少なくとも 1960 年代半ば過ぎには、「ボーナスは嫁のもの」とする地域横断的な考えが流通していたであろうことは、「給料はとられても、ボーナスは私のものだった」との多く調査事例の語りから推察できる。KT-18 の経験を踏まえれば、「嫁取りがあった」との噂を聞くや、このルールを伝授しにやってくる人物がいたということである。こうして語り継がれる考えを、ここでは地域内部の慣行と、その慣行を支える規範と捉えておこう。こうした慣行と規範を念頭におきつつ、個々の世帯の親世代は、それぞれの経済状態や力関係に折り合いをつけながら、現実的なやり方を採ってきたと考えられる。現にボーナスの半分は親に渡していたという事例（KT-24）もあり、嫁のボーナスを取る親は「鬼婆あ」と呼ばれていたという（KT-13）。こうした規範の地域内部での流通は、既婚女性の継続的就労慣行が累積されていく中、親世代による、「嫁」からの過度の収奪の抑制につながっていたと見ることができるのではないか。こ

れはひいては、彼女たちの賃金を稼ぎ出す意欲を萎えさせるのを少しでも回避することになっていたと考えることができよう。

　もう一つの地域社会の規範として注目すべきは、既婚女性が継続的に就労することを強力に後押しするものである。つまり「勝山では女性が働くのは当たり前」だという言説である。結婚後の就労を決定したのは誰か、決定した理由は何であったかを問うた際、この規範の強さに言及したのはとりわけ集団就職者たちであった。まったく異なる地域の出身者である彼女たちは、「勝山というところは、女の働くところだった。働かなければ、女の人はだらしない、ということだった。自分も勝山に来てから、働くのは当たり前と思うようになっていた」（KT-18）、「みんな働いてるんだから、当たり前だろっていうような」（KT-22）といった形で、例外なくこの言葉を口にし、彼女たちの継続的な就労行動を促す推進力となったことに言及している。KT-20 は、3 人の子どもを抱えつつ、子育てに十分に関わってくれない姑とまったく関与しない夫のもと、「子どもがかわいそう、かわいそうと思いながら仕事に行ったの。（家で自分が）みてあげたかったの、それだけが悔いやけど、勝山にいたらそういうわけにもいかんやろうね。働くのが当たり前やでね、ここは」と、あきらめたという。就労について姑や夫と交渉するというステージに進む前に、地域社会の規範の前に屈した経験である[23]。

　地域の規範は、参照基準にとどまることなく、場合によっては交渉力をもたない個人へのプレッシャーとして作動し、そこからの逸脱を容易には許さない力をもっていたと捉えることができる。その一方で地域において流通する規範は、既婚女性の継続的就労を促す力をもつと同時に、三世代家族の「嫁」に対する親世代の過度の収奪を規制する役割をも果たしていたと見ることができるだろう。

おわりに

　これまでの分析を通じて明らかになったことから「働く意味」についてまとめ、結びとしたい。

　未婚時の就労決定においては、家族との絡み合いがきわめて密であり、個人

としての意思が析出されにくい構造のもとにおかれていた。戦前期の繊維産業に従事した女性労働者の性格と連続する側面が観察されるのである。[24] ただし序章で述べたように、繊維産業の中でも在来性、地域性が強く、労働市場が相対的に狭い織物業にあっては、とりわけ家族と女性労働者との関係はより濃密であったと見なければならない。新制中学を卒業した戦後期入職者においてはじめて、自分が家族に対して果たすべき役割認識にもとづいて、「自分で（仕事を）選んだ」とする人々が現れるに至っている。こうした未婚時の就業経験においては、「親の言うなり」という状態から脱して、自己の稼得賃金がもたらす役割を自覚することが重要であったと思われる。このことが、稼得賃金と家族と自分自身との関係性を自覚的に捉える契機となるからである。

　すでに見たように、親元から通勤していた近隣地域出身者は、まずは親への給料の全面的な「差し出し」を基本としており、そのことを通じて、家族生活に賃金が役立っているとの自覚をもっていた。また親への賃金の差し出しを行いつつも、自分自身の取り分を増加させていくことを、寮という空間が可能ならしめた。増加させた取り分は、自らの日用品だけではなく衣類、化粧品や習い事費用等に投入され、稼得賃金の一部を自己のための消費に充てる楽しみを知るところとなった。これは、家族からの自立への一歩であったと言えるだろう。近隣地域出身者とは対極的な性格をもつ集団就職者の場合は、自己裁量による自在な消費活動が可能であり、惜しみなく消費文化を謳歌した点で寮生のライフスタイルを牽引する存在であった。彼女たちはそこに、働く意味を十分に見いだすことができた。とりわけ親元から遠く離れた地域で結婚へと歩み入ること自体、しかも嫁入り支度品を自己の手で調達しての結婚は、出身家族からの自立のエポックとして強く意識されていたと思われる。

　だが結婚によって、大きく運命が分かれる。夫婦家族を形成した人々の多くは、妻自身が家計管理を一手に引き受け、家事省力化機器の購入はもとより、子どもの教育やマイホーム等に向けての生活設計を構想し実現に移していく主体者となることができた。彼女たちに、あらためて「働く意味」を問うまでもないであろう。彼女たちは、布施晶子が描いたような、男女平等の方向に歩む「新しい家族」への可能性を秘めた人々（布施，1984）であったと言ってよいだろう。

これに対して三世代家族の「嫁」たちの場合は、大きく異なる環境のもとにおかれていた。未婚時代よりもより厳しく、義理の親世代への給料袋の差し出しが迫られたからである。家族の生活費に貢献しているとの誇りをもとうにも、耐久消費財等の購入についても決定権はなく、親世代から相談に与ることもないという現実を抱えていた。自ら生活を切り盛りし、生活設計を構想することを「自立」と考えるならば、彼女たちのおかれた日常はこれとはほど遠かったのである。それでも働かなければならない現実を生きるためには、自ら意味づける必要があった。それが、一定数の人々に、職場という空間で技能・能力の「承認」を求める働き方の追求という志向性をもたらしたと考えられる。ここに、家族における従属的世代間関係の中で挫けそうになる労働意欲を自ら鼓舞し、働くことに誇りを保とうとする営為を読み取ることができる。

　自ら稼ぎ出した賃金を自己の意思で処分しえない立場に追いやられた「嫁」の葛藤には、深いものがあった。この世代間従属関係の背後には、地域社会の規範が介在していた。嫁からは給料袋をまるごと取り、実の息子からは取らないという事例や、ボーナスまでも「嫁」から取っていた親を非難する声（「鬼婆あ」）からするならば、地域内の家族が一丸となって同一の実践をしていたわけではなく、選択肢には一定の幅があったと解することができる。ただし、選択権は親世代に握られており、「嫁」側の交渉の余地はなかった。きわめてわずかながらもこうした世代間従属関係に反抗する事例が存在したことを見れば、この慣行自体も、しだいに変革されていく余地があったとは言えるだろう。そうでありながらも地域内で流通していた規範は、既婚女性が働くこと、また稼得した賃金やボーナスが誰に帰属するのかについて、特定の考えとルールを提供し、親世代が主導する個々の家族はそれを参照し実践していた。こうした地域における慣行と規範は、女性の就労のあり方と切り離しがたく深く結びついていたことを看過してはならない。既婚女性の働く意味を方向づける地域規範とそのもとでの家族（親世代）による選択が「働く意味」に強く関与していたのである。同時にこうして地域や家族が方向づけるそれを、個々の女性がそれぞれのおかれた環境に即して主体的に捉え直し意味づける営みがあったことを、確認することができる。

　高度成長期をはさんで継続的に就業してきた私たちの事例から「働く意味」

に迫ろうとすると、踏まえるべき複雑な生活現実や生活上の諸関係があることが明らかである。本章の冒頭で見たように、私たちの事例はたしかに「貧しさゆえにとにもかくにも "働かねばならなかった" 女たち」である。だがその労働と生活の実相は、「底辺の、非知性的な単純かつ低賃金労働」と一括りにされて、その「働く意味」など軽視ないしは無視されて当然とするような発想にもとづく議論（池田，1991: 15）の貧困を教えている。こうした視野からのフェミニズム論は、高学歴の主婦層における自己解放の方向性の模索に資することがありうるかもしれないが、もう一方の、教育年限が長くはないマジョリティの女性たちの実相を踏まえようとはしないという点で、きわめて一面的であるとのそしりを免れない。高学歴主婦層と本章で捉えたような継続的に就労してきた女性労働者の抱える現実は、両者に通底する社会・経済構造から派生するという包括的な視点を据える必要があるのではないか。少なくとも一方のマジョリティ女性が抱える現実を見据えながら思考するという点では、主婦論争における石垣綾子や嶋津千利世が提示した、女性として人間としての自立性、賃金による評価を介して社会的自覚をもつ可能性といった視点が重要であることは、私たちの事例を見ても明らかである。ただし問題は、個人としての自覚が析出され、個人としての意味づけがなされるようになるプロセスが平坦ではなく、家族との関係に深く埋め込まれた地平から出発せざるをえなかったことにある。またそこに、地域社会の慣行と規範が関与しているという点を十分に踏まえる必要がある。こうした点を理解せずして女性が働くことと女性解放論との接点を探り、深めることはできないと考える。

　以上は、家族と労働とが相互連関的な関係にあると把握する家族と労働の社会学の視角から、「働く意味」を考察する試みである。ここから明らかにされたのは、家族と職場のみならず、両者が立脚する地域の慣行と規範が女性の就業に与える影響力の大きさである。家族・職場・地域社会を相互に連続的に把握する方法は、「働く意味」に迫るうえで有効性を発揮すると思われる。家族と労働を密接不可分のものとして捉える家族と労働の社会学に、地域社会という射程を入れ込んでいくことが、女性が〈どこでどのように働いてきたのか〉を把握しようとする女性労働史研究（木本，2016）の深化にとって欠かすことができない方法的課題である。

注

1) 労働権をめぐる論議と現代フェミニズムとの関係をめぐっては、廣森直子／朴木佳緒留（2000）の整理を参照のこと。

2) 周知のように、石垣のこうした主張に対して、家事労働の価値の擁護論、主婦業の意味を賞揚する視点など、さまざまな立場からの批判と反批判が出され、「主婦論争」と名づけられた。

3) 嶋津は、農業労働の家族従業者、あるいは家事専業者と比して雇用労働には、「自立性」を与え、「独立した人格としての自覚を促す」（嶋津，1978: 17）余地があるとしている。こうした嶋津の論は、「働き続けるべき論」と名付けられたという（嶋津，1978: 137）。

4) 石垣（1955b）におけるこうした視点は、福田恒存に対する反論において明瞭に打ち出されている。

5) 武田京子の論（武田，1972）が、それを代表している。

6) 「行動を起こす女たちの会」は、初期ウーマン・リブ運動が「労働軽視につながった」ことを批判し、より現実的に働く女性の立場にたって性別役割分業体制を組み替える戦略をたてた（江原，1990: 18-19）。

7) こうした捉え方に対して、三瓶孝子が1956年に提起した日本の女性労働問題の全体像を見据えるべきだとする視点に立ちもどる必要がある。三瓶はしだいに増加しつつあった事務員や教員、新聞記者、女医などの「職業婦人」の職場進出を高く評価しつつも、その基底に、小規模事業所を含む「女子労働者」の存在があることに注意を喚起した。彼女たちを「女工として軽視」（三瓶，1956: 98）する傾向への、鋭く批判的な視点である。三瓶の研究の意義については広瀬玲子から示唆を得た。

8) 1970年代以降の「労働力の女性化」は全世界的なトレンドであり、先進諸国では「雇用の女性化」として発現していることはすでに明らかである（Jenson et.al, 1988）。金井の立論のコンテクストにおいては、「雇用の女性化」の表現がむしろ適切であろう。

9) 日本のジェンダー研究において労働領域を対象とする社会学的研究は相対的に遅れをとり、労働の場自体にジェンダー視点をもち込んだ実証的研究は1990年代を待たなければならなかった。木本（1995）は、労働の場におけるジェンダー関係がいかに編成されているかという分析に先鞭をつけた論考である。

10) こうした地域労働市場を把握する視角については、中澤（2014, 2015）を参照。「労働力再生産圏にほぼ一致する空間的広がりを持った地域労働市場」（中澤，2015: 267）という把握は重要だと考える。

11) 本研究に先だって、福島県伊達郡川俣町において織物産業に継続的に就労してきた既婚女性労働者のライフヒストリー分析を用いて、同時代に大企業を中心として主

第3章　女性の継続的就労と家族　　**133**

流化した専業主婦になるべきだという近代家族モデルがいかに関わっていたのかとの問いをたてて考察を行った（木本，2012）。そこで得られた結論は、当該地域の既婚女性労働者がこれとは無縁な存在であったということである。本章ではこうした視角からのアプローチを避け、むしろ女性労働史の一事例として深めることを意図している。すなわち川俣町と、地域労働市場において女性労働が占める位置どりという点で共通性を有する福井県勝山市の事例分析にもとづく本章では、女性労働者たちの働き手としてのあり方をより明瞭に浮かびあがらせることをねらって、「働く意味」を探るという課題設定を行っている。近代家族論と女性の雇用労働との関係をめぐっては本書序章でも提起している論点であり、終章においても言及したい。

12）ただしここで言う「親」とは、出身家族の家計の決定権を握っていた個人を指す場合であり、個々の家族の事情に応じて父である場合も、母である場合もあった。以下、同様。

13）1960年代半ばに4、5年間ほど、A社の住み込みの寮母だったA氏によれば、当時の寮生は、勝山市内を含む県内出身者が3分の2、遠隔地からの集団就職者が3分の1だったという（2013年3月21日のインタビューによる）。

14）2013年9月3日のインタビューによる。

15）B社の天引き預金の出し入れ係であったB氏によれば、「集団就職の人は（ここら辺出身の人と比べて）服装も派手。のびのびしていたと思う。楽しそうだった。自由に思えた。1年に一回の慰安旅行は、人によっては派手な服装だった」という。

16）寮生活は、結婚年齢の同期化をももたらしていたと思われる。24歳で結婚したKT-13は、「そろそろ私もいい年齢になって、周りが全部結婚する時期になっていて、もうこの寮におられんなあと危機感があるときに」見合い話がきたという。寮には「仲人専門のような人」が出入りし、「織工としての腕前をまずは周囲に聞き、器量とのかねあいで話が進められた」。職場の運転士が彼女たちの腕前をよく承知しており、彼らが結婚相談にものっていたという。他の証言によれば、結婚平均年齢は22、3歳だったとされており、私たちのインタビュー事例の結婚年齢は、ほぼこの年齢に添っている。なお寮生活に関する記述は、『B社社内報』を参照した。

17）なお新婚当初、夫婦家族形態をとったのは8ケースであり、三世代家族形態をとった20ケースのうち夫方居住は19ケース、妻方居住は1ケースとなる。

18）なお以下の分析においては、子どもの保育・教育に関しては次章との重複を避けるために最低限の記述にとどめることにしたい。また紙幅の都合上、家事遂行をめぐる役割分担についての詳細は割愛せざるをえない。

19）三世代家族におけるボーナスの帰属は重要な論点でもあり、後に詳述する。

20）序章で触れたが、私たちのもうひとつの調査フィールドであった福島県伊達郡川俣町でも、同様の傾向が見いだされた。すなわち「三世代家族は世代間関係を支配・

従属関係のもとにおき、世代間葛藤を内包しているが、そればかりではなく、夫との横のつながりや連帯感を表現する語りもきわめて稀である」（木本，2012: 42）。

21）経糸と緯糸を交互に交差させて織るもっとも単純な織物。

22）ただしこうしたボーナスに関する言及は、1950 年代半ば以降に入職した三世代家族の「嫁」に共通する語りである。『B 社社内報』（1961 年 4 月 5 日号）には、「1959、1960 年度の好成績の労をねぎらう 500 余万円の臨時賞与」が出されたとあり、1962 年 3 月 19 日号では、これを「昨年末のボーナス」と言い換えている。それ以降の社内報にはボーナスに関する記述は見られない。また B 社の労働組合の「定期大会資料」（1962 年度）によれば、「期末一時金」に関わる方針が書かれており、好況・不況にかかわらず要求していくこと、各組合で共同闘争を組むこととしている。1964 年度の「定期大会資料」では、「例年一時金に対しては夏と冬の年二回、定期的に行うことが習慣づけられた一つの型にはまってきている」との記述がある。少なくとも B 社においては、1960 年代初頭から期末一時金がまず出され、ついで夏と冬になったものと考えられよう。また夏期および年末の一時金をめぐっては、勝山市内の 17 機業ないしは 18 機業の労働組合によって統一賃金要求として闘われている。

23）地域社会の規範と関わって、勝山市の近隣地域出身の KT-11 の経験も独特なものである。彼女は二部制のもと、夫婦交代でシフトを組んで子育てに取り組んできた。二人目を産んだとき、「もうこんな生活は嫌」と思って会社を辞めるつもりだったという。夫も自分の給料でなんとかやっていけるから「辞めてもよい」と言ってくれたが、会社が人手不足のため、すっぱりと辞めさせてくれなかった。それでも彼女は二人目を産んだのち 1 年間は仕事を休んだという。その休職期間中、近所の年配の男性が、町内で彼女と子どもが一緒にいる姿を見かけるたびに、路上であれ、商店内であれ、「姉さん、まだ仕事に行かんの」と何度も声をかけてきたという。「子ども産んで 2 か月で仕事に戻るのが普通なのに、お前はもう 1 年たったやろ。まだ行かんの」とまで言われたときには、彼女は「怖い」と感じて、すぐさま仕事にもどったという。こうして休業中の女性に声かけをして職場復帰を促す人物も、先にみたボーナスについての語り部も、地域内の名前もよく知らない男性であった点は興味深い。

24）戦前期の繊維産業（製糸業、綿紡績業、織物業）の研究蓄積に分け入って、女性労働者の性格を抽出した J. ハンターは、「家族との密接な一体感」を指摘している（ハンター，2008: 325）。

参考文献

江原由美子（1990）「フェミニズムの 70 年代と 80 年代」江原由美子編『フェミニズム論争——70 年代〜 90 年代へ』勁草書房、1-46 頁。

布施昌子（1984）『新しい家族の創造——「母親」と「婦人労働者」のはざまで』青木書店。

廣森直子／朴木佳緒留（2000）「女性の労働権に関わる議論の問題点——日本の現代フェミニズムの労働権に注目して」『神戸大学発達科学部研究紀要』7（2）、3月、77-86頁。

Hunter, Janet（2003）*Women and the Labour Market in Japan's Industrialising Economy: The Textile Industry before the Pacific War*, Routledge（阿部武司／谷本雅之監訳（2008）『日本の工業化と女性労働——戦前期の繊維産業』有斐閣）.

池田祥子（1991）「「女の経済的自立」「主婦」「母」、それぞれの思想をどう超えるか」小倉利丸／大橋由香子編『働く／働かない／フェミニズム』青弓社、11-31頁。

石垣綾子（1955a）「主婦という第二職業論」『婦人公論』1955年2月号（上野千鶴子編（1982）『主婦論争を読むⅠ』勁草書房、2-14頁）。

石垣綾子（1955b）「女性解放を阻むもの——福田恒存への反論」『婦人公論』1955年8月号（上野、同上書所収、61-72頁）。

Jenson, J., Hargen, E. and Reddy, C. eds.（1988）*Feminization of the Labour Force: Paradoxes and Promises*, Polity Press.

金井淑子（1990）「日本的女性政策の転換」『季刊労働法』155号、5月25日、28-41頁。

木本喜美子（1995）「性別職務分離と女性労働者」『日本労働社会学会年報』第6号、東信堂、23-49頁。

木本喜美子（2012）「織物女工の就業と家族経験」『大原社会問題研究所雑誌』650号、12月、33-48頁。

木本喜美子（2016）「女性たちはどこでどのように働いてきたのか」中谷文美／宇田川妙子編『仕事の人類学——労働中心主義の向こうへ』世界思想社、249-274頁。

中澤高志（2014）『労働の経済地理学』日本経済評論社。

中澤高志（2015）「地域的労働市場——地域労働市場の概念的再検討」『明治大学人文科学研究所紀要』第76冊、3月31日、241-271頁。

桜井厚（2002）『インタビューの社会学——ライフストーリーの聞き方』せりか書房。

三瓶孝子（1956）『働く女性の歴史——通史と現状』日本評論新社、1956年。

嶋津千利世（1955）「家事労働は主婦の天職ではない」『婦人公論』1955年6月号（上野、同上書、1982年所収、34-47頁）。

嶋津千利世（1978）『婦人労働の理論』青木書店。

武田京子（1972）「主婦こそ解放された人間像」『婦人公論』1972年4月号（上野千鶴子編（1982）『主婦論争を読むⅡ』勁草書房、134-149頁）。

第4章

織物産地における託児所の変遷と
女性労働者
──女性労働と保育

野依智子

はじめに

「働くのが当たり前」、織物産地勝山で織物業に従事してきた元女性労働者たちの多くが口を揃える。当該地域において、既婚女性が出産後も働き続ける共稼ぎは、ごく一般的なのである。

> 家事手伝い（ここでは専業主婦の意味）なんてものはなかった。どこの嫁さんもみんな子どもおんぶして機場に行ったんです。（KT-17）

> やっぱり働くのが一番私には向いているんかな。「来てほしい」というとこはやっぱり行って、働いた方がいいと思って働きました。（KT-7）

> そうそう。勝山だったら、みんな働いてるんだから、当たり前だろっていうような。また働いてると、自分のお小遣いもできるわね。だんなの給料だけだったら本当に、財布の中に入るのが少ないでしょ。だから自分の物も買えないわね。私らそんなこと、辞めようっていう気持ちはなかったね。（KT-23）

中卒（戦前は小卒）で織物工場に入職し、いくつか工場は変わったとしても女性労働者として40年、50年と彼女たちは働き続けてきた。本章では、共稼ぎが一般的とされる勝山の織物工場で働いてきた既婚女性を対象に、彼女たちがどのように育児に対応しながら、どのように働き続けたのかを町営託児所や工場内託児所の変遷を通して分析する。また、働き続けた彼女たちの家計の中での稼得役割を検討する。

現代の日本社会においては、男女の賃金格差や非正規雇用の女性比率の高さなど女性労働の問題点はあいかわらずである。こうした労働におけるジェンダー格差つまり女性労働の地位の低さはどこからくるのか。かつて女性労働研究では、「雇用における性別分業の究極的原因は、労働市場の成立そのものが、労働力の直接的生産単位としての家族を内在的存在条件とし、労働力の再生産労働を女性の排他的機能とする性別分業を内包した労働力商品化体制に基礎を置いている点にある」（竹中，1989）とされた。つまり、女性労働は家族内性別分業に規定されるというのである。しかし、1990年代に女性労働は家族内性別分業に規定されるとする女子労働特殊理論の再考が行われた。つまり、女子労働特殊理論は女性労働の周辺化を内在しているという大沢真理による批判に始まり（大沢，1993）、さらに「労働過程それ自体の中でのジェンダーの解釈」を主張するV.ビーチの議論を受けて（ビーチ，1993）、木本喜美子により、労働過程の外部からもち込まれる諸条件や規範などをいったんは脇におき、労働過程と家庭内労働を分離した上で、両者の分裂を埋めるべく労働と家族の関連を包摂した労働過程のジェンダー分析が必要であると提起された。そのためには、歴史分析および現状分析を含めて、特定産業や職種、職場の実証的分析の積み上げが必要であると指摘された（木本／深澤，2000）。こうした視点から、高度成長期の女性労働を分析したものが宮下／木本（2010）である。当該論文では、1960〜1970年は、女性の年齢階級別労働力率のM字型の底が深くなっていることから、「主婦化」の時代として高度成長期が捉えられているが、実際には既婚女性の雇用労働者化も急テンポで進んだ時代であって、1960年代は「主婦化と雇用労働者化とのせめぎあい」として捉えなければならないと指摘されている。つまり、高度成長期という時代が近代家族の大衆化の時代であったとする議論に女性労働研究の立場からの視点を提示したといえる。本章はこうし

第4章　織物産地における託児所の変遷と女性労働者　　**139**

た議論を踏まえて、既婚女性が実際にどのように育児に対応しながら、どのように働き続けてきたのかを労働組合や織物会社の資料と元女性労働者のインタビューから分析する。

　本章における各節は次のとおりである。第1節では、勝山の保育体制について、その歴史的変遷を分析する。第2節では、さまざまな保育方法や保育資源について機業と労働者家族がそれぞれどのように関わったのか分析する。そして第3節では、織物工場での共稼ぎ夫婦における賃金制度の変化と夫の賃金、妻の賃金の家計における位置づけを分析する。

　なお、本章の対象時期は、高度成長期を主としているが、勝山町営託児所が設置された1936年からを勝山の保育体制の前史として位置づけている。対象時期の高度成長期は、ちょうど織物生産の量産体制と分業化が進み、賃金制度も大きく変わった重要な時期でもある。

1．共稼ぎを支える行政と機業の託児所

　勝山町においては、1936年に町と機業家によって町営託児所（以後、1952年の勝山市制開始までは町営託児所と称し、市制以後は公立保育所と称す）[2]が設置され、その3年後の1939年には町営託児所を4か所に拡大している。1936年の『社会事業年鑑』府県別常設保育所数によると、全国で公立保育所163か所、福井県においては5か所という統計数から見て、勝山町における町営託児所4か所という数字はかなりの設置数であるといえよう。また、1938年の幼稚園数ではあるが、当時、福井県下の公立幼稚園は11園であった。[3]県下全体で11園であった公立幼稚園の数に比べて、勝山町内だけで4か所の町営託児所が設置されたことは特筆に値しよう。こうした託児所の設置状況は、時代的背景として総力戦体制と深く関わっていたと思われるが、勝山町の場合は加えて機業との関わりが深いと考えられる。

　このような勝山町の町営託児所の設置の背景と経過を分析し、同時に設置に際して機業家はどのような関わり方をしたのか、その果たした役割を考察する。

（1）町営託児所設置のプロセス

1）設置の契機

　勝山町営託児所設置の端緒は、1931年5月20日の『福井新聞』記事からうかがい知ることができる。記事には、勝山町内の織物工場に通う既婚女性は、適当な託児所がないのでやむなく乳幼児を工場に帯同しているが、工場主も支障が生じると思っているので、「種々考究して結局託児所を計画する運びになるらしい」とある[4]。

　その後、1935年8月10日付けの『福井新聞』に「勝山町が率先、託児所設置、機業家側と協議の結果」との見出しで、勝山町内に託児所が設置されることが次のように報じられている。

　　町村託児所の設置については県社会課が各市町村を通じて機業家に対して督励しているが勝山町では八日県社会課の富高主事が出張して元勝山町役場階上において機業家代表と懇談した結果、工費約二千円をもって役場階上を改築しこれを託児所とする案を立て十日工場協会勝山支部役員会を開き経費二千円の捻出を募るが支部で一部の寄附を行い他は町費をもってこれを支弁することに決定する模様である[5]。

　記事より、勝山町での託児所設置は県社会課の働きかけであったことから、県としては児童保護を目的とした社会事業であったと思われる。費用は機業家が負担することについては工場協会全体の同意は難しかったらしく、結局、機業家からの寄附と町費とで賄われ、元勝山町役場の階上を改築して託児所としたとある。機業家としては、乳幼児帯同による作業能率の低下を抑える利点はあったと思われる。

　翌1936年には、4月1日施行で「勝山町託児所規定」が策定され、同年5月1日から開設されることになった。以下、託児所規定である。

勝山町託児所規定

第一条　本町に幼児保育の為め託児所を設く

第二条　託児所は町内居住者にして満三歳以上学齢未満の幼児を受託す

第三条　受託幼児の定員は当分五十名とす

第4章　織物産地における託児所の変遷と女性労働者　　141

第四条　託児所に左の職員を置く

　　　　所長一名　保母二名

第五条　託児は一般幼稚園の課程に準し之を保育す

　　　　其の課目左の如し

　　　　一、遊戯　二、唱歌　三、談話　四、手技

第六条　託児せんとする者は左の事項を具し町長の許可を受くべし

　　　　一、委託者の住所氏名職業

　　　　二、託児の氏名生年月日

　　　　三、委託期間

第七条　受託時間及休日左の如し

　　　　但し町長に於て必要と認めたるときは随時変更することあるべし

　　　　一、受託時間　本町工場の始業時刻より終業時刻に至る

　　　　一、休日　工場休業日

第八条　保育料は一ヶ月金六拾銭とす

　　　　但し託児日数十五日以内なるときは金参拾銭とし尚事情止むを得ざるものと

　　　　認めたるものに対しては保育料を減免することを得

第九条　左の各号の一に該当するときは受託を拒絶することを得

　　　　一、託児数の定員に達したるとき

　　　　一、託児及其の家内に伝染病疾患ありと認めたるとき

　　　　一、託児の性行他の託児に悪影響を及ぼすの虞あるとき

　　　　一、其の他受託の必要なしと認めたるとき

附則

本規定は昭和十一年四月一日より之を施行す[6]

「勝山町託児所規定」によると、保育対象者は町内居住の満3歳以上学齢未満である。保育時間は工場の始業時刻から終業時刻までで、休日は工場休業日とある。保育児の定員は50名で、所長1名、保育士2名の配置となっている。保育料は月60銭だが、保育日数が15日以内の時は保育料30銭にするとある。1921年に設立された東京市の江東橋託児場において一日の保育料は2銭であったので[7]、町営託児所の月60銭という保育料は妥当な金額と言える。また、1931

年の賃金であるが、織物工場の女性労働者の日給がおよそ78銭〜80銭[8]という額と比較しても、決して高額の保育料とは言えない。

このように、「勝山町託児所」は織物工場労働者の幼児を対象にした町営の託児所であることは確かである。また、「勝山町立託児所報告」でも、「工場勤務者ノ児童ヲ主体トシ余力ヲ以テ一般家庭ノ児童ヲモ収容ス」とある[9]。しかしながら、対象年齢は満3歳以上としているため、授乳が必要な乳児は保育対象外であった。また、定員50名の保育児数に対して6割程度の出席率でしかなかった（表4-1参照）。よって、同年10月には保育士1名が減じられることになったとある[10]。町営託児所設置の本来の目的は、乳幼児帯同による工場勤務を抑制しようというものであったはずだが、実際の開設にあたっては乳児が対象外になった。対象外になったことで、その後も乳幼児帯同による工場勤務は継続されたのである。

表 4-1. 保育日数及び児童数

月	保育日数	在籍児童数	出席児童数
5月	28	45	38
6月	28	49	34
7月	29	52	20
8月	28	52	20
9月	21	55	31
10月	28	58	34
11月	28	57	28
12月	29	57	23

出典：『勝山町立託児所報告』（勝山市編纂室所蔵）より作成。

2) 乳幼児帯同禁止令をめぐる議論

織物工場への乳幼児帯同が改めて問題化したのは、1938年9月に工場内乳幼児帯同禁止令の動きがあらわれてからである。それらの動向を新聞記事からあとづけてみる。

1938年10月1日の『勝山朝日新聞』に、「乳児連れの工場内への通勤禁止俄然重大社会問題として勝山地方方面委員起つ」という見出しで記事が掲載された。

当該記事によると、厚生省の保健向上の方針にもとづいて県令による乳幼児帯同禁止令を準備しているという。こうした福井県の動きに対して、9月27日

第4章　織物産地における託児所の変遷と女性労働者　143

に大野郡北部方面委員総会において勝山町長が対策を依頼し、翌9月28日には勝山機業家による協議会が開催され、県知事・厚生大臣に陳情することが話し合われ、翌9月29日、組合事務所にて乳幼児帯同禁止令の延期陳情が決議された。陳情起草者は、人絹工業組合、羽二重工業組合、大野郡内地向織物工業組合で、該当する女性労働者「五百数十名」の署名も添えられたという。陳情書には、「工場数162、従業員総数4,667名内女工2,877名、乳幼児の携行者337名内携行せざるを得ないもの130名。勝山従業員の半数以上が乳幼児帯同のまま通勤。これを禁じられれば、たちまち失業する」とあった。陳情の起草は機業家によって行われたことから、当該陳情は機業家たちによって主導されたもので、女性労働者「五百数十名」の署名は多分に会社の意向で集められたものと思われる。

　こうした一連の議論の中で乳幼児帯同禁止に対する機業家側の反対理由は、乳幼児帯同が禁止されれば、女性労働者の失業に繋がり、織手に支えられる労働者家族の生計も成り立たなくなることを挙げている。同時に、機業の操業も困難に陥り、それは銃後の操業破壊となること、さらにその結果、産児制限にも繋がり非常時の国策に反することになるという内容であった。乳幼児帯同問題に関しては、「勝山の工場中にA社が率先して託児所を私設してみたがその結果は事実に於いて行えず不可抗力の為やめた実例がある」との新聞記事がある。また同記事中、A社代表社員の言で「乳児を手放しておく事は母子の実情に於いて事実上実行できない」ため、A社では乳児の帯同者を採用しない方針を取っているとの記載もあり、会社において乳児保育を試みたがうまくいかなかった様子がうかがえる。よって、「勝山町では託児所の設けもあるが、それは三歳以上の子どもで乳飲児に対しての託児は事実上に於いて実行至難である」と述べられている[12]。これらの新聞記事の内容を具体的に説明するものとして、『昭和八年工場監督年報』に以下の記述がある。

　　……（略）……又福井県の報告によれば、繊維工業を主とする福井県に於ては職工は殆ど女子にして通勤女工中には有夫の女工相当多く、乳幼児を工場内に連行するもの多きを以て之が保健上又危害予防上常に深く意を注ぎ地方的に託児所設置の勧奨或は工場内に託児室の設置慫慂等を為し居れるも当業者及職工の意向によれば多

くのものは僅かなる賃金中より、(1) 託児費を支出すること、(2) 親として監視得ざること等のため設置を悦ばざるが如し。而して、(1) の事項に於ては託児所に託する場合なるも、(2) の親の監視と云うことに付いては仮令工場の一隅に之を設くると雖も託児されたる子ども等の喧嘩或は号泣に依り却って身近く置くよりも気を取られ、充分なる作業能率を挙げ得ずと称し反対するものなり。[13]

　工場法の施行状況を記した『工場監督年報』は、職工数や賃金、就業時間、工場衛生などの調査結果を県別、産業別にまとめており、労働者の状態をよく記録している。先の1938年の新聞記事において工場内託児所の設置が実行できなかったことが記載され、その5年前にあたるが、上述のように工場内託児所の設置に対して労働者が反対している理由が記載されていた。
　『昭和八年工場監督年報』によると、工場内託児所設置に反対する理由の第一は、女性労働者は賃金から託児料を支払うことに抵抗があると記されている。つまり、当時の織物工場で働く女性たちは、託児料を払ってまで子どもを預けようとは思わなかったということである。子どもを織機の横に置いたり、背負ったりしながらでも働けると思っていたので、託児料を支払うことに抵抗があったのであろう。そのため、第二の理由として、たとえ託児所に預けるとしても、工場内で子どもの泣き声がすれば気を取られて作業の安全や能率の改善には繋がらないというのである。当該資料から、昭和初期においては、工場内託児所に積極的に乳幼児を預けようとはしていない女性労働者、育児と労働を明確に区分していない女性労働者の姿が浮かぶ。なお、託児料については、その後設置されたB社の工場内託児所では無料となった。

3) 町営託児所の増設と意義
　乳幼児帯同禁止令の延期を陳情して後、1939年1月に、先の「勝山町立託児所」に加えて新たに町営託児所3か所の設置計画が発表された。
　新聞記事によると、「県下唯一の機業地帯である勝山町では、工場内へ幼児を連てくる女工さん達が非常に多いところから危険防止のためにも、幼児の連込みを勝山署で禁止したところ、それでは仕事が出来ぬからと各方面から陳情あり、一方では陳情通り幼児を連れて暮らしている実情であるので町当局でもこ

第4章　織物産地における託児所の変遷と女性労働者　　145

れの善後策を考慮中であったが愈々町内三ケ所に町営の託児所を設置すること
になった」[14]とある。乳幼児帯同による「危険防止」を理由として、各方面から
の陳情に加えて、「町当局」も乳幼児帯同禁止に対する策を考究した結果、3か
所の町営託児所設置という結論に至ったというのである。ひとまず、3歳以上
児については対処しようというのであろう。

　こうして新たに3か所の町営託児所が1939年に設置されたわけだが、以下、
設置費用、設置場所、建坪、児童数など概要を整理する。まず費用であるが、
機業からの寄附と町費が主な設置費であった。次は、その内訳である。

【設置費用】		
・B社	2,000 円	
・A社	1,300 円	
・C社	1,200 円	
・D社	400 円	
・E社	400 円	計 5,320 円
・勝山町	5,630 円	計 5,630 円
・国庫並びに 県補助金	2,000 円	計 2,000 円
		合計　12,950 円
【人件費】		
保母 10 名の 年間給与		＊ 3,240 円
【備品・消耗品・その他】		
		＊ 2,700 円

出典：『勝山朝日新聞』昭和 14 年 1 月 28 日付より作成。

　設置費用は大手機業5社による寄附が5,320円、町費が5,630円、これに国
庫・県の補助金が2,000円で、ほぼ2：2：1の割合で機業、勝山町、国・県が
負担することになった。表中＊がついた経常費は、機業関係有志からの寄附を
待つこととすると記載があり、後半の記事には、200円、100円、70円、50円
という寄附額に応じて会社名が列挙されている。

　これら3か所は、それぞれ西保育園、南保育園、北保育園と呼ばれ、先の
1936年に設置された「勝山町立託児所」を「東保育園」とし、あわせて東・

西・南・北4か所の町営託児所が設置された。同年9月28日・29日には、これら4つの託児所にあわせた「四地区別に工場主及び託児職工等を集め懇談会を開き託児方法その他につき協議懇談することとなった」とある[15]。東西南北4つの託児所という設定は、勝山町を4地区に区分して、それぞれの地区の大小の織物工場で働く既婚女性たちが、いずれかの託児所を利用できるようにとの配慮であろう。

これら4託児所のうち、南保育園の概要は以下の通りである。

総建坪54坪／運動場150坪／保母3名[16]／託児数100名

対象年齢：2歳から6歳まで／保育時間：午前6時から午後6時半まで

勝山町上元禄の南端／午後1時から3時まで午睡／午後4時には1人3銭のおやつ[17]

ほかの3託児所は定員50名の規模であるが、保育内容は、南保育園と同様である。一方、4託児所全体の託児数の内訳については、1940年5月13日に朝香宮殿下（陸軍大将）が南保育園を訪問した際の記事に次のように記述されている。「現在ノ収容児童ハ戦病没者遺族十二名、応召者遺族十九名、帰還者家族二十三名、一般家族二百六名」[18]とあり、戦病没者遺族等の児童も預かっていたことから、町営託児所には戦時体制下の託児所としての性格もあったといえよう。しかし、戦病没遺族の女性も織物工場で働いたであろうことから、やはり4託児所の主要な託児対象は、基幹産業である織物工場で働く女性労働者の児童であったといえよう。

以上、託児所設置費用が機業：勝山町：国・県で2：2：1であった点、さらに勝山町を4地区に区分して大小の織物工場で働く既婚女性を対象にしようとしたことから、勝山町と機業あげての既婚女性の継続就業かつ共稼ぎのための施策であったことは明らかで、時代的にも総力戦体制下の施策であると同時に、勝山町と機業による女性労働力確保のための対策であったともいえよう。

（2）工場内託児所の設置とその役割

1）高度成長期の工場内託児所の実情

このように勝山の託児所の歴史は、戦前の町営託児所設置から始まるわけだ

が、これら４つの町営託児所は乳児保育を行わなかったので、Ｄ社並びにＢ社は工場内託児所を開設した。Ｄ社は、1941年頃に分工場の一角に10人程度預かったとある。[19] また、Ｂ社はインタビューした２名の元織物工場勤務の女性の話から、1943年に設置されたとのことであり、これら２か所の工場内託児所も戦前の設置となる。それでは、工場内託児所はどのような様子であったのだろうか。ここでは、２名のインタビューのうち、実際にＢ社の工場内託児所で保育を担当していたＦさんの話をもとに工場内託児所の実情を整理する。[20] Ｆさんは、1953年生まれの第二子をＢ社の託児所に預けている時に保育の担当となり、1968年に工場内託児所が社会福祉法人化するまで保育担当として働いてきた。以下は、Ｆさんからの聞き取りをもとにした主として高度成長期の工場内託児所の様子である。

　保育年齢は生後半年から３歳くらいまでであったが、後に生後40日からでも預かるようになった。しかし、３歳になると町営託児所に転園するのが通例であった。保育担当者は２名で、二交代制だったので常に一人体制で保育する状態だった。[21]

　保育時間は、二交代制勤務にあわせて５：00から13：30まで、13：30から22：00まで、これに加えて普通出８：00から17：00までの３通りであった。勤務時間に先駆けて準備の時間があるので、朝は５時前から子どもを預かった。保育条件は、Ｂ社で働く女性労働者の子どもであることと、母親が就業中に養育する人がいないことが条件であった。また、発熱時は預からないが、保育中に発熱した場合は、母親の就業時間が終わるまで預かった。つまり、子どもの発熱のために母親に仕事を中断させなかったということである。一人体制で保育する状態だったため、発熱しても母親に連絡する方法がなかったとも考えられるが、母親にとっても子どもの発熱が仕事を中断する理由にはならなかったのであろう。

　保育料は無料で、託児所運営は会社の経費ということである。入所の申し込みは工場事務所で、事務所から託児所に連絡が入る。

　工場内託児所の保育担当者は保育士の資格はなく、保護者（女性労働者）や子どもたちからは「おばちゃん」と呼ばれていた。Ｆさんは、Ｂ社で準備工であったが、ちょうど工場内託児所の「おばちゃん」が辞めたので代わりに託児

所に入ってほしいと言われ、そのまま工場内託児所で働いた。自分の子どもも2人預けていたから断れなかったという。給料は、2,000円から3,000円で、「何年たっても2,000円から3,000円」だったとのことである。[22]

　B社の工場内託児所が1968年に社会福祉法人になってからは、資格のある保育士が勤務したため、Fさんは炊事場勤務となり、もう一人の「おばちゃん」は工場勤務となった。工場内託児所で働いたことをFさんは次のように語っている。「（自分の）子どもがいるから工場に戻って働こうとは思わなかったが、託児所で働くよりは工場で働くほうがよかった。（預かっている）子どもになにかあったら大変だし、工場の方が給料はよかった」。

　子どもたちの昼ごはんは弁当持参。遅出（13：30出勤）の子どもは、早めに弁当（夕食）を食べさせて眠らせたとのことである。乳児は10時と3時に母親（女性労働者）が授乳にきた。幼児のおやつには、牛乳とお菓子を与えた。

　託児室は工場内の倉庫の一角にある事務室の2階で、作り付けのベッドがあったが玩具などはなく、一人体制のため、ただ預かっているだけで散歩に連れていくこともできなかった。託児室は2歳半程度の部屋と乳児の2部屋であった。おむつ・着替え・バスタオルは各自持参であった。汚れたおむつは各自持ち帰りで、それぞれのバケツがあり保護者が持ち帰って洗った。保護者からおむつがはずれるよう保育して欲しいと言われ、会社からおまるを用意してもらったとのことである。

　以上が、B社の工場内託児所の様子である。保育士一人で10人ほどの乳幼児をみるという担当乳児数の多さに加え（現在の保育児数の最低基準は0歳児3人に保育士一人である）、なによりも一人体制であったことや玩具などの設備がないことなど、保育環境としては不備な点が多いと言わざるを得ない。しかしながら、勝山町営託児所は3歳以上からが対象で、0歳児保育を開始したのは1957年である。その間の乳児保育は、B社、C社、D社などいくつかの工場内託児所が実施した。[23]保育環境としては決して十分ではないとしても、夫あるいは義母など母親に替わって育児を担う家族がいない既婚女性にとって、就業時間中の育児の場として重要な存在であったといえよう。

　また、「おばちゃん」と呼ばれた保育担当者の賃金は織工などの工場内労働よりも低賃金であった。生産労働を支えるための保育労働は家庭内労働の延長と

第4章　織物産地における託児所の変遷と女性労働者　　**149**

捉えられ、低賃金に抑えられたようだ。織工や準備工などの生産労働に従事する女性の賃金よりも、保育は、通常女性が担う再生産労働であるがゆえに低く設定されていた。Fさんの職歴を見ても、託児所勤務となる以前は準備工、社会福祉法人化に伴って配置転換された先が託児所の炊事場ということから見ても、社会福祉法人化以前の託児所が、専門性を求められない場であったことは明らかである。

2)「父ちゃんはみてくれん、工場がみてくれた」

　本調査対象者28人中、インタビュー内容から、明らかに工場内託児所を利用したといえる女性は、KT-1、3、4、5、8、11、12、13、23、26、27、28[24]の12人である。そのうちKT-1からKT-11までの6人は育児期に夫婦家族であり、残る6人は三世代家族であった。彼女たちは、日々どのように子どもを預け、どのように働き続けたのか。また、彼女たちにとって工場内託児所はどのような意味があったのか。以下では、三世代家族とはちがって、夫以外に保育に関わることができる成人をもたない夫婦家族の場合を中心に見てみよう。

　KT-1は、小学校卒業後A社に入職するが、18歳でB社に移り58歳まで働いた。B社に移った時は、夫も一緒に整経工として入社したのだが、当初はKT-1の方が給料が高かったという。KT-1は、第三子と第五子をともに工場内託児所に預けて働いた。KT-1の話から、工場の階下に設置された託児所はほこりが多い保育環境であったことをうかがい知ることができる。しかし、そのような環境でも、他に育児を担ってくれる家族がいない夫婦家族にとっては、乳児を預かってくれる工場内託児所は有難い存在であった。KT-1は、工場には弁当5つ作り、乳母車に二人を乗せて通ったという。また、託児所で使用したおむつはバケツに入れてあり、持ち帰って家で洗った。KT-1の場合、夫の育児参加はほとんどなく、そのことを「（子どもを）父ちゃんはみてくれん、工場がみてくれた」と語っている。共稼ぎの夫婦家族の場合、母親以外に育児を担えるのは夫しかいないため、夫の育児協力の事例はいくつかある。しかし、ここで示した事例は夫婦家族であっても、妻に家事・育児が集中し、夫の育児参加はほとんど期待できない様子が見てとれる。工場の重要な働き手であった彼女たちは、工場内託児所を頼りにしつつ、工場から帰った後にもおむつを洗うなど、

育児を抱え込んでの労働であった。

　KT-3 は、小学校卒業後 3 年ほど裁縫を習った後、B 社に入社。第一子は1942 年、末子は 1948 年に生まれている。夫も、結婚当初は B 社の運転士だったが、その後運送の仕事に替わった。KT-3 は第二子から B 社の工場内託児所を利用した。その経験を次のように語っている。

　　工場はええとこやったがな。いい金貰えるし。私は B 社さまさまや。B 社があったからこそ。B 社が一番先に保育所作ってくれたの。保育所入れて預けとって、お金いらんでしょ。いい社長さんやった。最高や。B 社みたいないいとこないと思ってます。おしめはここで洗うって、洗い直しできるように水だめたくさんこさえてあって。
　　朝、工場に行くときはお父さん二人子ども担いで行った。旦那の都合が悪いときは、私 2 度工場に行った。保育所に子どもを置きに行って、そしてまた（仕事に）行って。

　KT-3 は、就業中の育児を無料で代替してくれる B 社を「最高や」と称賛し、さらには、「いい金貰える」と工場の賃金にも言及している。無料で子どもを預かってくれるだけでなく、その時間帯の就業から賃金を得ることもできるというわけである。夫婦家族にとって共稼ぎを継続するには、育児を担ってくれる存在は必須である。したがって彼女たちはほこりが多い保育環境にもかかわらず、また、子どもを散歩に連れていくこともできない一人体制の保育であるにもかかわらず、子どもを預けて働き続けた。共稼ぎで働き続ける彼女たちにとって、育児を代替してくれるかどうかは重要な問題なのである。KT-3 のことばは、ひとえに子どもを預かってくれることに言及しており、彼女たちが託児所におおいに助けられていたことがわかる。

　一方、三世代家族でも、母親である女性労働者が育児を一手に担っていたことがわかる。KT-13 は、B 社で働く三世代家族であるが、義母も工場で働いていたため、工場内託児所に子ども預けて働き続けた。

　　子どもをおぶって、夏はいいですよ。冬なんか、あの雪のふぶくあの時に、頭から

ねんねこかぶって、3時半、あのつるつるつるつる滑るところを歩いて。ほして、（託児所に）子ども寝かして、現場出て。朝のご飯が7時半から8時まで、30分間あるんです。その間に、子どものおむつを取って、子どもにミルク飲ませて、自分も食べて、その30分間の間に、それでまた現場に出るんです。

　早出の勤務時間は5時からであっても織機への油差しなどの準備があるため、4時半には工場に入らなければならず、そのため早朝の3時に子どもをおぶって工場に出勤したという。また、朝食のための30分間に子どものおむつを替え、授乳をし、自分も食事をするという慌ただしい様子がうかがえる。三世代家族でも、工場内託児所を利用して育児も仕事もこなしたKT-13だが、夫がほとんど育児に関わらなかったことを次のように語っている。

　　まあ子どもは好きやったけど、（子育ての手伝いは）ない。全然ないね。まあ主人もほら、主人らはどっちかっていうと、（中略）お姑さんのいるうちは、長男は子守りしたり、おむつ取ったりはしない。何か長男の特権みたいな感じで。

　三世代家族の場合、夫は「長男」という位置づけでもあるためか、育児のような家庭内労働を担うことはほとんどなかったようである。三世代家族の場合も、働く妻たちは、工場内託児所におおいに助けられたようだ。

（3）女性労働者による託児所設置要求

　既婚女性の継続就業と乳児の保育を支えてきた工場内託児所であるが、1970年前後に各社とも社会福祉法人の保育所としての認可申請を行う。以下、C社の保育所由来である。

　　（略）……戦後になりやや改善されて、乳幼児は寄宿舎の一室で集団で保育する様になったが、現在の様な4、5才児は殆ど居らなかった様に記憶している。昭和30年代に入り朝鮮動乱後の不況と少しづつではあるが押し寄せて来る近代化の波に依り、織物工場も二交代勤務制を取らざるを得ない状況となって来た。従って労働力の不足で県外からも多数の女子若年労働者が、当勝山へ就職する様になり、乳幼児

152

をかかえる婦人にも引き続き会社に勤務して貰うためにも、二交代制で乳幼児を保育する必要に迫られ、工場内の一室に保育室を設け、避難設備、非常口、授乳設備、排便設備等を整備して、早番、普通出、遅番と保育係を置いて従業員の福祉施設として、利用して貰い労務対策の一環とした。多い時は延べ 30 名／日程の乳幼児を預かっていたように記憶している。

　昭和 40 年代に入り、各地区で社会福祉法人保育園を設立会社が出てきて、当社でも地域住民の要望もあり、又、乳幼児だけでなく 4、5 歳児も含めて保育して欲しいという従業員の要望もあり、昭和 45 年 9 月に現在の社会福祉法人 C 保育園を設立するに至ったのである。（定員 60 名）S62.2.27[25]

　史料によると、C 社においては工場の二交代制導入にあわせて既婚女性に就業を継続してもらうために、工場内託児所での二交代保育を実施せざるを得なかったことが述べられている。このように織物産業での二交代制が始まった 1950 年代には、全繊同盟福井県支部による託児所設置運動が盛んに行われた。『昭和二十九年度報告書（三）』「婦人対策部報告」には、「7 月 6 日県支部婦対部会での決定に基づく企業場内に将来託児所を設置する事を前提として」、先ず授乳施設の設置の交渉を積極的に開始することとなったとある。こうした運動方針によって、同年、県に託児所の増設、乳児園の設置要請を行っている。また、1957 年 5 月 18 日付けの『全繊新聞』では、「以前から託児所設置の運動を組織的にすすめてきた福井県支部」の取り組みとして、こうした授乳施設設置の運動が紹介されている。このような組合運動の様子から、1950 年代には、女性労働者自らが託児所設置を要求したことがわかる。この託児所設置運動は、1938 年の乳幼児帯同禁止令に対する機業家主導の陳情書に集められた女性労働者「五百数十名」の署名とは異なる女性労働者の主体的な意思による運動であった。こうした運動を背景として、1957 年勝山市の公立保育所でようやく 0 歳児保育が開始されたのであろう。

　さらに C 社は、1970 年に工場内託児所を社会福祉法人に申請している。その理由を、①地域住民の要望であったことと、②従業員による 4、5 歳児保育の要望であった点に置いている。工場内託児所は 0 歳から 3 歳までの保育なので、3 歳になると入所者は公立保育所に転園する。場合によっては、工場内託児所と

公立保育所の2か所に子どもを預けることになる。ここで注目すべきは①の理由である。従業員の子どものみ対象であった工場内託児所を地域の保育所として開放しようというのである。そもそも、工場内託児所は町営託児所が0歳児保育を行わないための補完施設として開設されたのだが、1970年には地域の保育所として公立保育所を補完する役割を担うことになる。

　1970年には、A社、D社ともに社会福祉法人を申請している。B社は、一足早く1968年9月に社会福祉法人を申請している。社会福祉法人B保育所は、保護者の3割から4割が自社の従業員で、その場合は保育料の1割を会社が負担した。入所は自社の従業員が優先である。いずれの保育所も社会福祉法人化と同時に保育士資格をもった職員を採用している。B保育所の定員は90名で、当初は定員を超えて入所していたが、1981年から定員割れが始まったという。[26]

　以上で見てきたように、織物産地勝山の保育は、1936年に設置された勝山町営託児所を始まりとする。それは勝山町と機業家による町をあげての共稼ぎ施策、既婚女性の継続就業施策であると同時に、織物産業のための労働力確保策でもあった。また、町をあげての託児所整備が進行したのは、戦時遺家族のための託児所設置という総力戦体制下に入った時代的背景もあった。しかし『昭和八年工場監督年報』にあるように、女性労働者は乳幼児を預けることに積極的ではなかったようである。当時の女性労働者は、託児料を支払ってまで子どもを預けるつもりはなく、子どもの面倒をみながらの機織りであった。それが、高度成長期に入って二交代制になっていく中で、女性たちによる託児所設置運動が展開されるのである。女性による託児所設置運動は、既婚女性とその家族にとって彼女たちが働き続けることが必須事項であり、また彼女たち自身もそうした労働によって実現できる生活を希求して、主体的に取り組むようになったことを意味するのではないだろうか。

【略年表】勝山保育関係

年	内容
1931	乳幼児の託児所、勝山機業家で考究
1935	勝山町が率先託児所設置——機業家側と協議の結果
1936	勝山町内に託児所開設
1937	平泉寺に農繁期託児所開設
1938	10.1　乳児連れの工場内通勤禁止——機業家反対
	10.1　人絹工業組合等と女性労働者反対署名
	10.8　県令による乳児帯同禁止に陳情書提出
1939	1月　託児所3か所設置計画、機業と町の費用負担
	2月　工場内の人絹函にて幼児窒息死
	9月　町営託児所を東西南北4か所
1941*	D社工場内託児所あり
1943*	B社工場内託児所あり
1954	全繊同盟福井県支部において託児所設置運動展開
1956	勝山市が機業の共稼ぎ夫婦のために3歳未満児保育計画
1957	勝山市が乳児保育開始
1968	B社保育所、社会福祉法人に申請
1970	A社、C社、D社保育所、社会福祉法人に申請

*は、インタビュー調査より。
出典：『福井新聞』、『勝山朝日新聞』、C社手書きメモ、『昭和二十九年度経
　過報告書』全繊同盟福井県支部。

2．共稼ぎのための多様な勤務形態と育児資源

　ここでは、工場内託児所や公立保育所を利用する以外に、どのような方法や
育児資源を活用して、女性たちは働き続けたのかを見てみよう。

（1）勤務形態や雇用先の変更
1）二部制から一部制に変更する場合
　早朝5時からの勤務や夜間10時までの勤務がある二部制を採用している大手
機業では、育児中の女性にとっては継続就業が困難である。そこで、二部制で
はなく午前8時から午後5時までの一部制に勤務形態を変更する場合があった。

KT-11 は、中卒で B 社に入社し 21 歳で同社の運転士と職場結婚。1960 年第一子出産。結婚しても働くのが当然だったし、夫も仕事を続けてほしいと思っていたという。

　　仕事をするのは当然という感じだった。夫ももともと仕事を続けてほしかったので
　　は。交代制勤務のため、夫とはすれ違いの日々で、つらい日がいっぱいあった。辞
　　めたいと思うことがあった。二人目（出産）の時、こんな生活はいや、本当に嫌と
　　思い、会社を辞めるつもりだった。夫も見ていられないので、辞めてもいいという。
　　しかし会社は人が足りないといって辞めさせてくれない。代わりに子どもも大きく
　　なることだし、交代制ではなくて普通出でいいと言われた。

KT-11 は、寒い冬でも朝 4 時前に起きて川でおむつを洗った[27]。仕事を始めると一か月くらいで母乳が出なくなったので、ミルクとポットにお湯を入れて、重い荷物をもち、子どもを背負って通勤した。第二子出産後、第一子が 3 歳になったので公立保育所に預けなければならず、第二子は工場内託児所、第一子は公立保育所に送迎することになり二か所の送迎をしながら働き続けることが極めて困難になり、会社 を辞めようと思ったという。そんな時、KT-11 の仲人をした運転士の紹介で開発部の織工として一部制で働くことになった。

KT-23 は、義母が育児を担ってくれている間は二部制で働き続けた。しかし、義母死亡後には離職も考えたのだが、会社から一部制の仮撚糸工程に異動を勧められた。

　　姑さんがいてみてくださるというと託児所に預けることはできなかった。4 人目の
　　子がひと誕生過ぎた後、姑さんが亡くなって、それまで二部制ができたが、子ども
　　をみてもらえず工場を辞めようかと思案したところ、朝 8 時から 5 時までのカリヨ
　　リ（仮撚糸）に移ったらどうかといわれ、51 年か 52 年ごろ日勤に移り、下の子を
　　社会福祉法人 A 保育所に預けた。

育児期も継続して就業するために勤務形態を一部制に変更することは有効な方法であったが、同時にそれは部署の異動でもあり、織物工場で花形である織

工から賃金低下をともなう職種に変更することでもあった。それでも彼女たちは働き続けたのである。また、こうした既婚女性の継続就業のために会社も二部制から一部制への変更や、部署を異動するなどの対応をしたわけだが、会社にとっても労働力確保が至上命令であり、特に経験のある既婚女性の労働力は必要であったのである。

2) 産後休業の延長

労働基準法にもとづいた産後休業が終わると職場に復帰するのが一般的であるが、産後休業が長期化した事例もある。

KT-22 は、中卒の集団就職で B 社に入社している。23 歳で結婚。夫は B 社のサイジング。1971 年第一子出産、第二子は 1973 年出産。出産後、半年間休業して職場に戻っている。職場復帰後も織工から準備工に替え、二部制から一部制になっている。第一子は 3 歳、第二子は 5 歳から公立保育所に預けた。産後半年から公立保育所に預けるまでは、義母が育児を担った。

産後半年という休業は規則として存在したわけではなく、会社が労働力を確保したかったために変則的ではあるが認めたものであろう。

また、KT-8 は、1957 年第一子出産後、6 年間仕事を辞めていた。1960 年第二子、1962 年に第三子を出産し、第三子が 1 歳になった 1963 年に職場に復帰した。その際、第二子は 3 歳になっていたので公立保育所、第三子は C 社の工場内託児所に預けた。1963 年頃は、増産体制期で女性労働者を送迎するマイクロバスの中は子連れが大勢いたとのことである。KT-8 の場合は、産後休業というより一時離職といえるが、復職に関しては C 社の方から声をかけてきた。会社にとって、既婚女性は貴重な労働力であり、出産後も働き続けてもらうために、女性たちの事情に応じた産後休業期間を設けて対応したのであろう。こうした会社側の意図と働き続けたいという女性たちの希望が適合した場合、二部制から一部制への変更、職種の変更、産後休業の延長などの対応策がとられた。

3) 小機屋に移る場合

大手機業では、工場内託児所が設置された頃から機場に乳児を連れてくることはできなくなった。そこで、織工のまま一部制で働き続けたいという女性

第4章　織物産地における託児所の変遷と女性労働者　　157

たちは、二部制のない小機屋に移る場合があった。ただし、インタビュー対象
者の多くは、大手機業に職を得た場合にはそこでの福利厚生等の有利な側面を
活用することを優先して、職場移動はしていない。育児のために小機屋に移っ
たのはきわめて限られた事例にとどまる。[28] ここでは、小機屋に子どもを連れて
行った事例を見てみる。

　KT-6は、当初はA社に勤めるが、A社では社内結婚が認められていなかっ
たため、結婚を機に小機屋に移り、さらにD社に移った。その後、A社で働い
ていた夫も辞職して、1950年代初めに機屋を開業。第一子は、小機屋勤務時代
に生まれたので（1948年）、子連れで出勤した。

　　機屋へは長女を連れて行きました。行李の箱へ入れて機を織ってました。お姑さん
　　も大おばあちゃんもいたのに、おしめも洗ってくれん。機屋からおしめを担いで
　　帰ってこんならんですやろ。夜10時に仕事がすんで帰ってきてから洗ったり、朝
　　4時半に川で洗いました。D社にも長女をおぶって連れて行きました。保育所まで
　　はないけれど子どもを置く場所があったんです。行李の蓋をもって行って、行李の
　　蓋の中へ入れて、すぐ横に置いて機を織ったんです。泣いたって聞いてやられんわ。
　　（上の人に）叱られるで。

　小機屋は大手機業とは違って、福利厚生を整備するだけの経済的余裕がない
ため、乳児帯同が許されていた。しかし、乳児を連れて行っても、十分に面倒
をみることができない上に、同僚の女性たちからは「子どもばっかり見ている」
との不満もあったようだ。KT-6は機屋を開業後、家業の重要な労働力として専
ら機を織り、育児は義祖母と大叔母が担当した。

　KT-18は、中卒の集団就職でA社に入社。3年で帰るつもりが22歳で結婚。
婚家は農家だが、夫は建設会社の運転手をしていた。1967年第一子出産。おか
みが乳児の面倒を見てくれるという約束で小機屋に移ったが、実際には空いた
部屋に乳児を入れておき、時間になったら授乳するだけのことだった。さらに
小機屋では、機械の調子が悪くてもなかなか点検してもらえず、数年後にA社
に戻ったという。KT-18が大手機業に戻った動機は、乳児の面倒をみてくれな
かったことに加えて、こうした小機屋における生産工程の未成熟さに対する不

満と生産体制の整った大手で働く優位性に気づいたためといえる。

（2）家族・地域による保育

　母親に代わって育児を担うのは義母である。母親である女性労働者が勤務中は、義母は授乳のために預かった孫を連れて工場まで通ったケースが多い。工場内託児所が設置されていても、家族に育児を担える者がいる場合は、工場内託児所に入ることができなかったためである。

　また、義母ではなく姉が育児を担った場合もある。KT-4 は、B 社に予備工として就職し定年まで就業する。夫は和裁職人である。第一子は 1942 年生まれで末子は 1953 年生まれ。B 社の工場内託児所を利用したが、早出の時は、早朝から託児所に預けるのは「もちけない（かわいそう）」と言って、第一子である長姉が登校の際に弟である末子を託児所に預けてから学校にいった。

　KT-19 の場合は、実家から両親と弟が勝山に引っ越してきたので、両親と弟で B 社の長屋に住み、勤務時間中は KT-19 の実母が育児を担い、仕事が終わるころに子どもをバス停に連れてきたという。KT-19 は集団就職で B 社に入社し、仲人の紹介で三世代家族の農家に嫁いだ。夫は大工であった。

　一方、先の KT-6 のように、大家族で機屋を開業している場合は、妻や義母は労働力となり、育児は義祖母や大叔母が担当した場合もある。いずれにしても、母親に代わる育児担当者は、家族内の「女性」なのである。中には KT-8 の夫のように、子どもの保育所の送迎などをする夫もいるが、その場合は夫婦家族で夫の他に育児を担える者がおらず、加えて自営業で時間に融通が利く場合などである。KT-19 のように夫が自営業でも三世代家族では「（子どもの面倒を）みません。みません。やっぱり、おばあちゃん（夫の母）がいるでしょ」ということで、育児は女性の役割となる。

　また、育児を担当してくれる家族がいない夫婦家族で、地域の人材を活用する場合もある。KT-7 は、同じ長屋に住む女性と二部制勤務を交代しながら、お互いの子どもを保育しあったという。

　　向かいに〇〇というおばちゃんがいて、そのおばちゃんは D 社に行っていて、私は A 社やったで、お互い二部制にしてるんやで、「子どもをほんなら見合いこしよう

か」って言って、子どもを見合いこしたのです、息子を。向かいのその子に乳も飲ませました。

昔は長屋ってあったのです。その家の者同士がお互いにそういう風に子どもを見合ってしてたね。で、その長屋同士は仲良かったですね。何軒長屋かね、3列程あって。

また、KT-8 によると、会社の近くで子守りを請け負う女性もいたようである。織物工場で働く女性の生産労働を支えるための再生産労働を請け負うのである。

（仕事を）全然辞めないで、子どもを連れてきて近所のおばあさんにみてもらってという人はいました。会社の近くにおばあちゃんがいて、そこでみてもらっていました。専門にやってくれるところがあったんですね。

以上を整理すると、勝山産地の織物工場で働く女性が共稼ぎを継続するために、育児に関しては次のような方法をとった。

第一は、勤務時間を午前8時から午後5時までという一部制になるように職種や部署を変更しているということである。一部制に変更するということは織工から準備工などの他の職種に変更することであり、同時にそれは賃金低下を招くことにもなるのだが、働き続けることを優先していたといえる。一方、小機屋だと二部制をとっていないところもあるため織工のまま一部制で働くこともできた。小機屋は家族経営であるがゆえに乳児帯同を認めたのである。小機屋に移るということは大手機業に比べて賃金や福利厚生の低下ともなるのだが、身近に育児の担い手がいない女性たちは、小機屋に移動するという方法も選択したのであった。会社もまた、働き続けるためにさまざまな方法を模索した既婚女性を確保するためにさまざまな対応をしたのである。

第2は、多様な保育資源を繋ぎ合わせて活用したということである。工場内託児所を利用する場合でも始業時間までは仕事場に連れていくとか、始業時間までは姉などの家族が面倒をみて託児所の送迎をするなどである。また、3歳までは義母や祖母が育児し、3歳から公立保育所もしくは幼稚園に預ける場合や、近所の同世代と二交代制をやりくりして共同で保育する場合など、さまざ

まな保育資源と保育方法を繋ぎ合わせて就業を継続している。

　また、先述のように、夫婦家族であっても夫の育児参加がみられない事例もあったが、三世代家族であっても、義母も義祖母も育児を手伝わないケースもあった。母親以外の育児分担者がいない場合、朝4時からのおむつ洗いやミルクやポットを持参しての通勤など、子育て環境の未整備がさらに育児と労働の両立を困難なものにしている。このような育児も労働も女性の役割という中で、働きながらの育児が困難な状況にあっても、二部制から一部制に変更したりなど働き方を変えながらも、彼女たちは働き続けたのである。つまり、彼女たちは育児などの家庭内労働のために仕事を辞めることはせずに働き続けることを選んだのである。

3．妻の稼ぎが果たす役割

　前節までは、保育について着目しながら既婚女性たちが育児にどう対応しながら織物工場で働き続けてきたかを見た。本節では、妻の稼ぎが家計において占める位置づけについて考察する。その際、夫の稼ぎにも着目することになる。ただし、本調査対象28事例のうち、夫の職業が農業や職人・大工等の自営業は6事例、他産業の勤務者2事例、機屋開業や会社経営者が3事例で、残り17事例が夫婦ともに織物工場での共稼ぎ事例である。織物工場で働く共稼ぎ夫婦の賃金に的を絞って検討するのは、男女の賃金表などの資料を手掛かりとして分析可能なためである。ここでは、A社の組合資料やB社の「男女工賃調」、全繊同盟の資料を活用して分析する。以下では、織物工場で働く共稼ぎ夫婦の賃金分析を中心とするが、夫の職業が自営業の場合などの家計における夫の賃金の位置づけなどについても考察を加えたい。

（1）家計を支える妻の賃金
1）腕のよい織工が「嫁」候補
　共稼ぎの妻の賃金は、家族全員の再生産のための世帯収入の一部であった。したがって、「嫁」候補には腕のいい女性が注目された。後述するが、織工の賃金は、当初は出来高払いであったため、腕のいい女性つまり品質のよい織物を

効率よく織れる女性、稼ぎのよい女性が「嫁」として求められたのである。世帯の収入を少しでも多く得ることによって、生計を維持するだけでなく生活水準の向上も期待できるからである。そのことを KT-13 は、次のように述べている。

　　あの頃は、仲人さんが現場に下見に来るんです。そうしてね、まず運転士さんに「いい子いんけ？」って聞くんです。「あの子、どうや、腕ええか？」まず、一番先に聞くのはそれなんです。あの子は気性がいいかではないんです。働き手としてお金を儲けてくれるかどうかという、器量はまあ第二やね。まず、腕ええか、それから、よう体動いてるな、元気そうやな。器量もまあまあやなというもんやね。
　　腕ええか、悪いかというような家は大概長男の家やね。結局、長男は家の跡取っていかんなんで。舅さんらも家の跡継いでもらわなならんで。

　「嫁」の選択基準の第一が、機織りの腕の良し悪しつまり賃金の多寡なのである。このことは、妻の賃金が家計に占める影響が大きいことを示している。とりわけ、長男が家を継いでいくためにも収入の多い「嫁」を選ぶのである。家計を安定させるために妻の賃金は多い方がよいということであろう。これは、妻は結婚・出産後も働き続けることを前提にしており、夫一人の賃金で家族が養われるという「男性稼ぎ主」たり得る賃金とは程遠い現実であったと言える。勝山において共稼ぎが一般的なのは、こうした妻の賃金を組み込んでの家計運営が不可欠だという現実があったためである。家計のために稼ぐことが勝山の「嫁」には求められていたといえよう。

2）家族の再生産を支える妻の賃金

　本調査対象 28 事例のうち三世代家族は 20 事例であるが、第 3 章にも述べられているように、夫婦の賃金をそのまま義父母に渡しているケースがほとんどである。中には、夫は渡さずに「嫁」である妻だけが渡していたケースもある。以下は、集団就職者で農家の長男と結婚した KT-18 の場合である。

　　姑、おばあちゃんが全て（家計を）管理していた。私は稼いだ分を 100％出した。

夫はずるくて、家に一切入れなかった。「なんで、なんで、私が働いたお金なのに！」と思った。でもうちは家族が多かったから仕方がないのかなとも考えた。
家は農家で1haあった。農業は両親がやって、夫は農業はしなかった。夫の両親もまだ若いので、嫁となる自分には農業の手伝いはさせないと言っていたらしいが、結婚一か月で手伝わされた。自分は（農業においても）戦力だったのだ。

KT-18の夫は、建設会社の運転手をしており農業は手伝わなかった。加えて、夫自身の給料は家には入れなかったようである。

KT-18が結婚した時は、義父母と会社員の長女、中学生の次女、小学生の次男というように夫の他に5人の家族がいた。これら家族の生活費のためには自分の給料を差し出しても仕方がないとKT-18は考えたとのことである。また、A社で働いていたKT-18だが、農業の手伝いもさせられており、工場での賃金の他に、「農家の嫁」としての働きも求められていたのである。このように婚家が農家の場合は、工場勤務も農業もという多重労働を担うこととともなった。KT-18の賃金は、家族全員の再生産のための家計収入に組み込まれることを前提としており、そのために稼ぎのよい嫁が期待されたのである。

こうした生活について、集団就職者であるKT-18は、さらに次のように述べている。

> （仕事を辞めることは考えなかったのかという問いに対して）ここら辺の風習として、それはなかった。勝山というところは、女の働くところだった。自分も勝山に来てから、働くのは当たり前と思うようになっていた。「働かない女はだらしない女」と見られた。
> （KT-18の）長男の嫁の世代でも「勝山の女は働くのが当たり前」という考えが生きている。織物業とは限らないとしても。

KT-18は、九州の山村出身のため実家は農業・林業で生計を立てていた。したがって現金収入となる労働自体が少なかったと思われるが、集団就職で勝山に来て、勝山で結婚・出産する中で、工場で賃労働をする勝山の共稼ぎを「当たり前」と捉えるようになったのである。

（2）家計における妻の役割と労働組合の賃金

次に、家計における夫の収入について見てみよう。夫の職業が農業や大工・職人等の自営業などが6事例ある。これら6事例は、定期的な収入ではなく、金額も一定していない。定期的に一定額の収入が見込めるのは、妻である織工の毎月の賃金であろう。つまり、夫よりも妻の賃金収入が安定しているといえる。そのことは、表4-2の保育手当請求表からもうかがい知ることができる。表4-2は、1952年から1963年までのB社従業員の健康保険被保険者による保育手当請求者数である。記載に欠落のある年が何年かあるのだが、この表によると、B社において1953年、1954年は年間40人前後、1960年代になると年間30人前後の出産数があることがわかる。加えて重要なのは、保育手当請求の際の被保険者の多くが女性であることだ。つまり、母親である女性労働者が子どもの扶養者になっているということは、父親である夫の職場には、保育手当制度がないということである。夫が織物工場に勤めている場合は、夫が被保険者となって請求していたからである。

では、夫婦ともに織物工場で働く共稼ぎ夫婦の場合の夫と妻の賃金の家計における位置づけはどうであろうか。1944年8月に夫婦でB社に入職したKT-1は、「めちゃくちゃ働いた。どうして食べていったかと思う。二人あっても（夫婦の賃金）足りんかった。八百屋、米屋など帳づけでやりくりした」と語り、夫婦二人の賃金でも生活がギリギリであったと言っている。また、「（賃金は）私と父ちゃんとあまり違わなかった。父ちゃんの方が安かったかもしれん」と言っている。B社では、KT-1は織工で夫は整経であった。KT-14も、「あの当時は（夫婦の賃金が）よう似た給料やった」と言っている。つまり、結婚した1959年は夫と妻の賃金は、さほど格差がなかったということである。

そもそも、織物業における織工の賃金は出来高給（請負制）であった。先のKT-18も入職後2年ほどして「給料がたくさん欲しいので織姫になった」と言っている。「昔は織姫というてね、今はあまり言わんけど、機場に入ったら織姫が一番ええ。当時は出来高給で、何疋織ったかで給料が変わってくる。機の持ち台数と織り上げの長さ、品質が全部（賃金に）換算される」という。したがって、腕のよい織工は高賃金となる。こうした出来高給が、分業制の導入にともない時給制に変わっていったのである。

表4-2. 1952～1963年までのB社従業員保育手当請求数

	被保険者			出産児数
	男性	女性	計	
1952 年 *	6	17	23	24
1953 年	6	31	37	38
1954 年	9	35	44	45
1955 年 *	0	11	12	12
1956 年 *	1	4	5	5
1957 年 *		欠落		
1958 年 *	1	5	6	6
1959 年 *	4	29	33	33
1960 年	3	28	31	31
1961 年	0	27	27	27
1962 年	1	28	29	29
1963 年 *	3	28	31	31

注1：1952年は7月から、1963年は8月までである。
注2：1955年から1958年までは、落丁あり。
注3：1959年は、男性被保険者1名重複あり。
出典：『健康保険保育手当請求並ニ支払簿　昭和二十八年壱月起』より作成。

『勝山の機業』によると、化学繊維が主流となり設備投資の必要から、操業形態は「一部制を二部制に切りかえ、操業時間の延長をはかった。また、織工の作業分析を行い、従来、織機二台ないし四台を一人で受け持っていたものを、補修作業を分離し、織布作業だけを受け持たせる "分業制" を採用した。したがって賃金は、従来は請負給（織上げ高に比例する）が主柱であったが、これを廃止し、普通の賃金構成にした。こうして、むづかしい補修作業はベテランの織工に数十台分を受け持たせ、織専門の織工には七、八台から十数台を受け持たせて、新入生でも数ヶ月で一人前の台持ちが可能となった」とある。つまり、量産体制による分業化によって、熟練技術がない新卒でも織ることができるようになったため、織布過程においては賃金低下が引き起こされたのである。

表4-3は、1930年・1931年のB社の「男女工賃調」である。B社が当時の所管である大野税務署に提出した表で、月ごとの延べ人員と賃金総額が男女別に記されている。記載されている賃金総額を延べ人員で除して一人当たりの平均賃金と男女比率を算出して作成した。ここに記されている男女人員の職種はわからない。男性であれば運転士も含まれるであろうし、女性についても織工に限ったことではなく準備工なども含まれている。そうしたさまざまな職種を含

めての平均賃金である。

　これによると、男性の平均賃金はおよそ90銭前後、女性の平均賃金はおよそ80銭前後で、出来高給の時代でも男性賃金の方が女性賃金よりも多いことがわかる。しかし、この男女の平均賃金については、J.ハンター（2008）で示されている平均賃金よりも低い。当該書のグラフによると、1930年の綿織物業の平均賃金は男性1円60銭程度、女性は1円20銭程度で、男女の賃金格差が目立って拡大し始めたと述べられている。また、同じグラフから第一次世界大戦が終わった1918年頃までは、男女の賃金格差が小さいことが示されている。B社の女性の日給80銭前後という額は、ハンターの同書において示されている1930年頃の製糸業の女性労働者の平均日給とほぼ等しい。戦前の繊維産業における平均賃金は、東京や大阪などの都市部の工場と地方の工場における地域格差もあろうが、勝山における男性90銭、女性80銭という平均賃金は他地域に比べると低い賃金といえよう。

　このように勝山の織物工場での平均賃金は他地域と比べて低いことを前提としながらも、表4-3に従って、その男女の賃金比率を見てみると、1930年の平均で男性100％に対して女性は87.0％、1931年においては女性89.9％で、ほぼ90％といってよい。月によっては、1931年7月のように女性95.8％の月もある。男女間の賃金格差はあるものの、意外にその差が小さいことがわかる。この時代の賃金決定がどのようになされていたのかについて詳細に知ることはできないが、織工としての女性の働きがこれらの数字に如実に反映されているのではないかと推察できる。

　一方、1973年の全繊同盟A社労働組合の統一賃上げ闘争の結果が、1974年3月のA社労働組合本部第30回大会資料に「1973年度一般報告」として掲載されている。[29] その闘争経過によると、1973年4月5日に要求書を提出し、交渉の結果、「当組合に於いては近年にない大巾満額により解決するに至った」とある。そして、同資料に男女の「最低保障賃金」の表が掲載されている。「最低保障賃金」であるから、現実には掲載されている額よりも多い可能性があるが、ここでは当該「最低保障賃金」を参考に男女の賃金について考察する。表によると、中卒15歳で入職した時の初任給は男女ともに41,000円である。しかし、20歳になると、男性56,000円、女性51,000円となり5,000円の差が生じている。こ

表 4-3. 男女工賃調

単位：円

	昭和5年男工			昭和6年男工			昭和5年女工				昭和6年女工			
	延べ人員	賃金総額	平均賃金	延べ人員	賃金総額	平均賃金	延べ人員	賃金総額	平均賃金	男女比率	延べ人員	賃金総額	平均賃金	男女比率
1月	5,509	5,257.56	0.95	6,154	5,544.97	0.90	9,834	8,447.63	0.86	90.0%	10,337	8,070.54	0.78	86.6%
2月	5,275	4,832.79	0.92	5,895	5,494.97	0.93	9,508	7,518.43	0.79	86.3%	9,424	7,766.06	0.82	88.4%
3月	6,256	5,667.41	0.91	6,337	5,789.61	0.91	10,364	7,662.52	0.74	81.6%	10,236	8,067.70	0.79	86.3%
4月	5,892	5,440.19	0.92	6,173	5,588.70	0.91	9,816	7,645.15	0.78	84.4%	10,512	8,170.31	0.78	85.8%
5月	6,263	5,747.53	0.92	6,449	5,712.42	0.89	11,259	8,790.33	0.78	85.1%	10,770	8,353.79	0.78	87.6%
6月	6,119	5,439.29	0.89	6,766	6,027.80	0.89	11,409	8,709.96	0.76	85.9%	10,989	8,614.32	0.78	88.0%
7月	6,152	5,227.10	0.85	7,688	6,757.36	0.88	11,409	8,714.78	0.76	89.9%	12,103	10,195.70	0.84	95.8%
8月	6,078	5,196.90	0.86	7,358	6,468.74	0.88	11,209	8,226.05	0.73	85.8%	11,920	9,522.02	0.80	90.9%
9月	6,141	5,238.65	0.85	7,380	6,310.83	0.86	10,604	7,789.01	0.73	86.1%	11,774	9,301.96	0.79	92.4%
10月	6,361	5,347.29	0.84	7,928	6,331.71	0.80	12,003	8,737.50	0.73	86.6%	11,773	8,807.75	0.75	93.7%
11月	6,318	5,554.66	0.88	8,118	6,225.14	0.77	11,731	9,126.90	0.78	88.5%	11,904	8,166.46	0.69	89.5%
12月	6,464	5,862.12	0.91	8,267	6,249.40	0.76	11,525	9,761.17	0.85	93.4%	12,165	8,200.75	0.67	89.2%
計	72,828	64,811.49	0.89	84,513	72,501.65	0.86	130,671	101,129.43	0.77	87.0%	133,907	103,237.36	0.77	89.9%

出典：「男女工賃調」昭和7年、B社が大野税務署に提出した文書（福井県立文書館所蔵）より作成。

の賃金格差は、年齢上昇とともに大きくなる。男性30歳では88,000円、女性30歳では59,000円となっている。さらに、男性は57歳までの定年まで随時昇給し、57歳で117,900円となるが、女性の場合は35歳の賃金61,000円で頭打ちとなり、それ以降の昇給はない。加えて、定年は52歳である。本資料で掲載されているのはあくまで「最低保障賃金」であるから、実際には各種手当がついて増額された可能性もあるが、表に示された賃金だけで分析するならば、男女とも30歳の時の女性の賃金比率は約67.0%、40歳の時の比率は約58.4%である。年齢が上がるとともに賃金格差も拡大していく計算になり、1930年・1931年の女性比率よりも低くなっている。あくまで「最低保障賃金」としての提示ではあるが、請負制から時給制への移行によって女性の賃金比率は低くなったと考えられる。

　請負制から時給制ないしは日給・月給制に賃金制度が変遷したことについては、本書の第2章、第5章に詳しい。第5章によると、B社で請負制が廃止されるのは、1966年の基本労働協約においてである。それまでは請負制と月給制、時給制とが併存していたようであるが、1966年には明確に廃止されている。1966年基本労働協約によると、織工は時給制、職員は月給制と区分されているが、時給制は資格給・職能給・勉励給などの熟練度を反映する賃金も含まれていたとのことである。加えて、月給制の適用範囲は入社後満1年経過した中卒・高卒男子とあり、織工などの女性労働者は時給制になったと考えられる。さらに当該基本労働協約では、「家族手当」として男子世帯主には月額2,500円が付与されるとある。女性の場合は寡婦2,000円とあり、夫がいる場合は「家族手当」が付与されないことがわかる。男性賃金には、家族を扶養することを前提にした「家族手当」が設定されたということであろう。

　以上のように、出来高給の時代は腕が良ければ男性賃金よりも高額を取得できたであろう織工の女性賃金であるが、請負制から時給制に変わったことによって男性優位の賃金が提示され、女性の賃金比率は低くなった。織物工場において、織工の労働は主要な労働であり、それゆえに「織姫」と称され花形の職種として位置づいていた。つまり、織物工場における女性労働は主要な地位を占めていたのだが、賃金制度の変化によってもたらされた男性優位の賃金設定は、女性労働の地位の低下を意味した。さらに、賃金制度の変化によって示

された男性優位の賃金設定は、彼女たちの家計における実態に反する方向性の提示でもあった。だからこそ、彼女たちは労働組合に参入して闘わざるを得なかったのではないだろうか。請負制から時給制への変化は、女性労働にとって大きな意味をもったといえよう。

小　括

　本章は、共稼ぎが一般的とされる勝山の織物工場で働く既婚女性が、どのように育児に対応しながら、どのように働き続けたのかを町営託児所や工場内託児所の変遷を通して分析した。また、働き続けた彼女たちの家計の中での稼得役割についても検討した。

　その結果、以下の2点が指摘されよう。

　1点目は、戦前に勝山町と機業によって設置された町営託児所ならびに工場内託児所であったが、1950年代後半には女性労働者自らが託児所の増設を要求して託児所設置運動を展開したという点である。県社会課による社会事業として1936年に設置された勝山町営託児所だが、1939年には厚生省の保健向上の方針に基づき工場内乳幼児帯同禁止令の動きがあらわれるや、町営託児所は3か所増設され計4か所となった。勝山町内を四地区に区分した上で、乳幼児をもつ女性労働者の育児に対応しようというものであった。この町営託児所増設の費用は、機業家と町費と国・県の補助が2：2：1の割合で充てられた。しかし、町営託児所は3歳以上児からの入所であったため、その後、乳児を抱える女性労働者の育児に対応するため、0歳児から入所できる工場内託児所が設置された。このように戦前の託児所は、乳幼児の保健衛生や女性労働力の確保などを目的に行政や機業が主導して設置されたといえよう。また、『昭和八年工場監督年報』によると、当初、女性労働者たちは賃金から託児料を支払い、子どもを預けてまで働くことに難色を示したとある。子どもの監督ができないために工場内託児所設置を悦ばないというのである。ここには、子どもの面倒を見ながら機を織ることに抵抗を感じず、育児と労働を明確に区分していない女性労働者の姿がうかがえる。

　ところが、1950年代後半の高度成長期に入ると、織物工場も増産体制に入り

二部制が導入される中、女性労働者による託児所の増設を求めて託児所設置運動が展開された。これは、託児所に預けてでも二部制の下で働き続けたいという女性労働者の明確な働く意識の表れであり、育児と労働を明確に切り離して働くという労働者としての自覚を見てとることができる。こうした女性たちの託児所設置運動の展開と並行して、町営託児所は 1957 年に 0 歳児保育を開始し、工場内託児所は 1970 年には資格をもった保育士を整備し、4 歳児・5 歳児の保育も行う社会福祉法人の保育園となった。当初は、行政と機業によって設置された勝山の託児所であるが、高度成長期には女性労働者自らが、働き続けることとそのための託児所の増設と保育環境の整備を主体的に意思表示したのである。

　しかし一方では、高度成長期に分業制が導入され、賃金制度が請負制から時給制に移行されたことによって、男性優位の賃金が提示され、家計の中での女性稼得が小さくなった。このことが 2 点目である。

　請負制の時は、織工は「織姫」とも呼ばれ、織物工場では花形の職種であった。彼女たちが稼いでくる賃金は、家計の重要な位置を占め、それゆえに腕がいいかどうかは「嫁」候補の条件にもなったのである。1930 年・1931 年の B 社の「男女工賃調」によると男女賃金における女性賃金比率はおよそ 90％であった。それが、1973 年の A 社の組合資料では、30 歳時点での男女賃金における女性比率は 67.0％である。さらに、男性は 57 歳定年時には 117,900 円の「最低保障賃金」であるが、女性は 35 歳 61,000 円の「最低保障賃金」で頭打ちである。また、B 社の組合資料からは、1966 年の労働基本協約において男性賃金には「家族手当」が付与されたとある。請負制から時給制に移行したことによって、家計の中での女性稼得の役割が小さくなったといえよう。

　高度成長期に入り、女性労働者自らが託児所設置運動を展開し、働き続けることを主体的に示したにもかかわらず、請負制から時給制の移行は、家計における女性役割の縮小になったのではないか。彼女たちには、「織姫」としての稼ぎによって家計を支えているという自負があったのだ。その稼得役割が小さくなったことによって、彼女たちは組合活動に積極的に参入し、男性優位の賃上げ配分に対し男女同率を要求していった。男性と同じかそれ以上の仕事の実績があるという彼女たちの労働者としての自己認識が、組合活動への参画を促し

たといえよう。

注

1) ここでいう「共稼ぎ」は、生活のために働いて賃金を稼がざるを得ないという意味で共稼ぎとする。本書の調査対象である28人のうち戦前期入職者はもとより、戦後期入職者のほとんどは、経済的理由で高校進学を断念し、中学卒業と同時に織物工場に入職し、まさに生活のために働いてきた女性たちである。

2) 現在は、児童福祉法においても「保育所」が一般的であるが、「託児所」と称された時代もある。とりわけ戦前は「託児所」が一般的であったため、公立保育所については1952年の勝山市制開始まで町営託児所と称す。一方、機業内に設置された工場内保育所は、1970年前後に相次いで社会福祉法人化するまで、工場内託児所と称する。

3)『福井県教育百年史』第二巻通史編（二）幼稚園設置状況、p849。

4)『福井新聞』昭和6年5月20日付より。

5)『福井新聞』昭和10年8月10日付より

6) 勝山町史編纂用箋に手書きされている。勝山市史編纂室所蔵。

7) 一番ケ瀬康子／泉順／小川信子／宍戸健夫『日本の保育』生活科学調査会、昭和37年、p73。

8)「男女賃金調」昭和7年1月26日、B社が大野税務署の提出した文書、福井県立文書館所蔵。

9) 勝山町史編纂用箋に手書きされている。勝山市史編纂室所蔵。

10)「勝山町立託児所報告」より。

11)『勝山新聞』昭和13年10月8日付より。

12)『勝山朝日新聞』昭和13年10月1日付より。

13)『昭和八年工場監督年報』社会局労働部、p277より。

14)『福井新聞』昭和14年1月21日付より。

15)『福井新聞』昭和14年9月28日付より。

16) 現在の職種は「保育士」であるが、当時の呼称をそのまま引用した。

17)『福井新聞』昭和18年5月31日付より。

18)『大野朝日新聞』昭和15年6月3日付より。

19)「社会福祉法人C保育園」用箋の手書きメモより（勝山市史編纂室所蔵）。

20) 2012年9月3日、Fさんインタビューより。

21)『全繊新聞』1957年5月18日付けによると、昭和18年から託児所を開所しているB社は、当初「収容人員六〇名、保母四名」であったが、昭和27年の急激なデフレ政策により打撃をうけ、「収容人員三十名、保母二名が二交替」という体制になった

とある。

22) 何年たっても 2,000 円から 3,000 円という発言は、時期的にも明確ではないが、それくらい低賃金であったという意味で引用した。

23) A 社は戦前に工場内託児に取り組んだが、うまくいかなかった。

24) KT-26、27、28 は、第一子の出産年から、工場内託児所が社会福祉法人になってからの利用と言える。

25)「C 社」のネーム入り便箋に「C 社に於ける託児所の由来」としてメモ書き。インタビューをまとめたものか。末尾の S62.2.27 はメモ作成の日付か。勝山市史編纂室所蔵。

26) 2012 年 9 月 3 日、社会福祉法人 A 社保育所元保育士インタビューより。

27) 当該地域は湧水が豊富なため、町内各所に湧水場があり、野菜洗いや衣類の洗濯の場として地域住民が活用している。

28) 勝山産地の場合、育児中の既婚女性たちは工場内託児所を活用しており、小機屋に移動する例は限られているが、多くが小機屋である福島県川俣産地の場合は、福利厚生を整備することも難しく、優秀な労働者をつなぎ留めておくために機屋のおかみが従業員の代わりに子どもを保育園に迎えに行くなど、おかみと従業員の人格的で個別的な関係の中で育児を補った。詳しくは、本書第 1 章中澤論文を参照のこと。

29) A 社「組合大会資料」第 30 回、1974 年 3 月 3 日、2-10 頁。

参考文献

ビーチ，V.（1993）『現代フェミニズムと労働』高島道枝／安川悦子訳、中央大学出版部（Beechey, V. (1987) *Unequal Work*, Verso ）。

千本暁子（1990）「日本における性別役割分業の成立――家計調査をとおして」『制度としての〈女〉』平凡社。

グラックスマン，M.（2014）『「労働」の社会分析――時間・空間・ジェンダー』木本喜美子監訳、法政大学出版会（Glucksmann, M. (2000) *Cottons and Casual*, Sociology Press)。

ハンター，J.（2008）『日本の工業化と女性労働――戦前期の繊維産業』阿部武司／谷本雅之監訳、中林真幸／橋野知子／榎一江訳、有斐閣（Hunter, J. (2003) *Woman and the Labor Market in Japan's Industrialising Economy: The Textile Industry before the Pacific War*, Routledge)。

一番ケ瀬康子／泉順／小川信子／宍戸健夫（1962）『日本の保育』生活科学調査会。

加藤千香子（2001）「戦間期における女子労働者と労働政策」大口勇次郎編『女の社会史――17 世紀〜 20 世紀「家」とジェンダーを考える』山川出版社。

木本喜美子（2016）「女性たちはどこでどのように働いてきたのか――女性労働研究の

課題と方法を再考する」中谷文美／宇田川妙子編『仕事の人類学──労働中心主義の向こうへ』世界思想社。

木本喜美子／深澤和子編著（2000）『現代日本の女性労働とジェンダー──新たな視角からの接近』ミネルヴァ書房。

木本喜美子／中澤高志（2012）「女性労働の高度成長期──問題提起と調査事例の位置づけ」『大原社会問題研究所雑誌』大原社会問題研究所。

松村照編（1981）『勝山の機業』勝山市教育委員会、勝山市文化財保護委員会。

宮下さおり／木本喜美子（2010）「女性労働者の 1960 年代──「働き続ける」ことと「家庭」とのせめぎあい」大門正克／大槻奈巳／岡田知弘／佐藤隆／高岡裕之／柳沢遊編『高度成長の時代 1　復興と離陸』大月書店。

大沢真理（1993）「日本における「労働問題」研究と女性」『現代の女性労働と社会政策──社会政策学会年報第三七集』御茶の水書房。

竹中恵美子（1989）『戦後女性労働史論』有斐閣。

第 5 章

全繊同盟加盟組合にみる女性労働運動の展開
——女性労働者と組合

早川紀代

はじめに

　本章では勝山地域の機業の労働者が所属する全国繊維産業労働組合同盟（略称、全繊同盟。1946 年 7 月創立[1]）をとりあげ、勝山地域、あるいは福井県の組合運動と女性労働者の動向を分析したい。また、必要に応じて、機業に関連する染色や精錬などの企業もとりあげる。全繊同盟創立時労働者の大半、80% が女性であった繊維産業では、女性労働者はどのような要求を抱き、どのように要求の実現に取り組んできたのか、組合は女性たちの運動にどのように向き合ってきたのか、組合執行部に女性たちはどの程度存在したのか、垣間見る。一般に労働組合の運動は女性の要求をあまり反映してこなかった、組合指導部における女性の比率は低い、女性は組合に関心をもたないと指摘されてきた。本章が取り上げる勝山地域の実態はどうであっただろうか。

　1970 年代以降ジェンダー視点から、女性労働の実態分析、労働市場のあり方、女性労働者の配置、昇格、賃金格差や同一価値労働同一賃金などの賃金問題、労働法に関する専門研究など女性労働問題は、竹中恵美子、大沢真理、竹信三恵子、木本喜美子、大森真紀、森ますみ、浅倉むつ子、婦人労働問題研究会を

はじめとして、重厚な研究が蓄積されてきている。しかし、女性の労働組合運動に関しては鈴木裕子、塩沢美代子、大森真紀、大羽綾子、竹中恵美子、山田和代の研究をあげるにとどまる。これらの中で、労働組合と女性の関係を取り上げている大森と山田の研究を簡単に紹介する。

　大森「女性と労働組合」（大森，1990）は、先にあげた通説を連合（全日本民間労働組合連合会）の調査報告、および電機労連、自動車労連、繊維労連の組合と女性に係る調査（1986年、繊維労連のみ1985年）から分析する。「女子は一時的就職でやがてやめるから組合活動に関心がない」「女性は統率力や交渉力がないので組合役員にむいていない」「組合活動は難しくて理解できない」という定説に関して、どの設問についても「まったくそうは思わない」と答えた女性の割合は、「まったくその通り」とする肯定者を上回っている。特に繊維労連における否定率が高い。しかし、組合役員になりたくないという比率は男性より高い[2]。大森はさらに組合専従者に女性が多い問題に言及する。専従者は組合活動の補助職であるからである。大森は母性保護の充実など、女性が働き続ける条件の実現を求めた婦人部の活動を評価しつつ、多様化する雇用形態、中高年女性労働者の増大などに対応するために、女性の声を組合活動に反映するための手立てを例示している。それが権力主体としての労働組合の体質改善や非正規労働者の生活擁護に繋がると指摘する。

　山田「ジェンダー雇用と労働運動」（藤原／山田編，2011）は、終身雇用・年功序列制などの雇用慣行、企業別組合、男性主導による組合組織のもとで均等待遇を実現できない女性と組合の関係を「貧困なる関係」と規定し、この関係を克服するツールを提示する。組合への女性の参加と組織化、女性の積極的登用、「ジェンダー課題」の団体交渉、非正規労働者の組織化、企業別組合をこえたさまざま人びととの連帯が必要であり、またこれらの課題の進行を監査する機関の設定を提起している。大森、山田の提起に対し、筆者は異論がない。

　本章は事例研究を行うことによって、女性労働者と労働組合の関係を考察する。このような作業は研究史上はじめて行われるものである。方法は以下の通りである。

　第一に女性労働者が働いている労働環境がどのようなものであるか、いくつかのレベルにわけて分析する。はじめに当該労働者にとって最も遠い組織であ

る全国組織の婦人部の活動を概観する。なぜならば、全繊は後述するが、中央統一要求運動の形式をとっており、他の組合組織より中央組織の運動方針が地方に伝わりやすいからである（1. 全繊同盟の女性運動）。次に労働者を雇用している企業の経営方針を概観する。本章が対象とする地域は在来の伝統的機業地であり、女性たちが機織りに携わり続けてきた地域である。さらに中小・零細規模の機業が群生している地域である。旧来の雇用関係や経営から近代的な経営に脱皮するために採用した戦略はどのようなものであったか、またそれらは女性労働者にどのような影響を与えたのか、これらを探索するためにある機業の経営を大雑把に取り上げる（2. 勝山地域　全繊同盟加盟組合の労働運動 (1)）。

さらに当該機業の労働組合の活動を分析する。活動の分析は主として経営者と契約する労働協約である。幸いなことに筆者が閲覧できた資料群の中から、最初の労働協約からその後の変遷を追跡することができた。労働協約を賃金制度を中心に分析した後、その他の労働条件を取り上げる。このような作業によって、女性労働者が生活した労働環境がある程度明瞭になったと思われる（2. 勝山地域　全繊同盟加盟組合の労働運動 (2)）。

第二に、以上の労働環境の中で女性労働者がどのような活動を選択し、展開したかを取り上げる。分析視点は男女格差の状況にある。冒頭で言及した女性労働者に関する定説は勝山地域において妥当するものであるかどうか、検証する（3. 女性の組合運動）。

本章が対象とする時期は 1950 年代から 1980 年代前半までである。いわゆる高度経済成長の始動とその終焉の時期である。この時代は核家族が一般的になる一方、未婚のみならず既婚の女性労働者が増加した時期である。女性労働運動も結婚退職制公序良俗違反に始まる女性労働者差別訴訟の広がりがあり、「国際婦人年」、女性差別撤廃条約批准、雇用機会均等法の施行と、女性労働をめぐる環境が大きく変化していった時代でもある。この時代、福井や勝山地域ではどのような活動が展開しただろうか。

なお、本章が対象とする全繊に関して全繊婦人部長であった多田とよ子の研究、UI ゼンセンの労働協約と地域への拡張を扱った古川景一と川口美貴の共同研究がある。本章は多田の研究を土台にして、全繊同盟の女性組合運動を福井県勝山地域を中心に考えるものである。また、主として使用する資料は福井県

文書館に所蔵されている労働組合関係、機業関係の資料である。

1．全繊同盟の女性運動

　はじめに勝山地域の女性労働運動を理解する参照系として、同盟本部が取り組んだ女性運動を４つの画期にわけて紹介する。この課題を考えるに先立ち、全繊同盟の運動形態を記しておく。

　全繊同盟は中央本部ならびに各都道府県支部と部会をもっている。部会は業種の種類に応じて綿紡部会、化繊部会、羊毛部会、麻部会、生糸部会などと地繊部会がある。地繊部会は地域の中小の繊維関連企業労働組合の集合体であり、都道府県単位で組織されている（地方繊維産業労働組合連合）。全繊同盟の組合運動では、労働協約の締結や賃金闘争のような組合運動の軸となる運動は、各部会、都道府県支部などから出された要求をもとに中央が決定した闘争要求を全国の労働組合に一律に適用する中央統一闘争の方法をとっている。理由は大企業も含め、特に繊維産業に多い中小零細企業では企業ごとの交渉では要求が実現しないことが多いからである。県レベルでは地繊に属する地域の単位組合が集合して集団で交渉を行い、その後各単位組合が経営者と交渉する形式をとっている。具体的な過程は勝山地域の組合を扱う際に取り上げる。

　全繊同盟の女性労働者に関しては、1945 年から 50 年代前半までは寄宿舎の民主化（1960 年以降近代化）が運動の中心であり、婦人問題は寄宿舎対策と合体されて組合では位置づけられていた。近代経済の発展を支えた繊維産業の労働者の大半は 16 歳を中心に 20 歳以下の若年の女性たちであった。彼女たちは親許を離れ、寄宿舎でくらし、２交代で深夜を含む労働に従事し、給与は親に送金し、３年前後で退職する家計補助的労働であったと指摘されている。労働組合法や労働基準法が施行された第２次大戦後においても繊維労働者の生活の場は寄宿舎であり、居住の広さを一人 1.5 畳にすること、大部屋から 3、4 人の小部屋にすること、暖房は火鉢１個から２個にすること、洗面と洗濯の流しを分けること、温水を利用できること、外出制限など寮母の監督を緩やかにすることなど、寄宿舎生活を人間の生活にふさわしくする運動が展開した。朝鮮戦争の特需によって、繊維業界は異常な操業が続いたが、それを支えたのは寄宿舎

第5章　全繊同盟加盟組合にみる女性労働運動の展開　　**177**

生活の少女たちであった。寄宿舎民主化運動は、労働条件の改善や私生活の自由を求めて 108 日間のストライキを持続して要求を実現した 1954 年の近江絹糸労組の運動が典型である。福井県地繊部会の 1950 年代前半の運動の多くは寄宿舎の民主化に関するものであったが、本章では省略する。

　1956 年から 65 年の第 2 期は、運動の重点が通勤労働者を含む女性の労働条件の課題に移行し、朝鮮特需終了後の人員整理など大不況の時代であったが、労働時間を短縮し、深夜業を撤廃した。働き続ける女性の増加にともなう首切りの肩たたきも始まり、二交代労働を保障する託児所・授乳所の設置運動が始まった時期でもある。全繊同盟の機関紙『全繊』380・381 合併号（1957 年 5 月 18 日付）に福井県の託児所設置運動の状況と B 社労働組合の取り組みが紹介されている。労働基準法は第 62 条において満 18 歳に満たない者および女子の午後 10 時から午前 5 時までの労働を禁止している、しかし、交代制労働の場合には行政官庁の許可をえて午後 10 時 30 分までの労働を特例として認めている。全繊は 1957 年の統一闘争によって女子の午後 10 時から 10 時 30 分の深夜労働を撤廃し、実働 7 時間 45 分の労働時間を実現した。女性たちは「深夜業やめてあなたの健康美」のスローガンを掲げた。

　第 3 期は 1966 年から 1975 年の時期である。1973 年からオイルショックによる不況が始まり、繊維業界では大勢の人員整理やレイ・オフが行われた。一方、国連による「平等・開発・平和」を掲げた「国際婦人年」と「国連婦人の 10 年」の取り組みが政府機関と NGO によって開始された時期であり、全繊では国際婦人年世界大会や国際自由労連大会など国際組織および国内女性団体との協同運動が進んだ。この時期の特徴は 1974 年に母性保護政策を全繊の統一要求として本部が掲げたこと、基本給や賃上げ金額の配分における男女の格差をなくす取り組みが始まったことである。母性保護統一要求について、当時全繊婦人部長であった多出とよ子は、「不況の時代で賃上げの幅などは少額であり実現できるものが少ない、なんとかして運動を広げたいと思い、実績のある母性保護を掲げた」と述べている（2017 年 9 月 30 日、婦人部長在職 1959 ～ 1984 年）。また全繊中央組織や大会代議員への女性の参加を向上させる取り組みも開始された。この問題は後述する。

　第 4 期 1976 年から 1985 年の時期は、国連女子差別撤廃条約の批准と雇用平

等法の制定にむけた取り組みや賃金格差是正、定年差別の是正、勝山の女性労働組合員による看護休暇の要求を中央が取り上げ、87年に統一要求にしたことなどがある。雇用平等法制定に関して全繊婦人部は生理休暇、深夜業禁止などの女性保護条項の廃止の動きに反対し、実効ある平等法の制定を呼びかけている。雇用平等法は募集、採用などにおける差別廃止は企業の努力義務とする雇用機会均等法として1986年に施行された。雇用機会均等法の施行は勝山の機業の労働条件の改善に繋がった（ゼンセン同盟編，1996）。

2．勝山地域　全繊同盟加盟組合の労働運動

　勝山地域の全繊傘下組合運動を考察するにあたって、ある大規模機業を取り上げて、経営の近代化対策を簡単に記述した後、組合運動を取り上げる。女性の組合運動は第3節で取り上げる。他の機業にもできれば言及する。

（1）大規模機業の経営近代化および合理化と女性労働者

　50織機以下の機業が80%をしめる勝山繊維産業の中核をしめるB社の経営と労働組合の関係を、はじめに少々取り上げる。雇用労働者数は本章の対象時期1950年代から1980年代初期にはおおよそ600人台で変化している。B社は創業1911年、14名の出資者によって起業し合資会社としてスタート、主として絹・人絹織物を生産した。戦時中落下傘に使用する織布を生産し、戦後1948年に株式会社になる。1950年代、1960年代に経営を積極的に拡大し、2工場を新設する。倉敷レイヨンの資金援助とその系列下に入るが、1963年に業界最大大手の東レの系列に入り、自主生産から下請け生産に入る。1950年代からのアセテート、ナイロンの開発に続き、裏地用化繊糸・織物から表地に使用できるポリエステルの開発とブラウスの新製品をA社と共同して生産するようになる。多種類の糸を使って少量ずつさまざまな布を織布するようになり、1950年代後半から1960年代に自動管巻や自動織機、ドローイングマシーン、サイジングなどを導入、1970年代にはウォータージェットを大量に取り入れて化繊織布の技術革新を進めた。1980年代には事務系統のシステム化を進めている（『B社社史』）。

繊維産業は 1950 年代前半に、朝鮮特需によって織機をフル回転し労働者が深夜業を含む長時間労働に従事する異常操業を展開した。この時期 1951 年に、B社は二部交代制を導入した。さらに織布工程の合理化の一環として、布にできた傷の修復、切れた糸のむすび直しなどの補修作業を織布工以外の人間が担当する分業制を開始して、織布工一人がもつ織機台数を増やし生産性を高めた。自動織機の導入とあわせ、生産量は格段にあがった。1960 年代は 1950 年代初めと比較して、織機は 30% の減に対し、出荷量は 80% 増になっている（『B社社史』）。

B社は経営の近代化と合理化を図るために、1950 年代から 1960 年代にかけて 2 種類の改革を行った。

一つは、会社組織の確立と身分制および職分制（職階制）を導入したことであり（『B社社内報』1950 年 5 月 20 日付）、もう一つは従業員に作業技術や機械の改善点の提案と不良品の発見を促し、それぞれ毎月社内報に掲載して表彰していることである。1960 年代に始まる無欠点運動や品質管理運動（ZD 運動、QC 運動）の先駆けかと思われるが、これは優良な製品を生産することが目的であると同時に、従業員の技能向上と生産意欲を高めることも狙いであると思われる。不良品の発見の表彰は女性たちが多い。

KT-3 は、つぎのように語っている。

　　人以上の仕事ができにゃいかんという気持ちは絶えず持ってたね、工場でどういう仕事をしたらいい織物ができるかっていう生産管理課ってところがあって、そこに背比べていた人と 2 人でいってこういうことしたらこうなるんじゃないかだろうか、糸くずでもこういうふうにしたらこうなるんじゃないかとか、工場長と話しましたね。時間外で集まって頭わるいけど仕事についての勉強をしました。工場長に——料理屋連れていってもらった——。

会社の役付からご馳走された語りは他の労働者からもある。技術の向上に関しては国家試験と県繊維協会の試験をうけることを男女の従業員に勧めている。県の試験では女性の合格者も出ていて、合格者の氏名は公表されている。

県の中級試験 5 科目に一度に合格した KT-13 は、試験を受けるきっかけをつ

ぎのように語っている。

　私は最後まで織部にいたかったんですが、会社はこの子織部にいて個人プレーさせ
　るよりも——その頃は新しい機械がどんどんはいってきていましたから。チームを
　くみましてチームを統括してゆく役に育てていくといいということで、そっちの方
　にまわってくれんかということで、そのきっかけになったのは、この繊維でも資格
　があるんです。資格をとるんです。初級、中級、上級とあってね、ほんで私その中
　級というの、その中級5科目を全部とると資格が貰えるんです。福井大学の繊維学
　部を卒業したのと同じくらいの資格。それをね、女では一番最初に、あとからは結
　構事務員さんとかもとりましたけど、2人しかいなかったんです。——そのころ会
　社もQCサークル活動とかあってそのリーダーを育てていくのには準備部がいいん
　ではないかということで、準備部にいった。

　KT-3、KT-13は腕に自信をもつ織布工である。40歳の頃自他ともに認める織
り手であったKT-3は、出来高による給金が他の織り手より「2円」安いといっ
て抗議し、給与がグーンとよくなった経験をもつ。KT-13は寄宿舎の自治会長
として初めてバザーや、バス旅行を行っており、会社から「開拓者」と呼ばれ
ている。織布より給与が低い準備に従事している女性たちも、何種類もの糸に
撚りをかけ、のりづけする複雑な仕事を主体的に連絡しあって行っている（「職
場めぐり（準備課の巻）」『B社社内報』1961年4月15日付）。機業で働く女性労働
者は、自分の仕事の熟達者であり、経営もそれを制度として促した。
　前述の職階制度の発足について記す。1950年代頃まで、織機を点検し修理す
る仕事は運転士（運転手、調整工）と呼ばれる男性が担当していた。運転士の技
術のよしあしで女性たちが織る反量や品質が左右されたので、請負賃金の織布
工にとって運転士の存在は大きかった。ひそかに運転士に「マンジュウ」（菓子、
その他）などの贈物をした。「職場のマンジュウ、このマンジュウは贈る人も貰
う方も形式におわる、いかに無意味なことか——このような古いしきたりに無
意識なうちに支配されている事まだまだ多く——」という投書もある（「私たち
のめざめ　Kさん」『B社社内報』1958年12月付　日にち欠）。
　一方、運転士の世界も技術を先輩から正式に教えられず、技術は親方を観察

して盗まざるを得ず、親方と徒弟といった関係を結んでいた。現場に配属された1948年入社の旧制中学校・高卒の社員U-2、U-3は、このようなあり方はあかん、改革しようと考えた。B社労働組合機関紙29号（1959年1月23日付）紙上で当時の組合委員長は「今年こそ生活の向上をはかるために——親分子分の考えを排除しよう」と呼びかけている。

　時期は前後しているが、多分こうした動向が背景にあって、「全従業員の要望として」1950年4月に職分と身分を規定・任命して職階制度を導入した。導入の理由は、職場ごとに職場の特性に応じた職務分掌を明らかにすることによって指示連絡系統が明確になり、合理的経営が可能になるためであるとしている。職務規制として、事務・技術分野は部長—次長—課長—副課長—職長—班長の系列が、現場は工場長—次長—課長—副課長—係長—副係長—職長—班長—作業員の系列が決められた。身分規制としては社員—職員の下に書記・備員・工手が並列し、備員の下に見習いが、工手の下位に工員が位置づけられている（『B社社内報』1950年5月20日付）。こうした職階制度によって徒弟制のような前近代的な人間関係が徐々に是正され、また賃金制度における請負給から時間給への移行が容易になったと思われる。しかし、この導入過程が容易ではなかったことは、前述の「私たちのめざめ」や組合機関紙29号の呼びかけが示している。

　1947年4月創刊の社内広報紙1号は社長の「労使はおのずと一体になる、一体となってすすむことが」繁栄の道という文言とともに、従業員組合委員長の挨拶を掲載、さらに青年学校教師のエッセイや精華高等女学校生徒の投稿も掲載されている（青年学校、精華女学校については後述する）。また、風呂、図書室などの福利厚生施設、卓球部、バレー部などのサークル活動を紹介している。労使一体で生き延びるという戦後直後の経営思想は、B社の労務管理の基本的な考えであり、後年従業員にもかなり徹底していたと思われる。労働組合の委員長あるいは副委員長経験者U-4、U-3は「会社あっての労働者、労働者あっての会社」であると述べている。

　社内広報紙は2回更新されて、3回目の再編広報紙の編集では編集委員会を従業員が構成している。編集長は管理職である。1940年代の広報紙には工員募集の広告がたびたび掲載されている。従業員に知り合いを紹介するよう求めて

いる。

B社は1943年に3年制の精華女学校を設立し、戦後49年には男子を受け入れて、週の半分を勉学に、他の半分は工場労働に従事する全日制定時制高校として機能した。54年には財政難から勝山市に移管し、他機業からの生徒たちを受け入れた（『働学一如　三十年の歩み　福井県立勝山精華高等学校』、1973）。戦前には1933年の青年学校令にもとづき青年学校や洋裁学園を設立している。青年学校は他の大手機業も設立している。これらの学校は戦後初期まで存続した。

1964年にはB社など大手5機業が出資した勝山女子高等学院が、勝山市によって勤労青年学校として開設されている。この学院は中卒で就職する近隣の学生が減少して、福岡県、宮崎県、青森県、北海道などから集団就職した中卒の女性たちを受け入れるために創立された。しかし正規の高等学校ではなく、高卒の資格が得られないことや集団就職する女性たちの減少により、10年後に閉校になった（山田，2012）。

戦後初期からB社は福利厚生施設を重視してきた。福利施設が整っていたことは、1957年に不況による託児所閉鎖の計画を組合運動が阻止したとき、「私たち共稼ぎではとても助かる、福利施設は勝山では他の会社に比較にならない優遇で感謝」（『全繊』380・381合併号　1957年5月18日付）しているという24歳の女性の語りが示している。

（2）労働組合の活動

B社には戦前「職友会」という男女別の組合が存在した。親睦会のようなものかと推量する。戦後1946年に「十全会」という従業員組合が設立され、1962年には労働組合に改称されている。はじめに賃金、休日、定年などの労働条件や経営と労働組合の関係を規定した労働協約を紹介する。なお、全繊同盟傘下組合では社員は自動的に組合員となるユニオンショップ制をとっている（以下の記述は『B社組合史』、福井県文書館所蔵ゼンセン同盟福井県支部B社労働組合大会議事録第12回大会（1957）～第27回大会（1973）、その他を使用）。

（a）労働協約の変遷

① 1948 年

1948 年 1 月に作成された最初の労働協約は以下の 13 条からなっている。

一　会社は組合の団体権及び団体交渉権を確認する事

二　組合員は誠意を以て自己の職務を遂行し事業の発展に積極的に協力する事

三　会社は誠意を以て組合員の最低生活を擁護する事

四　賃金給与並に就業条件に関する事項、設置及改廃に関しては予め組合と協議し取りきめる事

五　会社は会社内の職制の改廃及採用並に解雇・転勤は組合の意を汲んで行う事

六　組合員の賞罰は組合の同意なくして行わぬ事

七　会社は組合幹部が会社業務遂行に支障なき限り組合業務に従事することを認める事

八　会社側代表と組合側代表より成る共同委員会の設置を承諾する事

九　条件決定等に関する事項、運営方針、能率増進に関する事項に付協議諸取決め又は連絡する事

十　共同委員会の協議事項は相互に責任を以て実行し重要事項に関しては労働協約とする事

十一　会社及組合は共同委員会に諮らずして作業場の閉鎖及同盟罷業の挙に出ない事

十二　本協約の有効期間は締結日より 1 年とす。但期間満了 1 ケ月以前に会社又は組合より改定の意志表示なき時は本協約の効力は自動的に 1 ケ年延長するものとす

十三　本協約の有効期間中と雖も改定の必要を生じたる時は当事者会議の上之を変更する事を得

（条文中のカタカナはひらがなに、明らかな誤植は訂正した）

（『B 社社内報』10 号昭和 23（1948）年 2 月 15 日付）

　以上、最初の労使契約は労働組合法や労働基準法の規定に沿った基本的な内容になっている。労使による共同委員会の設置と協議事項が詳細に規定されているのが特徴的である。労使による苦情処理委員会および定期的に開催する労

使懇談会も後に設置されている。

この労働協約の改定は、恐らく 1951 年 1 月に全繊同盟の基本労働協約締結の統一運動として、全繊中央本部と福井県 11 社（A 社、B 社、C 社、R 精錬会社など）の地方繊維産業労働組合連合（地繊）との集団交渉によって成立したものと思われる（『全繊』50 号、1951 年 1 月 13 日付）。同盟会長滝田実自らが交渉に臨んだ。滝田は企業ごとの交渉を地繊がまとめたこと、11 社同時に、また地方と本部が一体となって交渉したこと、闘争資金を本部が援助したと総括している（『全繊』51 号、1951 年 1 月 22 日付）。この改定作業によって本格的な労働協約が成立した。

② 1951 年～ 1957 年

1951 年の基本労働協約の内容は把握できなかったが、1958 年の臨時大会議事録には 1958 年以前の労働協約が掲載されている。この労働協約のうち、本章のテーマに関わる条項は次のようなものである。

第 43 条（所定就業時間）9 時間、就業時間は労働時間と休憩とに分ける

第 48 条（時間外労働）早出、残業、呼び出しは所属長が事前に命ずる

第 50 条（育児時間）生後満 2 歳に達しない育児を育てる女子は午前、午後各 30 分の育児時間を与える

第 56 条（休日）週休日の設定、特別休暇は新旧正月各 2 日、新旧盆各 2 日、メーデー1 日、祭日 1 日

第 59 条（生理休暇、産前産後休暇）6 週間以内に分娩予定の女子本人が希望し、医師の証明書を提出し、休暇を申し出る。分娩後 6 週間業務につかせることはない　但し本人が就業を希望し、医師が支障ないと認めた時はこの限りではない

第 58 条（慶弔休暇）配偶者分娩のとき 1 日

生理休暇については後述する。産前産後の休暇は労働基準法規定の各 6 週間であるが、産前・産後休暇とも縮小できる余地を残している。機業の女性労働者の実情を勘案したものか。労働基準法の条文にない 2 歳未満の子の育児時間を規定しているのは、統一労働協約の締結であったこと、また勝山地域では働

く既婚女性労働者が多いためであろう。

次に賃金規定条項をみる。

第70条（給与の種類）

　イ　月給制　基準内—基本給

　　　　　　　　　　　手当—作業、職務、学歴、生活、残業、日夜直

　　　　　　　基準外—時間外手当　超過勤務手当

　ロ　時給制　基準内—算定給

　　　　　　　　　　　手当—勤続、家住、交替、特別

　　　　　　　基準外—超過勤務手当

　ハ　請負制　基準内—請負給

　　　　　　　　　　　手当—勤続、勉励、保證、家住

　　　　　　　基準外—超過勤務手当

第71条（賃金の種類イ、ロ、ハ）

　1　月給制　月により定められているもの、休日、欠勤、早退の場合も差引はない

　2　時給制　本給が1時間について定められており別段の定めある場合の他、休日、

　　　休暇、欠勤、遅刻、又は名称の如何に拘らず労働しない時間にたいしては支払

　　　わないものとする

　給与規定細則

　　第2条　月給制を適用する範囲は原則として職員とする

　　第4条　基本賃金は　本給7,000円、職務給は職種職階により2,000円から5,000

　　　　　　円、作業給は直接生産の場の係員に作業の種類により200円から1,000

　　　　　　円

　　第5条　勤続手当　勤続1年につき50円に勤続年数を乗じた額

　　　　　　家住手当　世帯主に300円、扶養者1人に300円

　給与は月給制、時給制、請負制の3種類があり、職員優位である。請負制は
織った反物の種類（平織や紋織など）、品質、反量によって支払額が異なる出来
高払いである。そのために勉励手当がついている。熟達した織布工の場合は月
給制賃金より給与が高くなることもある。家住手当は後年の家族手当のような

ものであろう。

③ 1958 年

1958 年 12 月の臨時大会議事録により、引き続いて 1958 年の改正点をみる。

第 43 条（所定就業時間）労働時間 8 時間、休憩時間 1 時間

第 70 条 （給与の種類）

 イ　月給制　基準内　本給—職務給

        手当—勤続、交替、家住

    基準外　超過勤務　休日　深夜

 ロ　時給制　基準内　本給—基本給　勤続給　作業給

        手当—交替、家住、職務、特別

    基準外　超過勤務　深夜

 ハ　請負制　基準内　本給—基本給、勤続給、請負

        手当—勉励、家住、特別

    基準外　超過勤務

給与規定細則

 第 2 条　月給制の適用範囲は原則として職長以上

 第 4 条　基本賃金　本給 1 万円　勤続給—勤続 1 年につき 60 円に勤続年数を乗じた額

    作業給—特定作業者に支給

④ 1959 年あるいは 1960 年

1961 年第 15 回定期大会議案書には 1961 年の労働協約改定事項と旧協約、1959 年、あるいは 1960 年の改定労働協約が掲載されているので、改定条文、または新しい協約事項のみ記す。

第 44 条（勤務方法）

 普通勤務　午前 7 時半—午後 4 時半　休憩　正午—午後 1 時

 交替制勤務　1 番　午前 5 時—午後 1 時半　休憩 45 分

2番　午後1時半―午後10時　休憩45分

3番　午後10時―午前5時　　休憩45分

第50条（育児時間）

　生後1年までの育児には午前、午後各30分（但し特別の事情ある場合には延長することができる）、午前9時―9時半　午後3時―3時30分

第59条（生理休暇・産前・産後休暇）2（産後休暇に関して）分娩後6週間まで業務につかせることはない。但し本人が就業を申し出、医師が支障ないと認めた時はこの限りではない

第70条（給与の種類）

　イ　月給制　基準内　本給―基本給　勤続給　作業給

　　　　　　　　　　　手当―職務　家住、交替、

　　　　　　　基準外　超過勤務手当、休日出勤、深夜業

　ロ　時給制　基準内　本給―基本給　勤続給、作業給

　　　　　　　　　　　手当―職務　交替、家住、特別

　　　　　　　基準外　超過勤務、休日出勤　深夜

　ハ　請負制　基準内　本給―基本給、勤続給　請負給

　　　　　　　　　　　手当―勉励、家住、特別　交替

　　　　　　　基準外　（記述ナシ）

　休憩時間は普通勤務では1時間、交代制勤務者は45分である。

　1951年には朝鮮特需のもとで二部交代制が導入された。一方賃下げが行われ人員整理問題で団体交渉をし、さらに地方労働委員会に提訴した年であり、翌年も賃下げで労働委員会に提訴したが、希望退職者は会社提示の35人に対し64人が応じている。1950年後半から60年にかけて月給制にも職務給や作業給が導入され、合理化が進められている。

⑤ 1961年

　第15回定期大会議案書掲載の改定事項案によると、月給制、時給制、請負制の給与体系は1960年の基本労働協約の改定においても存続している。しかし、月給制における基準内賃金は基本給と役付手当となり、時給制の基準内賃金は

基礎給、職能給、役付手当であり、請負給の基準内賃金は請負給、勉励手当（固定給を含む）である。基準外はどの給与種類も家族手当、時間外手当となっている。

育児時間は無給に変わっている。休日について週休日のほかの特例休日の有給は正月2日、盆2日のみになり、旧正月、メーデー、祭日は無給休暇になった（第15回定期大会議事録1961年）。

1950年代後半以降、生産体制の合理化と同時に強化が図られていることがわかる。早番の5時始業は4時半には工場に入り油さしなどの仕事をしなくてはならず、乳児をもつ労働者には厳しい作業体系であった（詳細は第4章を参照）。

⑥ 1966年

1966年の基本労働協約において65条給与の種類は、次のようになった。

第65条（給与の種類）
　イ　月給制　基準内─基本給、資格給
　　　　　　　基準外─特別手当、時間外手当、家族手当
　ロ　時給制　基準内─基本給、資格給、職能給、勉励給、満精勤手当
　　　　　　　基準外─特別手当、時間外手当、家族手当
第66条
　月給制　労働日は1か月26日

請負給は廃止されている。時給制の基準内賃金に基本給のほかに資格給、職能給、勉励給、満・精勤手当が含まれており、請負給の賃金が保障されていると考えられる。

聞き取りの中で前掲U-2、U-3は、1955年には請負賃金はなくなったと語っている。しかし55年以降も請負制は存続していた。請負給は織布工、および臨時雇いの労働者に適用されていたのであろうか。月給制については66条で1か月26日労働日としており、74条は時給制の月給制への切り替えは時給の201.5倍になると規定する（「基本労働協約書　労働協約細則　昭和41年4月30日現在」福井県文書館蔵）。

1965 年の賃金闘争に関連して初任給の賃金表が掲載されている。賃金表は殆どの場合男女別である。年齢 15 歳経験 0 年の場合男子、準備女子（準備作業に従事する女性）、織布女子とも 13,000 円であるが、16 歳経験年数 1 年になると男子 14,000 円、準備女子 13,400 円、織布女子 13,900 円と男女の格差があり、この格差は経験年数 5 年でそれぞれ 18,000、14,700、16,700 円と広がっている。準備と織布では多分職能給、勉励給、資格給によって賃金額が異なっている。男女労働者間、女性労働者間に格差がある。

賃上げ闘争では労働者全体の賃金アップ分の総額が提示されるため、この配分額が問題になる。組合が算定した配分額は中卒女子・経験年数 5 年以内では 1,500 円、中卒男子・経験年数 5 年以内 3,500 円である。決定配分は女子 700 円、男子 1,000 円であり、配分額にも男女格差が大きい。組合算定額の方が男女格差の開きが大きいことに着目したい。

1965 年に組合は男子月給制の申し入れを行い、協定が結ばれている。協定では中卒男子は入社後 3 年経過した時点で月給制とし、工手補心得となり、高卒男子は初年度月給・日給制、2 年目に月給制になり、工手補心得になる。女性の月給制は組上にあがっていない。

⑦ 1968 年

1968 年の基本労働協約では数項目の改正が行われている。65 条給与の種類では月給制と日給・月給制に変わる。時給制は廃止されている。月給制の基準内賃金は基本給、勤続給、資格給、職能給であり、基準外は特別手当、時間外手当、家族手当、交替手当である。日給・月給制の基準内は基本給、勤続給、職能給、基準外は特別手当、時間外手当、交替手当となっている。1 か月の労働日は両者とも 25 日、後者には休日、休暇、欠勤など労働しない日の賃金は支払われない。

賃金細則では第 3 条において月給制の適用範囲は入社後満 1 年経過した中卒・高卒男子とし、4 条の基準内最低賃金基準決定の細則は以下の通りである。

 1. 資格給は 2 級 1,000 円から 8 級 6,000 円まで
 2. 職能給は職務遂行能力の度合いを基準として決定

3．基本給に関して正規入社員は賃金表による、途中採用は別規定による

4．勤続給は1年について200円、女子は20年で打ち切り

　5条の手当は、交替手当―1回につき20円、深夜手当―1回につき100円、織布深夜勤務手当―1回につき150円、家族手当―男子世帯主月額2,500円、寡婦2,000円、特別手当―自動車運転・ボイラー技術など、深夜作業手当は35%増、残業手当25%増、深夜残業手当60%増、と規定されている。

　深夜手当、深夜残業手当は、ウォータージェットのフル回転によるものであろう。深夜業は男性のみの就業である。A社労働組合がウォータージェットの24時間回転を認めるのは1974年である（A社労働組合第30回大会議事録　A社労働組合事務所蔵）。B社はA社より早い時期にウォータージェットを導入している。

　職員以外の女性労働者には月給制は適用されていない。生休手当に関しては、1966年に生理日に作業困難者は申し出により軽作業に移動、軽作業が困難な場合は医師の証明により休業1日、賃金は60%という協定が結ばれた。

　給与の種類は1950年代から60年代において、月給制、時給制、請負制から月給制、時給制へ（1966年）、さらに月給制、日給・月給制（1968年）へと大きく変化した。しかしながら、賃金の男女格差はあらゆる面で存続している。家族手当の男女格差や定年年齢の相違もある。生理・産前産後の休暇など母体保護規定は不十分である。

　1967年の第21回大会において、組合は職務考課について提案をしている。審議委員会の設定と人事考課表（健康、熟練、勤勉性、協調性、積極性について4段階評価）、また、肉体賦課、作業環境、作業責任、知識、習熟、心的緊張にかんする評価基準を設定して、成績調査票の作成を行うとしている。こうした提案の背後には「繊維産業の過当競争のしわ寄せは中小機業にくる、我われは生産増強に力を尽くしている、生産計画に介入をしよう」という1960年第14回大会の運動方針があると思われる。人事考課表や評価基準は現在の企業が行っているものと同一であり、このような提案を労働者自らが60年代に経営の意図と異なり、自らの内部点検作業として行ったと考えたい。

第5章　全繊同盟加盟組合にみる女性労働運動の展開　**191**

(b) 運動形態、賃金闘争など

　前述したが、一般に賃上げや産別の統一最低賃金の設定、初任給アップ、夏季・冬季の一時金などの賃金闘争は、全繊中央本部の指令にもとづく統一要求運動として展開されている。1969 年の第 23 回大会議事録には福井県経営者協会所属の企業数社、あるいは 20 数社に対する全繊中央本部、地方繊維産業労働組合連合（地繊）所属または全繊福井県支部所属の労働組合、数社から 30 社前後の労働組合が提出した要求書を掲載している。要求書の提出者は全繊中央、全繊地繊、全繊県支部、単組労働組合であり、集団交渉である。交渉は当該企業や組合が多いときには数グループにわけて行われる。勝山では大手の 5 社、7 社、8 社ぐらいの集団交渉が行われている。勝山では A 社および B 社を含む大手 5 社が連携して交渉することが多い。企業の労務課も 5 社が提携している。この集団交渉の後、企業ごとに個別の交渉が行われ、妥結すると協定書を作成する。したがって妥結額は企業ごとに異なる。かなりの幅がある。賃金闘争におけるストライキ戦術は 1965 年から行われている。66 年には 24 時間ストが実行された。スト戦術の場合には統一の争議協定が結ばれている。

　全繊におけるベースアップの賃金闘争では、男女労働者とも年齢を 3 時点選び、その年齢時の給与額が妥当であることを確保する 3 ポイント闘争と呼ばれる運動を採用した。全繊同盟による 3 ポイントは、女性に限定すると 1961 年 15 歳初任給 8,500 円、本採用 9,000 円、18 歳 10,000 円であった。その後、全組合員の最低賃金を保障する中間ポイント制をとっている。例を挙げると、B 社労働組合の場合 1971 年の賃金闘争では、男子―27 歳経験 12 年 61,500 円、30 歳経験 15 年 67,500 円、35 歳経験 20 年 77,100 円、女子―18 歳経験 3 年 36,500 円、22 歳経験 7 年 42,500 円、35 歳経験 20 年 45,500 円としている。ポイント年齢は一定していないが、男子と女子のポイント年齢はほとんどの場合異なっている。1971 年には男女が重なる年齢 35 歳経験年数 20 年が設定されていた。男女の賃金格差は歴然としている。

　定年年齢は 1948 年に男性 55 歳、女性 50 歳と規定された。定年延長の取組みでは、1964 年に嘱託として 1 年の延長が、1966 年に男性 56 歳、女性 51 歳となり、1970 年に男性 58 歳、女性 53 歳に、71 年に 2 年延長され、その後も男性は 4 年、女性 2 年嘱託として勤務できることになった。定年規定にも男女格差が

ある。

　繊維産業は 1945 年以降 73 年までに深刻な不況を 2 回経験している。朝鮮特需の終了後の不況と 70 年代前半のオイルショックによる不況である。前者の不況時には、B 社組合は人員整理に関し、地方労働委員会に提訴したこと、最終的に会社が募った希望退職者 35 人に対し、64 人が応募したことは前述した。後者の場合には 1974 年に繊維危機突破決起大会を全繊県支部が開催し、翌75 年には地区同盟を中心に「危機突破市民ぐるみ総決起集会」を開催している。74 年 11 月と 75 年 3 月に計 100 数名の労働者が解雇や一時帰休になり失業した。勝山市の失業率は 10% から 15% に上っている（『B 社組合史』）。

　一方、組合活動は非常に活発であり、1974 年には 24 時間ストライキと 48 時間ストライキを行い、19,500 円という過去最高の賃上げを、75 年には夏季一時金闘争でストを 2 回行って 1.8 倍のボーナス額を獲得している。1960 年代後半から 70 年代の組合運動を経験した女性は「組合は楽しくって、楽しくって仕方なかった」と語っている。

　組合は 1948 年から共済部を設置している。全員加入が義務づけられている。女性は暫くの間、金銭の借入資格がなかった。また組合は教宣部、機関紙部、婦人寄宿舎対策部（のち婦人対策部）、福利厚生部、労対部などの各部と苦情処理委員会、職場委員会などの各種委員会を設置している。福利厚生部はレクリエーションやスポーツ競技会、運動会、演芸会、コンサートなどを毎月開催している。フォークダンスは女性に最も人気があった。同盟本部主催の弁論大会は 1947 年から開催され、B 社労組も参加している。他組合との交流も盛んである[3]。

　労働組合運動について、本稿ではほとんど言及できなかった A 社の電気関係の仕事に従事していた F さんは、次のように語っている。

　　──昭和 30 年ごろ組合ができた（注　実際は 1946 年発足）。そうしたら（労働時間が）短くなって給料があがった。8 時間になって毎週休みになった。自分たちにしたら夢物語だった。組合ができてからどーんと給料があがっていた。それまでみんなみじめな生活をしていたわけだ。A 社だけではなく勝山全体が。──職場のなかの変化はなかなかわからないが、やっぱり労働組合がはいってきてだいぶ変わっ

た。──みんな明るくなったというか、労働組合がない時分は競争だった。──
やっぱお金の問題が労働組合ができてきちんとなった。（2013年2月12日）

　この語りは労働者の生活をまもるという労働組合運動がもっている原則をよ
くあらわしている。

3．女性の組合運動

　以上のように、賃金をはじめさまざまな男女格差がある労働環境の中で、機
業労働者として腕に自信をもって働いてきた女性たちは、どのような不満、希
望、要求をもち、どのように解決し実現してきたのだろうか。

　全繊同盟福井県地域の女性（婦人）活動は定評がある。多田とよ子元全繊婦
人部長は福井県ではよい活動をしている、縦だけではなく横の繋がりがあった
ことが大きいと指摘する（前出聞き取り）。また全繊地繊部会部会長徳村忠彦は、
B社労組50周年に際しての挨拶であるが、「──とくに女性活動に積極的な活
動をされており、ゼンセン同盟がとりあげるキッカケをつくりました母性保護、
育児休業、介護休業等の活動において大きな成果を上げてこられました」（『B
社組合史』）と述べている。まず福井県地域の女性たちの活動を取り上げる。

（1）福井県における女性運動

　全繊同盟勝山地域の女性運動については、同盟福井県支部、および福井県地
方繊維産業労働組合連合（地繊）の婦人部活動を取り上げる中で、主としてB
社労働組合の活動を紹介する。福井県支部および地繊婦人部の活動は福井県文
書館所蔵全繊同盟福井県支部および福井県地方繊維産業労働組合連合の文書を
用いる。

　全繊福井県支部および地繊の婦人対策部の活動は、資料上では1950年から始
まる。取り上げたテーマは、1．寄宿舎問題、2．深夜業撤廃など労働基準法改
正による労働時間の短縮、3．生休の有給化、託児所問題、4．女性が初めて参
政権を行使した1946年4月10日を記念して労働省婦人少年局が設定した「婦
人の日」の集会の取り組みなどである。酒伊織物、酒伊精錬、丸二、日の出、

前田産業、福井精錬の労組など勝山地域の機業よりやや小規模な企業の労働組合婦人対策部が1960年代前半までは中心である。県支部、地織の婦人対策部長はA社労働組合出身のI・Tさん（のち、福井県支部執行委員、労基法審査委員などを担当）である[4]。

　寄宿舎問題は前述した寄宿舎生活の環境の改善の要求と舎監の呼び名である。先生という呼び名は若い女性労働者に圧迫感を与える、上下関係をつくるとして、氏名を呼ぶか、寮母さんという呼び名を提唱している。寄宿舎民主化の観点からの提案である。先生でよいという意見も出されて、ちょっとした論争になっている。全繊本部が提唱している寄宿居住者の自治会組織化のテーマは自治会がすでに発足しているためか、出ていない（寄宿舎にかんしては第1章、第3章を参照）。

　「婦人の日」集会の取り組みは、50年から59年までの記録があるが、記念講演のほか一般女性組合員の意見発表の場があり、通例3組合が発表した。1952年の集会では、○世界の平和は婦人の手で、○寄宿舎は民主化されたか、○資本と繊維婦人の立場のテーマの発表があった。集会終了後にある組合のブラスバンドを先頭に福井市内をデモ行進している。「婦人の日」の集会は女性団体の取組みと筆者は考えていたが、労働組合も独自に行っていたのである。1960年以降、この集会は家庭の主婦による女性団体と働く女性が女性の地位向上を目標に共同して活動する場となった。

　託児所（保育所）は当時会社内にB社とS織物の南越鯖江工場がもっていた。B社は1943年に、S織物では1947年に設置されている。全繊婦人部が託児所問題に取り組むのは既婚者あるいは通勤労働者が増加してくる1950年代後半以降であるが、福井県や富山県、石川県の北陸地方では既婚者あるいは嫁が働くのは当たり前という風土の中で、既婚者が機業、特に小機屋で働いていたためである。1953年第5回定期大会では公立の託児所建設を、1955年の第8回大会では授乳場の設置を求めている。なお、託児所（保育所）に関しては第4章を参照してほしい。本章に関連して必要な場合には言及する。

　1955、1957年の定期大会、1956年の支部大会では既婚婦人は成績の悪い者と同じ枠に入れられ、一般組合員と差別するという賃上げにおける既婚婦人の賃上げ配分差別問題が出されている。

第5章　全繊同盟加盟組合にみる女性労働運動の展開　　195

　婦人対策部は1952年に労働環境実態調査を行っている。対象組合27、婦人組合員6,203名、調査票提出組合13、該当組合員4,970名、調査集約数2,481名、回答は以下の通りである。

調査項目

1．休日数—有給休暇は10組合が80％取得、日数3〜7日、疾病以外はとりにくい

2．生休—11組合で90％がとっていない　理由は生休担当者がうるさく、また男性であること

3．休憩時間—13組合はほとんど休んでいる。織布関係では休んでいる者と仕事をしている者が半々か、仕事する者が多い　理由は休憩室がないか、請負給のため

4．残業—中小企業に残業が多い　時間は織布では1か月26〜46時間

5．深夜業—10時以降　組合員の2〜3％が従事　織布工場の2組合に深夜業がある

6．疲労度—通常の疲労と過労が半々　職場によって疲労度が異なる

7．職場環境—イ．楽しくない　理由は指導員がよくない、会社が不景気、一生懸命働いても賃金が安い　ロ．能率競争はしていない　ハ．競争意識を持たせる仕組み　生産を高めるため、請負給や出来高制になっている

8．組合活動への参加—70％参加

9．組合に望むこと—1位　賃上げ　以下多い順に、退職金制度の確立、賃上げ・一時金配分の男女差をやめる、生休の有給化、休日出勤をやめる、身体が無理な働き方をさせない

　アンケートにおいても賃金の男女格差のみではなく、賃上げの配分における男女格差に対する差別が認識されている。賃上げは組合活動として男女労働者がともに運動するからである。

　1958年県支部6回大会議案書では、青年婦人部部会（青婦対策部）は繊維不況の中で婦人の職場を守る闘いとして昇給・昇格や作業上の差別、福利厚生施設利用の差別などを取り上げている。さらに高齢者の労働環境を考える問題が初めて提起されている（A社労組では中高年部が設置されている）。時期が下るが、浦瀬染色工業では労基法規定にない母性保障である育児休業制度が1967年に実現している。しかし利用者はいなかった。1970年の活動方針では出産費用の実

費を健康保険で支払える制度を実現する署名運動を提唱している。

　1972年の第14回定期協議会は、婦人対策として婦人の賃金に関して婦人組合員は少なからず不満をもっている、集会で出された意見を全繊本部は福井県の特殊性として取り上げてくれなかったが、ようやく全繊でも既婚婦人が増えて検討を始めた、働く婦人の問題は婦人の一生の問題としても方向づけをする必要があると提案された。全繊本部の既婚婦人政策を批判している。さらに二部交代制保育所設置はA社、B社、C社、D社で実現したが、構造、運営に組合の意見が反映されていない、利用者に対する会社負担について交渉が必要であるとしている。

（2）B社労働組合の女性活動

　B社労働組合の代議員は工場ごとに選出されており、女性が多い。人数は年によって変動するが、因みに1960年の代議員は第1支部（準備工場）11人のうち6人、第2支部（本社、本社工場）10人のうち5人、第3支部（昭和工場）19人のうち13人が女性である。女性の支部長は1966年に第1支部、第2支部で誕生している。第2支部の支部長を経験後、69年に執行委員になり教宣部を担当したKT-4は、次のように語っている。

　　（組合に立候補したのは）男の人と女の人と差があるでしょ、やっぱ女の人をもっと引っ張ってもらわんと、男の人の云うことばっか聞いていたんやのう。ほんでこりゃあかんと思うて立候補した、ほんでちょっとは良くなったと思うやんけどのう。あの時分は男の人はいばっていたでのう、女の人の云うこと、よく聞かんでのう――あかんち思うてた、なにも欲はなかったです。
　　――奇特なち云うて、執行部ってのう、新聞かいたりのう、――いろいろ会社の親方かたのして――「まだ、それ時期尚早や」と言われてんけど、「それじゃあかん」ち云うて、いやあ、楽しかったわいの。その組合の執行部の人と仲良し、話はしてたけどな。――でもみんなようついてきてくれたからね。組合のあの時は女の人の給料が低かったけどの、そやけど、ほら少しでも上げてほしいちての、――。ほて、女の人は役職なかったけど、それでもだんだんつけてもらえたように思うんです。班長さんぐらい。――みんな引っ張ってきてあげたと思うやんけど。

KT-4と同じく1966年に第1支部支部長になり、69年執行委員・婦人部長、72年ベア対策委員、県支部執行委員・婦人部長、80年から83年まで副委員長に就任し、1988年に勝山市議補選に立候補して当選したG・Hさんは次のように語る。

> 私、富山の生まれで結婚が勝山でしたのでB社に入社しました。そこで代議員をしていた人から明日休むからかわりに出てくれないかと頼まれ、代理で組合の会議に出席、それがきっかけといえばきっかけ。結婚前に呉羽紡で9年近く働いていて寄宿舎生活もしたり、組合には馴染みがあった。呉羽では婦人部長は女性だったのに、B社組合の代議員は男ばっかり、婦人部長も男だわとびっくり。
>
> 職場に改善提案という制度があり、それに応募したら何回か入賞、そうしたらあの人はなかなかできるというということで、私のしらない間に執行部選挙の立候補者にあげられていたの——組合活動を本当にやろうと思ったのは、S社労組のT・Kさんも一緒にご指導をうけた（県支部執行委員の）I・Tさんによってです。（座談会「寄宿舎民主化から男女平等雇用へ」（ゼンセン同盟編，1996））

動機は異なるが、女性2人が執行部に入ることによって、B社組合の女性たちの活動は活発になったと思われる。但し、B社労組では以前に女性の副委員長一人、執行委員一人が存在している。活発になった理由は、KT-4の活動や初の婦人部長になったG・Hさんが、職場懇談会をこまめに開き、他の専門部と異なり女性たちを組織し、10人前後の婦人部員と部長のサポート役であるリーダーを育てたことにあると思われる。

B社労組は1958年の第13回大会婦人・寄宿舎対策部の活動方針に働く婦人の意見を尊重すべきと記している。1960年の第14回大会のスローガンの一つは「婦人よ組合運動に目覚めましょう」（他のスローガンは生産性向上と経営参画をしよう）であり、この大会で婦寄部は婦人対策部と寄宿舎対策部とに分離している。執行委員の一人が女性であった1961年大会の大会スローガンには「他組合との連携及び働きかけを婦人の力で」があり、1962年は婦人組合員の地位向上をはかろう、翌年の活動方針では婦人組合員の識見を高める、一歩ずつ前進しているが曲解されている事もある（代議員に前出のKT-4がなっている）と記

されている。1962年8月17日付社内報に労使懇談会に関連して、組合幹部からの事項の中に「女子従業員の栄達の道をつくる」があがっている。他の項目は手待ち時間の有効活用、研究場所の設定、C反（不合格反）防止対策、企業育成・設備の有効活用再検討である。

1960年代に入って女性労働者の昇格など地位向上、すなわち女性の平等待遇と他組合との連携が強調されている。組合の女性活用の呼びかけはスローガンに終わっていた。

女性が婦人部長になった1969年第23回大会の婦人部活動方針は、主婦労働者の増加と職業婦人としての意識向上を掲げて、認識を高める、生休とつわり期の母体保護、奉仕活動とレクリエーション活動として婦人部による運動会の開催を挙げている。[5]母体保障は初めて提起された婦人部政策である。1972年の26回大会活動方針に別建ての「内部活動の充実」がある。一昨年来組合員と幹部との断層の解消につとめてきたが、昨年より輪番体制にふみきらねばならない状態になり、解消に至っていない、次の項目に重点をおきたいとして、職場集会の充実、福祉活動の充実とともに婦人対策を挙げている。長くなるがほぼ全文を記す。

> 繊維産業は婦人主体の産業であり、婦人に対する地位向上を図らなくてはならない、今までの賃金配分をみてもプラス・アルファー分については職制の協議によって極められていたが、もっと科学的な根拠によって配分していきたい。そのことによって、プラス・アルファー分の根拠がはっきりし、皆さん方も納得できるものにしていくためには、職務分析を行った上での配分にしたい。職務分析は公平でなければいけないので、各職場から選出すると同時に女性も入っていただかねばならない。又他社の賃金実態を充分調査し、適切なものにしたい。また婦人の地位向上を計るために職制の地位も考えねばならない。

賃金配分に関し女性が参加する科学的な職務分析の必要と女性の職制任用を謳っている。前述した1967年に組合が提案した人事考課制度を女性たちも自身の要求によって必要としたのである。

1973年の第27回定期大会の婦人対策部活動報告は、1972年11月24日付で

母体保護対策として次の要求を経営になしたことを記している。今まで生休や産休要求であり、内容が乏しかったという前文が付されている。

要求書

1. 通院休暇
   イ　妊娠5か月—7か月　4週間に1回
   ロ　妊娠8か月—9か月　2週間に1回
   ハ　妊娠10か月　　　　1週間に1回（母子手帳を備える）
   ニ　100パーセント保障
2. つわり休暇
   14日　賃金保障

　この通院・つわり休暇の要求は福井県支部・地織部会に属する勝山地区5組合（A社、B社を含む大手5社）が共同して取り組んだ母体保護保障の要求運動である。1973年に通院休暇はすべて要求どおり、つわり休暇は10日の協定が結ばれている。

　1970年代から急激に増加する既婚女性の職場進出に対して、1967年から育児休業制度、1972年から保育所設置・生理休暇100%賃金保障、1973年には通院・つわり休暇を実現する労組が、中小企業を含めてでてきた。こうした状況をふまえて全繊本部が母体保護統一要求を制度化するのは1974年である。勝山地区5組合はそれ以前に共闘によって、通院休暇、つわり休暇を実現したのである。なお、母性保護統一要求を採択した1974年の全繊第29回大会は、女性代議員は全代議員の10%強の55人がオブザーバー参加できるようになり、福井県支部代議員のG・Hさんは大会議長の一人であった。本会議討議でGさんはこの闘争は男性の協力がないと勝てない、ぜひ協力をと発言しており、勝山の運動では男性執行委員の何らかの運動があったと思われる（ゼンセン同盟編, 1996）。

　勝山地区5組合の婦人対策部は代表協議会を定期的にもっている。この共闘組織が取り組んだもう一つの運動、看護休暇の制定について少々記す。協議会で「高齢のお姑さんが倒れ、有給休暇をつかって介護してきたが、休暇を使い

切ってしまい、欠勤も長くつづかず会社を退職した。お姑さんは1週間もたたないうちに亡くなった。復職もできず他の会社でパートで働いているが給料は以前の半分以下」という組合員の経験が話された。委員にとっても共働きが多い地域の女性たちのわが身の問題であり、県支部の活動として看護休暇を運動することになった。

　Gさんは1979年のゼンセン定期大会で県支部を代表して看護休暇をゼンセンとして取り組むことを要望し、81年に男女組合員を対象に「看護休暇アンケート調査」を行った。

　回答者は男性453名、女性802名、1.　親または舅・姑との同居は女性61.8%、男性40.8%、2.　現在家に病人がいる105名、3.　親の看護のため自分から退職した人21名、4.　会社から辞めないかと言われ自分もこれ以上無理だとやむなく退職した人10名、5.　看護休暇を必要とする人50%、6.　親や夫が病気になった場合の看護者は　妻49.8%、妻が病気になった場合、夫が看護者4.9%であった。

　親や夫の介護者は嫁である妻の仕事と当然視されている。親の介護は男女で、社会制度によってと考えている男性もいたが。共闘会議は一般市民を含め誰でも参加できる看護をめぐるシンポジウムを開催し、介護の実技研修や高齢者福祉の学習会をもった。その後、福井県では勝山地区共闘5組合やそのほかの組合が協定ないしは就業規則によって看護休暇を実現している。

　以上の経過をへて、ゼンセン本部は1984年に「看護休暇をめぐるアンケート調査」を独自に行い、88年に労働協約を改定して、最長1年間の看護休暇を制度化した（多田，2004）。後に、Gさんは婦人部長の多田とよ子のインタビューに対し、次のように応えている。

　　わたしらが仕事をつづけ、労組や地域の活動ができたのは、おばあちゃんたちが育
　　児や家事をやってくれたからです。その親が老いて寝込んだ時、入院させればすむ
　　というものではない。それに加えて家族の温かい手が、思いが届くようにしたいん
　　です。看護休暇はそのために必要なんです。こうした活動ができたのも、労組に婦
　　人部があればこそ、今でも昔の仲間にあうたびに話題になります。（多田，2004）

第 5 章　全繊同盟加盟組合にみる女性労働運動の展開　　**201**

　B 社労組の運動ではないが、何回か記してきた賃上げの配分における男女差別を克服した活動がこの時期行われているので、取り上げる。福井県の S 織布（従業員 1,180 名、女性 7 割）では、不況にかかわらず 30% を超える大幅賃上げを獲得した 1974 年にくらべ、75 年の賃上げ率は 16% と低かった。絹・人絹の S 織布の主要な働き手は中高年・共働き女性、勤続 10 年、15 年の女性たちも少なからずいる。

　1974 年の賃上げが女性には低率であった体験をもつ T・K さんは賃金闘争妥結直後、女性全員に「賃金の配分は男女同率を希望する」署名を貰うことを考え、女性の職場委員や工場の婦人部長に依頼した。1 日で集まった女性全員の署名をもって、執行委員の T さんは委員会で「女性組合員の意見を聞いてください。昨年の配分結果に私たちは皆がっかりしています。女性だって男性に負けない位生産に貢献しています。同一価値労働といってよいと思います。昨年は男性を優先した配分だったから今年はぜひ女性に配慮をお願いします——」とふるえる声で説明した。T・K さんは執行委員歴 14 年、県支部執行委員も担当している組合活動のベテランである。ベテランであっても労組の主要な闘争である賃金問題の男女差別を指摘し、是正を求めるには、満身の勇気が必要だった。「うちは同業者に比べ女子の賃金は高い、なぜ不満なのか」と怒る役員がいたが、女性のみのストライキを覚悟している女性組合員におされて、同率の配分が決まった。この運動の後、職場は非常に明るくなったという（多田, 2004）。T・K さんはまた女性世帯主の賃金の低さに関してゼンセン大会で発言している。[6]

　1975 年は秋田相互銀行の男女別賃金表は賃金差別とする判決や日ソ図書の賃金差別のように、最初の賃金差別判決が出た年である。この年に S 織布でも男女平等の賃金配分が実現したのである。女性組合運動は母体保障制度の充実から賃金平等へと拡大した。賃金平等要求の土壌には男性と同じかそれ以上の仕事の実績があるという女性労働者の自己認識があった。

　1974 年の A 社労組大会議事録の婦人対策部報告は、1973 年に本社工場と 2 工場で行った母体保護、健康管理、食品公害、女子の組合活動に関するアンケート調査の結果を掲載している。回収率は平均 70% 弱、回答者は 20 歳代から 40 歳代である。組合活動への参加については、表 5-1 が示している。

これらの回答にたいして婦人対策部は、日常活動が組合の団結の強弱をはかる、女性が7割をしめる中で男性役員が多数をしめるのは仕方ない、家庭と職場で多忙なため組合活動に参加できないということでよいのか、家庭の主婦であり「社員」であると同時に組合員であることを自覚しなくてはいけないというコメントを付している。組合役員に男性が多いことは、仕方ないと多数の女性たちは考えている。関心が薄い理由は家庭の仕事と職場の仕事をやらなくてはならず忙しいから、また人前では十分話すことができないからである。女性たちが過ごしている生活、性別役割分業の生活から生まれてきた理由である。

表 5-1. A 社組合婦人部による組合活動アンケート

単位：%

	本社工場	A 工場	B 工場
経済闘争以外日常で組合員であることを自覚したこと			
ある	64.9	77.1	70.0
ない	11.7	22.9	50.0
組合役員の大半を男子が占めていることについて			
当然である	5.2	11.4	0
仕方ない	67.5	71.4	90.0
その他	14.3	0	10.0
組合活動及び企画に対してどう思うか			
レク活動の活発化を望む	11.7	14.3	10.0
行事に参加したいが、多忙のため 100%参加できない	51.9	40.0	40.0
婦人は関心度が薄い	26.0	37.1	40.0
関心が薄い理由			
職場と家庭の多忙のため	53.6	58.8	75.0
私らの意見を取り上げない	17.9	5.9	25.0
人前で十分発言できない	28.5	35.3	0

出典：A 社労働組合 1974 年度大会議事録から作成。

しかし、前述したように 1974 年前後は組合の女性活動が変化する時期でもあった。

A 社組合の婦人部長は輪番制であった。1990 年代に 1 期 2 年の婦人部長を

3期、中2年休んでいるので通算8年、44歳から52歳まで婦人部長についた KT-23 は、「婦人部長は順番制であったが、3人の子どもの世話がなくなり、夫と相談して立候補した」「A社労組の女性賃金は他機業より高かったが、男子との同一賃金を求めた」と語る。夫は A 社の営業職であり、精華高校卒業生である。KT-23 は地区婦人会や青年団との交流を行っている。KT-26 は同時期の組合活動について「余暇活動は婦人部活動が主だった。この活動を姑が支えてくれた。役員会や催し物で外出するのも理解してくれた。役員をして本当に楽しかった、婦人部員だった人たちと今でも楽しかったと話す」と組合活動を振り返っている。

おわりに

　以上、福井県繊維関連産業の労働組合の活動を、機業経営、組合全体の活動および女性の活動に関連させて、福井県県支部、地繊および単位組合の大会議事録、インタビューから復元してきた。機業は労働環境の改善、特に賃金制度の近代化を、合理化をともないつつ実現してきた。労働組合の活動は労使協調が基調であるが合理化を是正し、賃上げ闘争をはじめ労働者の生活を擁護する運動を展開してきた。1960 年代に職務評価の提案をしていた。しかし、この賃金制度にはあらゆる面で男女格差が存続していた。定年制の男女差を含め、男性中心、男性優位の組合活動であった。

　福井県の繊維女性労働者は、1960 年代に男性のみの組合役員に進出し、全繊同盟本部の女性政策を批判し、本部にさきがけて、保育所や育児休業、看護休暇など、女性が働き続けるための制度を実現してきた。さらに、賃上げ配分率の男女格差の是正を実現した労働組合も存在した。

　福井県繊維女性労働者の運動の蓄積は、女が働くことは当たり前という北陸地域の風土の中で、中・高年女性が機業で働き続けてきたことが運動の基層にあったためであると思われる。彼女たちは技術を習得して、技を磨きたいと願っていた。彼女たちは自分たちの仕事は男性との同一労働、「同一価値労働」だと考えていた熟練者であった。賃金差別への不満は 1950 年代から大勢の女性たちがもっていた。

技を磨きたいという彼女たちの思いを実現する機会を、企業の利益のためで
あったが、B社は与えた。それは女性たちの労働者としての主体性を確かなも
のとし、女性たちが職場の代議員になり、執行委員になる土壌を培った。しか
しながら、職場では男性が優位であり、「男がいばっており」、組合支部の代議
員に少なからぬ女性がなりながら、1968年まで婦人対策部の部長は男性であっ
た。組合は男性の権力行使の舞台であった。なぜだろうか。

　この疑問を解くために、本章の主旨である労働組合と女性組合員の関係はど
うなっているのか、すでに言及している部分もあるが、全繊同盟における女性
部の位置づけの過程をおいながら、考えてみる。

　1946年7月の全繊同盟創立大会の案内文には、東京都及び近郊の組合は2倍
の代議員が出席し、代議員の半数は必ず婦人を選出することと記されている。
発足当時の組合員は約66,000人、女性は約8割である（1986年43.6%）。女性代
議員の数は不明であるが、選出された女性役員は39名中3名であった。1957
年に実施した52年から57年までの「大会出席女性の割合調査」によれば、大
会参加者の女性比率は52年の6.5%が最高、他の年度は殆ど3%強であった。

　1956年度の男性代議員に関して、職・工の割合は職員1割、工員9割である
が、代議員は職員が6割、全繊労働者の平均年齢25.9歳、代議員は33.3歳、全
繊労働者の殆どは中卒の学歴に対し、代議員は旧制高校卒以上が23.1%、現職
は組合長、支部長が多く、繊維産業労働者全体の代表とは言い難かった（『全
繊』390号、1957年7月20日付）。男性労働者間の格差もまた大会では水面下に
隠されていた。

　婦人部は設置されたが、活動は青年部、寄宿舎部と合同の場合が多かった。
組合における女性論もまた女性は組合運動に対して傍観的、関心が低いと認識
され、そのため男子が指導することになり、教育が必要である、また女性は感
情的であり、組合活動に向かないと考えられた（「女子組合員の組合活動への積極
的参加について」『全繊』42号、1950年11月7日付）。

　女性が大多数をしめる組合が、女性問題を軽視する状態に変化がおきたの
は、1960年代後半からである。50年代初期まであった婦人対策部は青年部と合
併して青婦対策部になり、寄宿舎対策部に統合された。65年に女性問題を専門
に行う部署が婦人対策部として再スタートし、67年に全国執行委員会に執行委

員３名の女性の特別枠が設定され、今まで１名だった執行委員が４名になった。1973 年から女性は代議員の１割、55 名が特別オブザーバーとして大会に出席し、議決権はないが発言できるようになった。婦人対策部は婦人委員会（現女性委員会）に名称をかえ、女性問題を女性組合員が自ら取り組み、組織的に解決する運動体になった。すでに女性たちが実践しているスタイルであったが。女性の意思が直接組合大会討議に反映できるまで長い時間が必要だった。

　前述したとおり、母性保障統一要求が採択された 74 年大会の議長の一人は勝山Ｂ社労組の女性Ｇ・Ｈさんだった。この時期には福井県ならびに勝山において、女性が直面している問題を解決する組合の女性運動が高揚していった。この背景には女性差別撤廃条約の制定と批准にむけた世界的な女性運動の広がりがあるのは論をまたない。

　福井県、また勝山地域に限定できないだろうが、働き続ける既婚・中高年女性が多いこれらの地域に顕著にあらわれる問題がある。それは男女の性別役割の家族、性別役割を当然視する社会である。女性は企業で働き、かつ出産し、子育てをし、姑・舅の世話をし、家族を維持するさまざまな仕事を行う生活を送らなければならないが、これらのケア労働は社会的に評価されない。社会的評価がされない仕事に従事する女性たちは必然的に社会的に低く位置づけられた。福井県、あるいは勝山地域におけるケア労働の社会的評価のあり方の分析は、今後の課題である。この仕組みが企業の中に多分、プラスアルファを伴って水平移行し、企業の中枢部を担う生産に従事しながら、女性の賃金は男性より低く評価された。経営者だけではなく、こうした社会の中で暮らす労働組合の男性の意識も同様であった。配偶者が織機を動かし、自分が子守をする小機経営者もいたけれど。

　勝山地域の女性労働者は職場懇談会をこまめに開き、日常の暮らしの中の生身の不満、労働現場の中の抑えがたい不満をまとめて要求として組合執行部に提出した。さらに地域の他企業組合との共同行動、女性団体との協同によって、水平移行は母体と母性の保障制度から賃金平等へと、男女平等の組合運動へと傾いてきた。労働組合が地域の中で他組合との、また他団体との横の繋がりをもって活動することは、労働者のみならず地域住民の利益に資することになる。

　本章は冒頭に記した通り、1950 年代から 80 年代前半を分析の対象にした。

すでに指摘しているが、女性が組合執行委員に複数存在すること、女性が抱える課題を組合の闘争課題にすること、組合運動が地域の中で横の繋がりをもつことによって、勝山地域の女性組合運動は発展した。今日勝山地域の労働組合は2社が存続しているに過ぎない。女性組織率も減少し、中国人女性労働者も働いている。1990年代から労働政策、女性労働政策は大きく変化している。組合幹部として活動する女性が増加する一方、女性労働者間、男性労働者間の格差は拡大している。しかしながら、女性が活動できる環境は、男性や障害者や弱小者が相互に協力できる環境でもあることは変わりない。

本章が対象とした時期の女性運動は、再三記述するが、中高年女性、既婚女性労働者が増加した高度経済成長期の組合運動であった。こうした事例研究は今日のジェンダー平等の実現に大きな教訓を残していると考える。

注

1) 1974年流通部門を統合してゼンセン同盟に、2002年介護職など医療福祉関係を統合、パートタイマーを組織化してUIゼンセンに、2012年百貨店を統合してUAゼンセンに改称している。

2) 組合活動の参加率は、電機労連、自動車労連は60％、繊維労連70％、定説に対する否定率は前2組織は約27％、繊維労連は約40％、肯定は前2組織30％、繊維は13％である。まったくその通りという回答は各組合とも5％弱。

3) 全繊は1960年以降民社党を支持している。ゼンセン役員が民社党から衆議院選挙、県議選、市議選に立候補し、組合は立候補者の選挙運動を行っている。B社労働組合は役員全員が民社党に入党している。組合役員が市議選に立候補し、市議などとして活動している。

4) 県支部資料はB社労組出身となっているが、A社労組役員たちへの聞き取りではA社労組出身と指摘しているので、A社労組出身とする。

5) 婦人部主催の運動会は300人が参加して行われた。

6) 全繊同盟婦対部は1973年に45歳以上の独身女性および夫と離死別した女性たちを対象に、「中高年婦人組合員の生活調査」を行っている（『月刊ゼンセン　母体保護と協約』1974年4月号）。応答した女性は324人。勤続20年以上の対象女性の賃金は6万円から9万円、定額賃金は一時金、退職金などの額に影響する。勤続20年以上の女性が多いが、社宅利用者は5％、家族手当が支給されていない女性は34人、子どもをもつ女性92人で28％強。世帯主である女性労働者の生活の基礎が保障されていないことがわかる。

参考文献

浅倉むつ子（1991）『男女雇用平等法論――イギリスと日本』ドメス出版。

浅倉むつ子（2017）『雇用差別禁止法制への展望』有斐閣。

福井県労働組合評議会福井地方同盟編（1961）『福井県労働運動史』2巻（全3巻）。

福井県編（1982）『福井県史　通史編6　近現代2』。

藤原千沙／山田和代他編（2011）『労働再審3　女性と労働』大月書店。

古川景一／川口美貴（2011）『労働協約と地域的拡張適用――UIゼンセンの実践と理論的考察』信山社。

勝山市編（1992）『勝山市史・通史編第三巻――近代・現代』。

木本喜美子（2003）『女性労働とマネジメント』勁草書房。

木本喜美子／深沢和子編（2000）『現代日本の女性労働とジェンダー――新たなる視角からの接近』ミネルヴァ書店。

松山照編（1981）『勝山の機業』勝山市教育委員会・勝山市文化財保護委員会。

森ますみ（2005）『日本の性差別賃金――同一労働同一賃金原則の可能性』有斐閣。

中野麻美（2006）『労働ダンピング――雇用の多様化のはてに』岩波書店。

日本ILO協会編／木村愛子編著（2004）『ILO――労働組合とジェンダー平等』日本ILO協会。

大羽綾子（1988）『男女雇用機会均等法前史――戦後婦人労働史ノート』未來社。

大森真紀（1990）『現代日本の女性労働――M字型就労を考える』日本評論社。

大沢真理（1993）『企業中心社会を超えて――現代日本を〈ジェンダー〉で読む』時事通信社。

労働省婦人少年局編（1965）『改訂　女子の定年制』日本労働協会。

鈴木裕子（1984）『女たちの戦後労働運動史』未來社。

多田とよ子（2004）『明日につなぐ――仲間たちへの伝言』ドメス出版。

高木郁郎／連合総合男女平等局編（2004）『女性と労働組合――男女平等参画の実践』明石書店。

高橋久子他監修（1991）『戦後婦人労働・生活調査　資料編　労働　8巻　労働組合』クレス出版。

竹中恵美子（2012）『竹中恵美子著作集』（全6巻）明石書店。

竹信三恵子（2009）『ルポ雇用劣化不況』岩波書店。

辻智子（2015）『繊維女性労働者の生活記録運動』北海道大学出版会。

山田雄造（2012）『勤労青年学校　勝山女子高等学院　その儚い歴史を辿る』私家版。

吉田容子（2007）『地域労働市場と女性政策』古今書院。

ゼンセン同盟編（1996）『輝き――ゼンセン女性運動史』協同社。

全繊同盟史編集委員会編（1962）『全繊＝ゼンセン同盟史』2巻（全8巻）。

『働学一如　三十年の歩み　福井県立勝山精華高等学校』（1973）。

参考資料

「B社労働組合定期大会報告書並びに議案書（1958年度-1973年度）」（福井県文書館　A1507）

B社「B社労働組合基本労働協約・同規則（昭和41年）、就業規則」（同文書館　A1482）

『B社社内報』組合機関紙（同文書館　J1219）

勝山市労務安定協議会（昭和40年）（同文書館）

ゼンセン同盟福井県支部文書類（同文書館　A0100、A1460）

福井県地方繊維産業労働組合連合会文書（同文書館　Aa1440）

A社労働組合文書（同文書館　A1494）

A社労働組合定期大会議案書　1971年度―1975年度（A社労働組合事務所蔵）

全繊同盟全国機関紙『全繊』（友愛労働歴史館蔵）

月刊『ゼンセン』（大森真紀他編（2015）『産業別労働組合　女性調査資料集成12巻　ゼンセン同盟』所収　日本図書センター）

「看護休職をめぐるアンケート調査の集計結果について（概要）」S59・8・28　第11回常執会（多田とよ子蔵）

第6章

農業を基盤とする零細家族経営機業
――農村と女性労働

千葉悦子

はじめに

　1950年代～1960年代にかけて織物産業が好況を呈した福井県勝山市の大手機屋では隣接する農村部に労働力を求め、農家の世帯員を吸収するが、農村部からの労働力が払底する中で、県外からの集団就職で対応した。

　一方、本章が対象とする勝山市内の北郷地区[1]では、農業を営みながら小機屋を経営する、いわゆる「農家機屋」が雨後の筍のごとく次々に登場した。1960年代には「昼夜、機の音がやむことはない」と言われるほど、機業が活況を呈した。農業を基盤とする家族経営を支えたのは他でもない農家の嫁であり、跡取り娘だった。彼女たちはどのような思いで機業労働や自家農業に従事していたのであろうか。

　本章では、農家機屋が集積する北郷地区の女性労働に焦点化して、高度成長期を中心に、家業としての機業労働や農業労働をどのように担い、どのように意味づけて生活していたのかを明らかにする。

1．零細農の女性労働に関する研究動向

　ところで、日本農業の小農・家族経営についての研究蓄積は膨大にあるにもかかわらず、家族を構成する個人を焦点化する研究は少なく、とりわけ女性を焦点化する研究はごくわずかであることについては筆者がかつて指摘したとお

りである（千葉，2000: 86）。従来の農村社会学では「家」と「家」が集合して形成される「村」が研究の主たる対象であり、家は「家長」（世帯主）によって代表され、女性たちは長いこと見えない存在とされてきたのである。

　しかし、近年では戦前の農家・非農家の小経営における女性労働に迫ろうとする研究（谷本，2011）や、戦後1950年代〜1960年代の農村女性がとりくんだ生活記録や生活改善による命や生活を守ろうとする実践から農村の女性と家・家族をめぐる関係の変化を捉えようとする研究（大門，2013）など、注目すべき研究が散見される。あるいは1990年代以降、経営者としての女性を標榜する農村女性政策が打ち出され、6次産業化や女性起業に踏み出す農業者女性に注目が集まっているが、そうした女性起業の平等主義や事業の利益性を超えて生活技術の伝承、地域特産品づくり、ネットワーク形成など志を重視する特徴を明らかにする研究も重ねられている[2]（岩崎／宮城，2001）。

　しかしながら、今日においてもなお小農・家族経営の内部にまで立ち入って、女性の働き方を掘り下げ、世代間関係やジェンダー関係を問おうとする研究は少ない。

　その中で、1970年代後半から2000年代までの、稲作機械化一貫体系が確立する一方、減反転作が本格化し、総兼業化した山形県庄内地方の農家調査から、女性の役割構造の変容を捉えようとした永野由起子の研究は貴重である（永野，2005）。

　永野は後継者世代の妻の多くが恒常的勤務による現金収入の稼ぎ手となり、「個々の女性の家計への貢献度を賃金というかたちで目に見えるものに変え」（永野，2005: 226）たとする。また稲作と複合部門を組み合わせながら専業的経営の維持・継続をはかる一部の農家では、稲作の基幹労働力と経営責任者が男性で、女性は補助的労働力といった役割分担ではなく、男性も女性も複合部門の基幹労働力として、後継者世代が切り盛りするかたちに変わったという。そこでは兼業農家、専業農家を問わず、かつて行われていた家長による労働統制や家計の一元的管理は見られない。そして、このことから、家父長的性格は払拭され、一つの労働組織としての「家」は解体し、「夫婦二世代同居」といえる状況が立ち現れるとする。しかし同時に、夫婦二世代同居は労働者家族のそれとは異なって、家族持ち寄り所得によって「主家計」は成り立っており、労働

組織としての「家」は解体しても、「一つの家計」としての「家」は再編され、生活保障システムとして存立していると結論づける[3]。

　永野は農家世帯員個々人の就労実態や生活意識にまで踏み込んで、家族内の役割分担の変容から農家の内的変化を捉えようとしており、「家」の内部に埋め込まれていた女性を可視化した点は高く評価すべきだと言えよう。しかし、永野の研究からは農家世帯員間、とくに姑と嫁などの世代間の矛盾・葛藤は見えてこない。永野は「家」への関心が強く、「家」内部にある矛盾への関心が薄いのではないか。もちろん、永野も嫁・妻の義父母や夫への不満や抵抗に触れていないわけではない。しかし、永野にとって重要なのは、嫁が舅・姑や夫にどのような思いを抱いているか、あるいは嫁の主体性がどのように発揮されているかを捉えて、その意味を問うことではない。永野は家族成員間の矛盾・葛藤を取り出すとしても、「家」の継承のために家族成員間の諸矛盾や緊張関係が調整されることにこそ関心を向け、その方向に生活保障システムとしての「家」が機能するとの結論を導き出す。

　しかし、永野が捉えた庄内地方の農家の嫁は、「家」を維持し継続させるために労働し、生活していたのだろうか。「家」と格闘しながら、労働・経営・生活の結節的位置にあるからこそ、家族成員間の矛盾を深く受けとめ、それを克服するために、生活様式を革新し、新たな家族内諸関係を構築しようする女性たちが形成されつつあったのではないか。

　加えて、階層性の視点も重要であろう。永野の研究対象は、庄内地方の2～4ha規模の農家であり、基幹的作物である「稲作」の収入をベースに家族員の持ち寄り所得で家の再生産がなされており、相対的に安定した経営体といえる。本章で対象とする北郷の農家の多くは、永野の取り上げた庄内地方の中農的階層にある農家とは大きく異なっており、1ha未満の僅かな土地所有しかない零細農である。こうした階層は高度成長期以前も以後も日本の農家のマジョリティであった（1960年0.5ha未満39.1%、1ha未満では72.1%、2015年1ha未満53.8%）。しかし、高度成長の過程では絶えず分解の危機にさらされ、まさに「家」の解体・変容が迫られた階層である[4]。零細農の生き残り戦略はいかなるものであっただろうか。そこに農家女性はどのようにコミットしてきたのであろうか。永野の捉えた中農層のそれとは異なるであろうし、経営内での女性労働

の占める位置はより大きかったに違いない。

　以上の問題意識をもとに、本章では農家機屋が集積する勝山市北郷の家業の機屋を支えた女性のインタビューの分析を土台とする。ほとんどが小零細の機業経営の妻として働いた女性たち、もしくは現在もなお働き続ける女性たちである。農家女性が小経営の解体の危機の中で、葛藤を抱えながら自らの労働をどのように意味づけ、どのように生きてきたか、零細農という階層に規定され、苦闘しながらも、多様な選択を模索する農家の女性労働のあり方を探っていきたい。

　ただし、世代間関係と夫婦関係から捉えるのが重要だが、本章では紙幅の関係から世代間関係に絞って検討する。

２．勝山市北郷地区の地域特性

　農家機屋の女性労働のあり方を検討する前に、まず、勝山市北郷地区の地域特性を概観する。

（１）戦前の織物産地・勝山

　勝山市は、福井県の東北部に位置し、市の中心は福井市の東方約28キロメートルの地点にある。東南は大野市に、西南は福井市、北西に坂井市、吉田郡永平寺町、北は石川県に隣接している。また、市の周辺は1,000メートル級の山々に囲まれ、中心部は県下最大の河川である九頭竜川の中流域に位置している。この1,000メートル級の山々がそそり立ち、市の背後の農村部が狭隘のため、零細農家が多く、戦前は養蚕・葉たばこ・炭焼きなど副業収入に依存しながら農家経営が保たれてきた。

　勝山市では明治初頭から10年頃に製糸会社が次々につくられ、その周辺には家内工業的な小規模な工場ができる。繭を供給する蚕を飼育する農家がどこの農村でも見られたが、明治末年には太糸が需要に合わなくなり、衰退していくことになる。

　一方、勝山産地の織物業は明治20年頃から羽二重の輸出を旧町人層のタバコ製造・販売を資金源として始めたとされる（勝山市編，1992）。中上層の農家の

第6章 農業を基盤とする零細家族経営機業 213

中には織物業の発展に目を向け、家内工業的に始めたところもあった。勝山市の西に位置する北郷（村）で織物業を始めたX機業場は社史で「明治40年代機織りの前途に目を向け、家内工業的に経営を始めた」（『X社社史』8頁）と述べている。明治40年頃には、北郷（村）の機業場は7〜10工場に増えたという記録がある（『X社社史』10頁）。

しかし、それも農業恐慌により羽二重輸出は低迷し、それに替わって1930年代以降、人絹織物が不況の中で都市商工業だけでなく農村部にも広がっていった。北郷（村）も昭和の人絹ブームによって機業創業熱が高まる村の一つである。農業恐慌による農産物価格の低落が続き、農家が農業経営の新たな打開策を模索していた時期であった。

恐慌下の農業収入の減少を補うために、村内の機業場に勤めていた周辺農家にとって、人絹ブームが機業自営を企てる契機となり、半農半工の零細機業が簇生した。

こうして機業の発展は県外への出稼ぎをやめて機業場に勤める職工や農林業をはじめとする家業労働に従事していた女性労働を吸収する役割を果たした。機業の広がりは、地主・小作関係にも変化をもたらすことになる。機業に労働力が吸収され、地主に土地を返還する小作農家が相次ぎ、自ら耕作をはじめた地主もあったが、地主もまた耕作地の拡大を望まず、結局のところ5反から6反の自作農に土地が集積した（福井県編, 1996）。葉たばこが盛んな時もあったが、恒常的農業従事者が減少し、農業が粗放化した。戦後の農業における労働力不足、高齢化を促し、農家の粗放化につながったと思われる。

（2）戦後の勝山農業と農家機業地・北郷

敗戦時、繊維産業は戦前のピーク時の3割までに低下したが、1950年代後半になると化・合繊の生産が定着し、1960年代には「人絹ブームの再来」と言われるように事業所数が増加し、農家労働力の多くが機業場に吸収された。勝山は兼業に対処すべく、田植え機の普及が県内で最も進んだという指摘もある[5]。この増加を牽引したのは勝山では大手機業である。

表6-1は1960年及び1965年の勝山市の地区別・専兼別割合を示したものである。1960年時点では勝山市の専業農家の割合は18.9%、第1種兼業農家の割

表 6-1. 勝山市地区別・専兼別農家戸数

単位：上段は戸数、下段は%

	1960				1965			
	総数	専業	1兼	2兼	総数	専業	1兼	2兼
勝山市	3,483	659	1,334	1,470	3,167	235	1,129	1,803
勝山（町）	449	102	135	212	404	27	141	236
平泉寺（村）	388	88	199	101	361	47	208	106
村岡（村）	372	73	73	226	361	31	128	202
北谷（村）	325	35	140	150	253	16	42	195
野向（村）	342	74	197	71	296	20	135	141
荒土（村）	455	152	195	108	439	42	227	170
北郷（村）	401	35	144	222	359	13	52	294
鹿谷（村）	537	91	174	272	501	29	103	369
遅羽（村）	194	9	77	108	193	10	93	90
勝山市	100	18.9	38.3	42.2	100	7.4	35.6	56.9
勝山（町）	100	22.7	30.1	47.2	100	6.8	34.9	58.4
平泉寺（村）	100	22.7	51.2	26	100	7.5	57.6	29.3
村岡（村）	100	19.6	19.6	60.8	100	8.6	35.5	56
北谷（村）	100	10.8	43.1	46.1	100	6.3	16.6	77.1
野向（村）	100	21.6	57.6	20.8	100	6.8	45.6	47.6
荒土（村）	100	33.4	44.4	24.6	100	9.6	51.7	38.7
北郷（村）	100	8.7	40.1	55.4	100	3.6	14.5	81.9
鹿谷（村）	100	16.9	36.1	54.3	100	5.8	20.6	73.7
遅羽（村）	100	4.6	39.7	55.7	100	5.2	48.2	46.3

資料：農林省『農業センサス』（1960、1965）より作成。

合は 38.3% で、農業を主とする農家が 6 割弱を占めていた。しかし、1965 年には第 1 種兼業農家が 35.6% で大きな変化はないが、専業農家は 7.4% と大きく減り、農業を従とする農家が 5 割を超えた。1960 年に第 2 種兼業農家が 5 割を超えた地区は村岡（村）（60.8%）、北郷（村）（55.4%）、鹿谷（村）（54.3%）、遅羽（村）（55.7%）だったが、1965 年には勝山（町）（58.4%）、村岡（村）（56.0%）、北谷（村）（77.1%）、北郷（村）（81.9%）、鹿谷（村）（73.7%）となり、旧勝山町から遠い農村部にある北谷（村）、北郷（村）、鹿谷（村）が兼業への依存度がとりわけ強いことが確認できよう。

　さらに表 6-2-1、及び表 6-2-2 の類型別兼業従事者の内訳を参照されたい。第 2 種兼業農家の「自営兼業」の比率が北郷（村）35.4% 及び荒土（村）22.9% で、他の地区と比べると際立って高いことがわかる。この多くが「農家機屋」と思

表 6-2-1. 勝山市地区別・類型別兼業従業者数—第 1 種兼業農家

単位：上段は戸数、下段は％

	第 1 種兼業農家						
	総数	雇われ兼業	（恒常職）	（恒常賃）	（出稼ぎ）	（日雇い）	自営兼業
勝山市	1,129	1,061	212	373	45	431	68
勝山（町）	141	136	26	56	5	49	5
平泉寺（村）	208	189	39	23	6	121	19
村岡（村）	128	121	23	57	4	37	7
北谷（村）	42	28	5	2	−	21	14
野向（村）	135	133	19	36	15	63	2
荒土（村）	227	214	35	99	7	73	13
北郷（村）	52	51	22	23	−	6	1
鹿谷（村）	103	97	15	41	1	40	6
遅羽（村）	93	92	28	36	7	21	1
勝山市	100	94	20	35.2	35.2	40.6	6.0
勝山（町）	100	96.5	19.1	41.2	3.7	36	3.5
平泉寺（村）	100	90.9	20.6	11.1	2.9	64	9.1
村岡（村）	100	94.5	19.1	47.1	3.3	30.6	5.5
北谷（村）	100	66.7	18.9	4.8	−	75	33.3
野向（村）	100	98.5	14.3	27.1	11.2	47.4	1.5
荒土（村）	100	94.2	16.4	46.3	11.3	34.1	5.7
北郷（村）	100	98.1	43.1	45.1	−	11.5	1.9
鹿谷（村）	100	94.1	15.5	42.3	1	41.2	5.8
遅羽（村）	100	98.9	30.4	39.1	7.6	22.8	1.0

注：「恒常職」は恒常的職員勤務、「恒常賃」は恒常的賃労働勤務を表す。
資料：農林省『農業センサス』（1965）より作成。

われる。

では北郷において 3 戸に 1 戸の割合で機業兼業に向かったのはなぜであろうか。

表 6-3 は勝山市、北郷（村）、平泉寺（村）の規模別農家戸数を示したものである。1960 年の勝山市の規模別農家数の構成は 0.3ha 未満の農家数は 16.7％、0.3 〜 0.5ha は 20.9％、0.5 〜 0.7ha は 20％、0.7 〜 1.0ha は 23％ で、0.5ha 未満が 3 分の 1 を占め、一方北郷（村）は 0.3ha 未満の農家数は 25.2％、0.3 〜 0.5ha は 21.9％、0.5 〜 0.7ha は 27.2％、0.7 〜 1.0ha は 17.5％ で、0.5ha 未満の零細農の割合は北郷（村）（47.1％）の方が勝山市（37.6％）よりも 10 ポイント近く上回り、勝山市の中でも零細性が際立っている。機屋開業の背景には、この農家の零細

表 6-2-2. 勝山市地区別・類型別兼業従業者数—第2種兼業農家

単位：上段は戸数、下段は%

| | 第2種兼業農家 | | | | | | |
	総数	雇われ兼業	（恒常職）	（恒常賃）	（出稼ぎ）	（日雇い）	自営兼業
勝山市	1,803	1,507	422	592	86	407	296
勝山（町）	236	198	47	104	1	46	38
平泉寺（村）	106	95	30	22	9	34	11
村岡（村）	202	186	36	101	4	45	16
北谷（村）	195	162	35	16	29	82	33
野向（村）	141	131	40	40	6	45	10
荒土（村）	170	131	35	44	13	39	39
北郷（村）	294	190	55	104	1	30	104
鹿谷（村）	369	333	109	131	21	72	36
遅羽（村）	90	81	35	30	2	14	9
勝山市	100	83.5	28	39.3	5.7	27.1	16.4
勝山（町）	100	83.9	23.7	44.1	0.5	23.2	16.1
平泉寺（村）	100	89.6	28.3	23.1	9.5	35.8	10.3
村岡（村）	100	92.1	19.4	54.3	2.1	24.2	7.9
北谷（村）	100	83.1	21.6	9.9	17.9	50.6	16.9
野向（村）	100	92.9	30.5	30.5	4.5	34.4	7.1
荒土（村）	100	76.6	26.7	33.6	9.9	29.8	22.9
北郷（村）	100	64.6	28.9	54.7	0.5	15.8	35.4
鹿谷（村）	100	90	32.7	39.3	6.3	21.6	9.8
遅羽（村）	100	90	43.2	37.4	2.5	17.3	10

注：「恒常職」は恒常的職員勤務、「恒常賃」は恒常的賃労働勤務を表す。
資料：農林省『農業センサス』（1965）より作成。

性にあることが推察できる。また、江戸末期から始まり、明治末に大がかりな開堀が行われた板東島鉱山は、1960年代前半に閉山となっており、このことも機業立ち上げに影響を与えていたと思われる。

　なお、1世帯あたりの農業就業人口（15歳以上の農家世帯員のうち主として農業に就業した人口）をみると、北郷において男性は1960年0.57人、1965年0.46人、女性は1960年0.91人、1965年0.72人、勝山市平均では男性が1960年0.73人、1965年0.55人、女性は1960年1.17人、1965年が0.98人であった。これらの数値から北郷のみならず勝山市全体の農業への依存度の低下がうかがえる。とくに北郷はその傾向が著しいが、それでも男女別にみると女性の農業就業人口が男性のそれを上回っており、男性が農外就労に傾斜する分、女性が農業で果た

第6章 農業を基盤とする零細家族経営機業 **217**

表6-3. 勝山市規模別農家戸数

単位：上段は戸数、下段は％

		総数	例外規定	0.3ha未満	0.3~0.5	0.5~0.7	0.7~1.0	1.0~1.5	1.5~2.0	2.0~
1960	勝山市	3,463	10	579	723	694	798	539	106	14
	北郷（村）	401	－	101	88	109	70	26	6	1
	平泉寺（村）	389	－	28	47	54	117	106	26	10
1965	勝山市	3,167	9	472	710	607	709	535	97	27
	北郷（村）	359	－	76	96	90	59	32	5	1
	平泉寺（村）	361	－	26	47	56	89	99	30	15
1960	勝山市	100	0.3	16.7	20.9	20	23	15.6	3.1	0.4
	北郷（村）	100	－	25.2	21.9	27.2	17.5	6.5	1.5	0.2
	平泉寺（村）	100	－	7.2	12.1	13.9	30.1	27.2	6.7	2.6
1965	勝山市	100	0.2	14.9	22.4	19.2	22.4	16.9	3.1	0.7
	北郷（村）	100	－	21.2	26.7	25.1	16.4	8.9	1.4	0.3
	平泉寺（村）	100	7.2	13	13	15.5	24.7	27.4	8.3	4.2

資料：農林省『農業センサス』（1960、1965）より作成。

す役割が大きくなっているとも推察できる。

今井健は北陸では1960年代後半に入って賃機率が飛躍的な高まりをみせており、この過程を「合繊化の過程での原糸メーカー、商社の企業支配、新たな零細自営業層の創設過程」であり、同時に周辺農村への機業場拡大過程だと指摘し、とくに福井県にあっては1974年以降の構造不況下において、専業的な中規模層の倒産か、設備投資を伴う新たな規模拡大を迫られているのに対し、自営的兼業がしぶとく生き残っているのは、機業の兼営形態にあると述べている。（今井，1985: 89-90）。すでに勝山市は大手産地が抜きんでていたと序章で述べているが、北郷は、勝山市とは異なって福井県の他の産地に多く見られる農家経営とのつながりの深い地域であるといえる[6]。

3．農村地域の小機屋の女性労働と家族

（1）機屋開業・継承の動機

本章では北郷で高度成長期に機屋を営んでいた9ケースの経営者女性（妻）および経営者男性（夫）のインタビューをとおして、農家機屋の女性たちの労

働はどのようなものだったのか、女性たちは農家機屋の家業労働をどのように受けとめていたのかを明らかにする。[7]

調査対象の概況は表6-4のとおりである。北郷では高度成長期に小機屋が次々にできたが、同時に戦前から開業している数軒を除いて現在は廃業している。

農業基盤が脆弱で、各戸が所有する農地は30aから1ha前後、農業だけで生計費を確保するのは難しい零細貧農の稲作兼業農家が集積していることがインタビューからも確認できる。北郷では農業収入だけでは生活できず、多くは炭焼きによる収入補てんや坂東島鉱山での賃労働で家計を賄っていたことを先に述べた。1950年代半ばに坂東鉱山が閉山し、それに代わる収入源が求められて

表6-4. 農家機屋の跡取り娘・嫁のインタビューリスト

		生年	機業経営	農地所有	本人学歴	結婚直後の家族形態	調査年月
G-1	嫁	20年代後半	1974年開業、現在廃業	40a	高等小卒	三世代家族	2013年9月4日
G-2	嫁	30年代前半	1955年頃に開業、現在廃業	30a、後に買い足して75a	女学校卒	三世代家族	2013年9月3日
G-3	嫁	30年代後半	1956年開業、現在廃業	50a	中卒	三世代家族	2013年9月3日
G-4	跡取り娘	30年代後半	1956年開業、現在廃業	30a	中卒	三世代家族	2013年9月4日
G-5	嫁	40年代前半	1965年開業、現在廃業	50a	中卒	三世代家族	2012年9月3日
G-6	嫁	40年代後半	戦前開業、継続	1ha40～50a	大卒	三世代家族	2012年9月4日、2013年3月22日
G-7	跡取り娘	40年代後半	1966年開業、継続	80a	高卒	三世代家族	2012年9月4日、2013年3月22日
G-8	嫁	50年代前半	1958年再建、継続	戦前倒産の折に土地売却	高卒	三世代家族	2012年9月4日
G-9	跡取り娘	50年代後半	戦前開業、継続	戦前は田畑を貸す	短大卒	四世代家族	2012年9月4日、2013年3月22日

第6章　農業を基盤とする零細家族経営機業　　**219**

いた。また農業機械の購入や農家生活の近代化・洋風化が相俟って家計支出は高まっていく。といっても狭隘な地域で農地拡大は難しく、また勝山市街への通勤兼業も遠距離のため決して簡単ではない。こうした事情から農家機屋の起業へと向かうことになるのは容易に推察できよう。農家機屋において女性労働は大きな位置をしめていた。

　機屋開業・継承に女性たちがどのように関わっていたのかをまず見ることにしよう。

　9ケースの小機屋の女性（妻）を大きく分けると、長男に嫁いだ「嫁」（G-1、G-2、G-3、G-5、G-6、G-8）グループと「跡取り娘」のグループ（G-4、G-7、G-9）に分けられる。前者には織物業に勤めた経験のある3人（G-1、G-3、G-5）と嫁一人の力で機屋を起業した1人（G-2）が含まれる。

1）「嫁」の織物業に勤めた経験を活かした機屋開業

　結婚前に織物業に勤めていた「嫁」の場合をまず見てみよう。

　G-1やG-3、G-5は学校を卒業してB社で寄宿舎に住みながら織物業への就労を続け、結婚した後、嫁ぎ先が機屋を始めている。G-3およびG-5は結婚してまもなく、G-1は子育てが落ち着いた1970年代前半に機屋を始めるが、いずれの場合も、嫁ぎ先が織物業に就業していた女性の経験を活用しようと機屋を始めたといえる。

　G-5はG-9の社長に自社に勤めていた夫を紹介されて結婚し、大手B社を辞めて小機屋のG-9の工場に2年勤めたのち、機屋を始める。G-5は「結婚するとき機場で働くことになるだろうと思っていた」と語っており、織物業に勤めた経験を活かして働くことに抵抗感はなかった。機屋の開設は夫からの提案だったという。夫は中卒後、G-9に勤め検査を担当していたが、小機屋（従業員10人程度）であったから、整経はもちろん色々な作業に従事し、「そこらじゅうのものなんでも直した感じで、やれんことはなかった」。こうした夫の小機屋での就労経験と妻の大手機屋に勤めていた経験を活かした機屋開業のケースである。

　G-3も中学校を卒業してからB社に住み込み（寮生活）で織物業に就業しており、結婚した翌年に機屋を始めている。G-3の場合は、嫁ぎ先は主に炭焼きで生計をたてていたが、「夫は山から炭を担いでおろす重労働を嫌がっていた」の

で、夫の父や叔父が夫の機屋立ち上げを勧め、結婚を機に炭焼きを辞めて機屋を始めたという。「機を織られんもんは嫁さんに行かれん」と思っていたと、機織りで家業の機屋経営に寄与することは「嫁」には当然のこととしてG-3も受けとめている。

一方、G-1は結婚してすぐは北郷の地元の小機屋で働いた。大手の機屋で働いた女性が地元の機屋で働くのは「普通」とG-1は語っている。

> こっち（北郷）に来てから機織りにいきましたよ。（北郷地区の）伊地知内のY機場に。10人くらい働いていましたかね。大きな機場に勤めた人が地元で結婚して、地元の機屋に勤めるというのは普通やで。嫁にきたら。…中略…田舎のことですで、主婦なんてね、うちに置いてもらえんで、みんなして働きましたよ。

G-1は、その後、子どもが中学を卒業するのを機に織物工場を始める。織物業が活況を呈し、経験を活かさない手はないと始めた、という。

> その頃、（競うように、お隣もやるので）連鎖して（工場をした時代）…中略…そんな時分はサラリーマンより収入二倍ですよ。それでやはり織物でも経験がないと、できないことですよ。

以上、織物に勤めた経験のある女性たちは、結婚した後も地元の機場で働くのは当然と受け止めていた。G-3、G-5は嫁を迎え入れて直ぐに機屋を起業しており、結婚をとりまとめる際には、嫁ぎ先の嫁の「人選」は嫁の機業場での技術と経験を前提にしたと思われる。

2) 跡取り娘の機屋継承

跡取り娘の機屋経営に関わる経緯や思いはいかなるものであっただろうか。

3人姉妹の長女だったG-7は1966年に高校を卒業してそのまま家の機屋に就労した。機屋をはじめたのは長女が家に入る2年前のことである。G-7の両親は農業に従事しながら坂東島鉱山に勤めていたが、1960年代前半に閉山となり、その後できたサイジング工場に1～2年勤めた後、小機屋をたちあげる。G-7

第6章　農業を基盤とする零細家族経営機業　**221**

は跡取りなので、子どもの頃から、家に残らなければならないと思っていた。同級生のように村内の（機屋）の工場に勤めてもよかったが、外で働きたいとも思っていなかったので、それほど疑問も持たずに家業を継ぐことにしたという。G-7 は次のように語っている。

> 私は、ほら、3 人娘の長女、いや別に、（外に）仕事に行っても（よかったと思う）。あの頃は…中略…村内に仕事が（あって）ほら、高校卒業して勤めに出た人も、中学を卒業したものも村内の工場では 2 人か、3 人使っているところとか、そんなのがいっぱいあったでしょ、そういうところに結構、私らの同級生もいたんですけど、私はそれで、うちの母親は全然工場の経験がないのにやり出したので、私も別に、どうしても外に仕事に行きたいというわけじゃないで、そのまま工場に入ったみたいな感じで。…中略…高校卒業した同級の人らはみんな勝山の市内とか、どこか大学にいく子やら、いろいろいました。私はどっちにしてもずっとうちにいなあかんあれやで。それはもう、残るというのは、子どもの頃から（そういうものだと思ってきた）。…中略…私らの年代の頃では大体みんなそんなのでないかな。小さな工場、そんなに何人も無理、私 1 人、親と、はじめにやっていたで。妹は全然さわりもせんと、みんな出て行ったわな。

　一方、G-4 の場合、それまで本家の機屋に勤めていた G-4 の父は、G-4 の中学卒業を機に機屋をたちあげる。G-4 は、「外で働きたかった、美容師になりたかった、外で働く同級生がうらやましかった。だけど長女は跡取りだから家で機織りせんとあかん、と父母にいわれ仕方なく家の機屋を始めた」と述べている。これに対し、跡取り娘の G-9 もやはり、跡取りとして家を継がなければならなかった複雑な気持ちを次のように語っている。

> 子ども 1 人だったので、自分が跡を継ぐしかないと思っていた。結婚して婿をとるしかないと考えていた。…中略…大阪の短大に家業の経理がすっと入れるように行った。大阪に行ったのは親戚がいたから。跡取りだから戻らなとは思っていたが、でも戻るのは辛い選択だった。帰りたくなかった。

G-9 の生家の機屋は G-7、G-4 とは違って、戦前からの歴史があり、かつては10 人を超える雇用を抱えていた。G-9 が跡取りとして家業に携わる頃には、好況期を越え、北郷の多くの機業は徐々に廃業に追い込まれ、経営が厳しくなりつつあった時期であった。経営の責任を担うことになる G-9 の荷の重さは格別であったと思われる。

跡取りの複雑な思いは、「跡取り娘」に限ったことではない。跡を継ぐのは「致し方ない」と思いつつも、当然のこととして受け止めきれなかったことを北郷地区の草分けであり、中堅の機業場である G-6 の社長も「跡をつぎたくない」「戻りたくなかった」、弟でもよいと思ったが、「長男のお前が帰ってきなさい」と言われて戻ってきたと語っている。

3) 起業する女性

夫や義母・義父からの要請や跡取りとして期待されて機屋を立ち上げるのではなく、自らの意思で機屋を立ち上げた稀有なケースもあった。G-2（夫）の父は京福鉄道に勤めるサラリーマンで、夫も同じ企業に勤め、1953 年に結婚する。妻は女学校卒で、結婚して組合の事務を務めたが、「機屋は儲かる」と聞いて、「妻は何の経験もないにもかかわらず一人で起業した」という。鉄製織機 5 台から始め、その後徐々に増やして、19 台まで増やした。「妻に教えてもらって手伝ったが、中心は妻だった。妻は夜中も織っていた。妻の稼ぎで自宅を新築した」と夫は語る。

以上、機屋を立ち上げる、あるいは継承する経緯を見てきた。織物業に就業した経験のある女性たちは結婚して「機を織ること、仕事を続けることは当然のこと」とし、また跡取り娘も家業を継ぐことを当然のことと受けとめ、家族の一員として家業に従事することを疑問視する様子は見えない。なお、G-2 やG-9 からは「家の論理」から抜け出して「個」として生きたい欲求があったことがうかがわれる。G-2 は高等教育を受け、未婚時は福井市内の企業の事務職で働き、結婚後も事務職を経験している。G-9 は勝山を出て大阪の短大で学んでいる。こうした経験が北郷で当然とされる「嫁」「跡取り」としての家の規範をそのままうけいれることへの抵抗感を生み出したのではないか。しかし、抵

抗しつつも、跡取りを拒否して家を出るとか、機屋の稼ぎを家に入れないといった「家」を否定するような行動をとることはなかった。

（2）農家機屋の機業労働、家事労働、農業労働の家族内協業
1）家業としての機業労働、農業労働

次に家業としての機業労働がどのように担われたか、女性たちの労働はどのような位置づけにあったかを見ることにしよう。

表6-5. 機業労働の労働編成

≪三世代・二世代協業≫
G-4：父母＋娘　⇒　父母＋夫婦（ピーク時は雇用）
G-7：父母＋娘　⇒　父母＋夫婦（夫補助的）⇒夫婦（夫補助的）
G-9：祖父＋父母＋雇用⇒祖父＋父母＋娘＋雇用夫婦⇒
父母＋夫婦＋雇用（パート）⇒父母＋娘＋娘の娘（補助的）
≪夫婦協業≫
G-1：夫婦（起業する前は工場へ）
G-3：夫婦＋母　⇒　夫婦
G-5：夫婦＋母　⇒　夫婦（ピーク時は雇用）
G-8：義父母＋夫婦　⇒　義母＋夫婦⇒夫婦
≪一人≫
G-2：（夫補助的）
≪雇用労働中心≫
G-6：雇用労働＋夫婦

資料：インタビュー調査より。

表6-5に示すように、機屋の労働は一部雇用に依存するケースもあったが、おおかた家族労働によってのみ編成された。三世代・二世代協業で行うグループと夫婦協業で行うグループに分かれる。後者のグループの多くは二世代協業でスタートし、ライフサイクルの移行によって夫婦協業に編成替えしている。

G-4、G-7、G-9は跡取り娘で、家を継いで婿を迎え、父母との二世代協業か、あるいは祖父母も含めた三世代協業で行ってきた。とはいえ、G-7の場合、夫は他の機業に恒常的に勤務しながら、家では織機の修理・保全を補助的に行っており、またG-9は二世代あるいは三世代による家族協業に加えて、雇用労働

も投入している。G-3、G-5 は、機屋を始める時には機業労働の経験のある義母（G-5、G-3）と二世代協業でスタートし、後に夫婦協業に移行する。義父母と夫で機屋を営んでいたところに結婚して参入した G-8 もまた、二世代協業でスタートし、途中から夫婦協業に移行する。G-1 の場合は機業を立ち上げる時は夫婦協業である。G-2 は妻が中心で夫は補助的であることは先に述べたとおりである。G-6 は夫は社長、妻は役員で、機業労働は雇用労働中心である。

　以上から、家族員総出で家業の機業労働に労働力を投入しているように見て取れるが、必ずしもそうではない。これらの機屋の多くは規模の違いはあるとはいえ農地を所有し、少なからず農業からの収入を得ていた。また、家業の機屋だけでなく、他の機業場に就労する家族員や、あるいは福井市内に通勤兼業する家族員もいた。つまり、複数の収入で家族の再生産がなされているのである。

　たとえば、G-1 は、子育て中は農業と子育て、夫は工場と農業、義父は農業という役割分担だったが、機屋開業後は夫と妻が機業、義父は農業に従事する。G-7 は先に述べたように、実父母と跡取り娘は機業労働、夫は別の機業場へ勤務、農業は二世代協業で、跡取り娘が家の経営管理を任されてからは、実父は農外就労に出た。G-2 は機屋経営と農業、夫はサラリーマンで農業や機業は補助的に就労し、義父母は農業に従事する、という編成であった。

　このようにして、農業や機屋の家業労働や雇用労働をそれぞれの世帯の事情に即して、家族成員が分担・協業していることがわかる。中でも女性（跡取り娘・嫁・母・義母）は機屋および農業いずれにおいても不可欠な労働力として位置づいていた。

　しかし、父母世代は必ずしもそうではない。新たに始めた機屋部門は「嫁」「母」「娘」など経験者が中心となり、G-2 の義父母および夫、G-1 の義父、G-3 の義父、あるいは G-5 の義母は、機屋の労働には関与するにしても補助的なものに留まる。むしろ、そこに至るまでの経験をそのまま活かせる農業（G-2、G-1、G-5、G-3）や炭焼き（G-3）、雑貨店（G-5）を営むなど、「得意分野」を活かしての家族内分担・協業を編成している。とりわけ父母世代の父・義父にその傾向が強い。

　義父（舅）に対して嫁（G-1、G-3）は次のように述べている。

（義父は機を始めるとき）お金だしてくれただけや。機場のことはタッチせん。炭焼きしていた。(G-3)

義理のお父さん昔の人やで、（機は）なんも（しない）。農業はやっていましたよ。死ぬまで。(G-1)

　ここから、ただ単に経験の有無というだけでなく、機織りは「女の仕事」という意識が父母世代のとくに父・義父には根強くあり、機場に関わらない舅に対しての嫁の不満がうかがわれる。

2）家事・育児の世代間分業・協業

　さて、上述の個別世帯の家族内分業・協業で明らかなように、収入に伴う労働が優先され、家事・育児等の無償労働は後景に押しやられる。北郷の小機屋にはB社のような託児所もまた公立の保育所もまだ備えられておらず、子育ては小機屋の家業労働の編成に影響を与えずにはおかない。跡取り娘G-7、G-9、G-4の育児は実父母、とくに母に委ねられた。

一番上の子どものときはおじいちゃんが自転車に乗せてどこでも歩いていく感じ、二番目が生まれた頃かな、おじいちゃんは他の所に仕事に時々出かける感じになって、それでおばあちゃんがみて。もう子どもは大部分はおばあちゃん。学校に行くとかは私、そのときはおばあちゃんが機を。夫の手を煩わせることはなかった。洗濯はおばあちゃん（実母）、ご飯の用意は私。(G-7)

子どもの頃はおとうさんとお母さんが現場に入っていたので、いつもおじいさんとおばあさんと一緒だった。私の子どもも父と母がみてくれた。(G-9)

　嫁いできたG-3の場合、姑が孫の世話をしてくれた。G-5は2子までは姑に子どもの面倒をみてもらい、3人目は幼稚園（3年幼稚園）に預けた。車の免許はそのときに取得した。姑に子どもの世話をしてもらったことについて、次のように語っている。

子どものめんどうは「おばあちゃんや」…中略…弁当やら、自転車で送ってきたって…中略…「わては機を織らんで」。(G-5)

保育所がない北郷では、育児は女性による世代間分業が基本となっていた。姑が既に亡くなっているG-1の場合は、嫁姑での分業ができないからか、子育てが落ち着いてから機屋を立ち上げたことはすでに述べたとおりである。保育所の存在の大きさがわかる。なお、跡取り娘の場合、実母だけでなく実父が孫の育児に参画していたが、嫁の場合は舅や夫の参画は確認できなかった。

また、G-2（起業）やG-6は義父母がいたが、家事・育児は「嫁」が担っていた。二人は高学歴で、一方は教師、一方は事務職員の経歴をもち、他の家族とは異なって夫婦間関係が重視され、「家事・育児は妻の役割」という価値観を受容していると思われる。それでも、G-2は機業従事者であり経営者として機業に勤しみ、またG-6は会社の役員であり、労務管理の担当として家業に現在もなお従事していることに留意したい。

（3）農家機屋の女性労働と労働負担
1）労働負担

機屋部門を中心的に担っていた女性（嫁・跡取り娘）たちは、織れば織るほど稼ぎにつながる好景気を背景に、借金の支払いに迫られながら、家事・育児を親世代に預けつつ、他の家族成員とととともに昼夜を問わず働き続けた。その実態は驚くほどの労働量である。24時間稼働させたG-5は次のように語っている。

織工は8時から（夕方）5時まで。織工が帰ると自分が9時まで織りにはいって。夫が夜中織って、作業もして。24時間稼働だった。それで儲かったんです。その頃は隣も（次の）隣も皆機屋さんやで、電気を先消さんの。あそこの電気が消えたらうちが10分ほど余計織って。負けるかって感じ。5時に機織ったらこっち4時半から動かすとか。そんな時分では夜24時間稼働は結構やってました。やっぱり織れば儲かるっていう時代。24時間にしたのは、20台になってから辞めるまで。8台の時でも朝の5時から晩の12時くらいまでは動かしたんです。大体日曜日は家庭の日って決まってたんやけど、それでも織ったよ。家庭の日で休まなあかんって、

村（北郷）も勝山市も決めたんやけど、皆日曜なしやで。おんぶして仕事したんやで。

G-5 の語りから、北郷内の林立する機屋と競争するようにして働いていたことがわかる。農業も、機業の全てを夫婦が行う様子を見るに見かねて、子どもたちが助けてくれたという。

子どももけっこう助けてくれた。高校から帰ってくるのを待ってて、後ろで糸をちゃんと上手いことできるように教えて直したり、検査の機の検反とかを息子がほとんど手伝ったり（子どもが中学から高校生のあたり）。その頃は田んぼもしていた（5 反）。田植えになると子どもも 3 人、苗を直したりしての。(G-5)

G-9 も 24 時間稼働であった。

機械が動いていると何もできない。4 時間ずつ、あるいは 6 時間ずつ交代で働いて。ウォータージェット[10]の時は 24 時間父が現場を動かしていたが、レピア[11]になってから全部私になった。24 時間やっている。パートさん 2 人は午後 4 時間動かすだけ、あとは 3 人で回す。基本的には家族で、補うのはパートさんに。24 時間やっているので、友達とお茶飲んだとか全然ない。私が一番ない。休みはほとんどない。

織れば織るほど「稼ぎ」になる。織機の台数が増えるにつれて、家族労働だけでは限界となる。このため、G-5 は人手不足で困り、忙しい時は親戚にも手伝ってもらったという[12]。

一方、自らの意思ではなく、姑に長時間労働を強制されたと憤っているケース（G-3）もあった。

朝 5 時に電気をいれ…中略…それで晩になると、11 時になると今度は、元から、ぱっと切るんや…中略…それでうちの姑さん、きつかったぞ。朝 4 時半から、明るくなるときあるやろ。わてら蔵で寝ていたんや。蔵の下の窓の下に行って、咳払いしよる。「起きろ」と言わんばかりに。(G-3)

上述の語りから、繁忙期には子ども（G-5）や家族や親戚を総動員して昼夜を問わず働かなければならなかった労働実態が伝わってくる。また舅姑の嫁に対する対応について、G-3 は強い憤りを感じており、世代間の確執・矛盾があることが読み取れる。

2) 家業としての農業と女性労働

　北郷の小機屋の多くが零細とはいえ農地を所有する農家でもあることは既に指摘していることだが、女性（嫁・跡取り娘）たちは機業労働の主要な担い手であったからといって、自家農業から解放されていたわけではなかった。農業は家業であり、嫁や跡取り娘も従事するのは当然のことであった。このことが労働時間の延長につながったことは否定できない。「農地は先祖代々から引き継いできている家産であり、家業である農業をやめるわけにはいかない」と G-1 は語っている。

> 儲けたところで、時間が長いで、人の倍以上働いて、休みもなしで。…中略…暇はないんです。もう時間が余れば、農業をせなあかんでしょ。もう目が覚めたら工場で働かなあかんし、暇があれば、田んぼにいかなあかんし。（農業がなければ）気楽や。（でも）農業をやめるわけにはいかない。やはり田舎、先祖ということがあるでね。先祖の地面はどうしても守りたいという、捨てられん。みんな先祖の地面と思っているで。（G-1）

　しかし、家業労働が世代間に及ぶ従属的労働という側面をも含む労働負担とだけ捉えることはできない。舅が亡くなって、夫婦二人で切り盛りしなければならなくなった G-1 は次のようにも語っている。

> （農業は）うん、昔はね、機械もないし、朝と晩と、お休みの日とか。それで自分で工場をするようになったら、主人と交代で機を織って、それで一人は田んぼにいく、一人は機を織ってという、そんな交代でずっとやってきました（増やさないで10台でずっと）。それでも、外で働くよりも楽やしね。自由になるし、体が自由になるで、人に使われるより（よい）。（G-1）

家業の機屋と自家農業の両方であったとしても、地元の機屋で雇われて働くよりも、両者を自由に編成できる農家機屋がよいという語りに注目したい。G-3もまた未婚時代の住み込みでの織物業の就労と比較しながら、「籠の鳥」ではなく「自由が利く」のでよりましだと述べている。

> 他の仕事に行くなら、本当に籠の鳥やもん、外へは一歩も出られんもん。それで自分の仕事やで、外に出たり、洗濯したりできて、自分の仕事は自由が利く。

また、G-3は結婚した頃に機屋に勤めに行っていたときの二部制について、農業との両立で都合が良かったとも述べている。

> 農業をやって、仕事に、8時間ですでの、働くのは。済むとまた、それで、あの2部制というのがちょっと流行してきて、都合がよかったですよ（笑）、日中、うちにいて農業をしたり、子どものことでも、家のことでも、何でもできましたで。まあ、日中は、うちにいるわけですよね、それで何でも都合ようできましたけど。

G-7も「昔は朝は5時半か6時頃から、夜は、やはり11時過ぎぐらいまではやった」と指摘しつつ、それでも「家の仕事やで、日曜日でも前はやっていたで、そのかわり用事があるときは止めて、田んぼに出る（笑）、田植えやとか、止めて田んぼにいく」など「工場勤めとは違う」と述べている。もっともG-7は「跡取り娘」だから、機業と農業の両方を担う場合であっても、「嫁」とは異なる「気楽さ」があったことは留意しなければならないことである。

（4）労働・経営・家計の意思決定・裁量

次に経営・家計を誰が掌握し、意思決定はだれが行ったかを見よう。

1)「嫁」の意思決定

「嫁」の立場にあるG-1、G-3、G-5には経営・家計の裁量権はなかった。現役を終えるまで経営・家計の裁量権のないケースもあった。義父母との同居生活の長かったG-3は、夫と小機屋経営を切り盛りしたが、夫が経営と家計の管理

権を握り、「自分は織るだけ」だったという。未婚時代に機業場に住み込みで働いていた時は「（給料は）全部お母ちゃんに渡した。そして小遣いをもら」っていたが、結婚しても変化がなかったと次のように述べている。

　　わてのおやっさん、毎月、銭をもらいに福井の問屋に行ったけど、いくら儲けたと
　　見せ（てくれ）たことがねえ。それで、福井の飲み屋に行って、それで帰ってき
　　て、いつも午前様やった。わても、腹が立って、煮えくりかえって、11時に機場を
　　閉めんやけど、寝てられへん。一生懸命仕事してんのに、夜中3時に、飲んで帰っ
　　てきたり…中略…小遣い1万か、2万もろう（だけ）。管理は親父さんばかり。おば
　　あちゃんがお勝手していた。窮屈な生活をしてたんの。それで年金をもらうときに、
　　ああ、はじめて自分の、有難さをわかったわ。

　自営の機屋労働や農業労働では自分の自由になるお金がなかったG-3は、織物業に勤めていた時の年金の受給ではじめて、自分が自由に使える労働の対価を実感する。そのときの喜びが伝わってくる語りである。
　三世代家族から二世代家族に移行するに伴って、家計管理の面で変化が見られたケース（G-1、G-5）もあった。G-1は、「工場をするまでは、舅さんが一手に握り、夫は何の権限もなかった」と語る。つまり、G-1や夫が小機屋に雇われて働いて得た賃金や、夫の日雇い賃金、及び自家農業の収入は、舅が亡くなって機屋を立ち上げるまでは全て舅に差し出していたということである。G-1は小遣いをもらい、そこから子どもや自分の下着を買っていた。食費も舅が管理していた。その頃のことを次のように語っている。

　　子どものものとか、下着やね。上に着るもんは舅さんに許可を得ないと買われない
　　し。旦那さんは小遣いはもらえへんは。お金のあるところわかっているで。女房は、
　　それはできない。舅さんの財布に手をいれるわけにはいかん。だけど、お父さんは
　　自由や。そんな大したものは取らんけどね、煙草銭とか、ちょっとしたお酒のおか
　　わりぐらいは使える。

　舅が亡くなり夫婦家族に移行して機屋を立ち上げてからは、家計管理権は

G-1 に移った。洗濯機や冷蔵庫もこの頃購入している。しかし、機屋の立ち上げの借金もあったので贅沢はしなかった、車も息子が働くようになって通勤用に購入した。自分たちの世代と子どもたちの世代との違いを次のように述べている。

　　昔は絶対でね。給料はもう自分のものではない。お父さんが所帯もちというですか。一番頭で、むかしは集めたものやで、子どももみんなして、お金を集めて生活して、今は別々。昔は働いても自分のお金にならなかったしね。お金はみんなうちの親方に集めなあかんでと。（息子が）自分の働いたお金は自分のもんやと言うたと。…中略…それで、私、娘に、お兄ちゃんがそんなことを言うんやと言うたら、それはお母さん、自分で働いたのは自分のお金やでと言うた。それだけは違うわね。働いたのはお舅さんに出すし。

　G-5 の場合、小機屋を立ち上げた後は家業の経営・家計管理は夫（息子）に代替わりした。

　　家計管理は夫、「うちのは欲しいものは惜しまなかった。電気温水器などいち早く買った」「家は 35 年くらい前に倍くらいの大きさに新築した。主人が色々やりました。私は口出しはあまりしない。台所なんか相談あってもいいんだけど、私も疎くて、機織らなあかんで、頭が回らなかったんだか。

　機業の全盛期には家計管理よりも機織りに忙しかったという。しかし、後添えの義母が家を出てからは、「家事は全て私がした」と語る言葉から家事労働・家計管理の実権が G-5 に移行したことがわかる。
　生活の編成の主体が姑から嫁に移行した後 G-5 は、夕食時間は機械を止めて家族揃って食事をとるように切り替え、半日休暇を取って買い物や遊びに出かけるなど家族イベントも行うようになった。新たな生活様式に切り替えようとしていることが見て取れる。機屋を止める提案も G-5 自ら行ったという。長男の孫が生まれ、孫の世話を求められたが、それに対し、「子守しながら工場はいやだ」と G-5 が廃業を提案したという。昼夜問わず働き続けて月に最高 200 万

円の利益をあげるほどの貢献をし、借金も返すことができた、と G-5 は語っている。こうした実績が揺るぎない自信となって、経営の意思決定に関与する存在となったことが読み取れる。

同じように嫁の立場にあった G-6 だが、数十人の雇用者がいて会社形態をとる X 社の役員となっており、これまでのケースと異なり、現場には入らず、労務管理的役割を担っている。労働時間は 1 日 3 ～ 4 時間だが、「繊維は女性を対象とした職場のウエイトが高いから」、（労務管理的側面から）「管理も現場もある程度理解・把握している」妻の役割が大きいという。それでも、会社形態になるまでは「お手伝い」ということで報酬はなかったが、会社形態にしてからは役員報酬を受け取っている。G-6 の夫である社長は次のように述べている。

> 父が当初の X 機業場の頃は、全部のお金の管理をやっていた。それが会社形態になって、はじめてそれなりの感じになった。その当時からね、私の給料として処理するようになりました。機業場の頃でも経理上では、例えば、これは息子の給料分、嫁の給料分だというようなことはやっていたと思うのですけど、それを一元管理したのはやはり父でしたよね。昔はそういうことが当たり前だったのかもしれませんね。

こうした家長が全てを掌握する形態から、息子への経営の移譲は、会社形態への移行と並行して行われた。家計も X 機業場のときは父が管理し、日常生活費による切り盛りは母が行っていたが、息子世代に経営が委譲されてからは家計管理はすべて妻（嫁）に委ねられた。

2) 跡取り娘・女性経営者の意思決定

既に明らかなように G-9、G-7 は家業の実質的経営者として経営を切り盛りした。

G-7 の場合は、名義は亡くなるまで父だったが、婿を取ってから跡取り娘はまずは現場と帳簿の実質責任者となり、父が機業労働から撤退し、兼業労働に従事するようになってからは、経営管理も含めて跡取り娘が担当するようになった。中古の半木製織機を 2 台ずつ増やし、家業に従事する時は 8 台、その

後12台まで増やすが、その後は鉄製織機に替えることなく、半木製織機のままで今日まで継続している。他の小機屋の多くは新しい織機に入れ替えている中にあって、半木製織機を継続し続けているのは一つの経営判断といえる。夫は地元の中堅の機業場に勤め、不安定な小機屋経営を兼業収入で補った。生活費は夫の収入で賄ってきた。G-7は次のように述べている。

> 現場から集金・帳簿すべて娘がやるように変わった。経営のほうは父が管理していたが、父が外で働くようになると私が経営を管理するようになった。夫の収入も私が管理した。夫は外の仕事なので、家のことはやらなかったが、機械の修繕は担当してくれた。経営が大変だったので生活費は夫の収入でやりくりした。

G-9は問屋との交渉等の「外回り」からスタートし、祖父とは違って現場の織りの作業にまで関わってきた。その経緯について以下のように述べている。

> 2～3年は現場に入らず、なくなったおじいさんの運転手、事務、銀行、役所に一緒について行って、帳面すべて引き継いだ。父は現場の仕事(機械直したり)していた。お母さんも現場。おじいさんが平成3年に亡くなったんですが。現場に入るきっかけは、経理していると経営がわかるので、どうしても現場へ入ってしまう。現場にいて、空いている時間に経理をするというかたちだった。現場を動かさなければならない。…中略…ウォータージェットは昭和53年頃に26台いれた。その頃、北郷ではウォータージェットは入ってなかった。後発だ。それまで15～6人雇っていたが、ウォータージェットを入れてから、5～6人に減った。……私の時代になって、台数へらしながら水揚げをふやし、ダブルシスターを10年間くらいやって、現在レピア6台。営業上のわからないことは祖父に相談した。自分が跡取りなので、祖父に負担をかけないようにした。

G-9が現場に入ったのは祖父のやり方とは異なる独自の判断である。家業を継ぐことを必ずしもポジティブに受け止めていなかったG-9だが、家業に従事するようになってからは、打って替わって現場から経営まで全体を把握する経営者となろうと努めていることが見て取れる。G-9は「負けなくなかった」「男

の人に頼って工場の中で働いていたのが母の時代、そこら辺が違うかな。私の場合は家の仕事で前に出る」と語り、また「仕事は好き」とも語っている。

G-9の機屋は戦前にまで遡る草分け的存在であり、代々つないできた家業を自らの采配で可能な限り続け、盛り立てたいという強い信念で日々励んできたと思われる。家計管理も親世代に任せ家庭生活を犠牲にして、労働と経営に全力投入してきたといえる。

それに「後悔はしていない」と言いつつ、他方で「もっと色々のことをしたかった。若い人には考えられない働き方。私らの世代で終わりでしょう。人間の生活ではない。せめて休めて、夜寝る生活をしたい（笑い）。休みはないわ、夜は寝れないわ、というのは人間の生活ではない」とも語る。

G-2も自ら一人で機屋を始めるという異色の存在である。先に述べたように、「機屋は儲かる」と聞いて始めたという。機業のかたわら、家業の農作業を行い、子育てもしながら、深夜遅くまで機を織ったという。家計は夫の収入でやりくりし、機屋の稼ぎは家を建てる時に使った。夫は機屋の稼ぎをためていることを全く知らなかった。G-2の義父母は、農業労働力として嫁のG-2に期待していたという。家業の農業や子育てを両立させるためには、結婚後に勤めた織物組合の事務員はいずれやめることになるだろうとG-2は考えていたのではないか。機屋の起業は、単に「儲かる」と聞いたからではなく、「嫁」として求められる自家農業や家事・育児とは異なる、自分の裁量でできる場を確保したいという意思の現れではなかったか。機屋の稼ぎで「家」を建てたのも、「勝手なことをしている」と嫁に不満を抱いている義父母への対抗意識のようにも見える。

（5）小　括

以上、北郷地区の零細機業の女性たちの労働・経営の実態や自らの労働をどう意味づけているのかをインタビュー調査をもとにみてきた。その特徴を要約すれば以下のとおりである。

第一に北郷で高度成長期に小機屋が次々にできるが、「嫁」の織物業に勤めた経験や跡取り娘の存在に依拠するなど、機屋経営が家族労働、とりわけ女性労働に大きく依存していることが確認できる。「嫁」の場合も「跡取り娘」の場合も、自ら起業した「嫁」を除けば、機業場開設や継承は彼女たちの主体的選択

的行為ではなかった。とはいえ、「やむなく」あるいは「当然」と受け入れ方には差はあるものの、働くのは当然だとし、専業主婦を望むものは一人としていなかった。起業したG-2や教員の経験もあり中堅機業でおかみをつとめるG-6は、家事・育児を自らが担当したが、彼女たちもまた専業主婦を望んでいなかった。

第二に北郷の零細機業は、機屋経営だけでなく家業としての農業や林業（炭焼き）への就労、あるいは地元の中堅機業場への雇用労働者としての就労、中には福井市内に通勤兼業するなど、家族員で役割分担しながら、複数の収入部門を組み合わせて、家族の再生産が行われていた。一つとして同じパターンがないのは、家業や家族の諸条件に即した柔軟な対応がなされていたからである。機屋経営のリスクを避けるために夫が、兼業を継続する、あるいは跡取り娘への経営権の委譲に伴って機業から離れ外に働きに行くなども、そのパターンの一つである。

（義）父母など育児の代替者が不在の場合には機屋労働からは撤退して農業と育児にしぼり込むのも、小経営ならではの特性を活かしたといえる。だがその背後には、同時に、保育所の未整備ゆえにさまざまなパターンを追求せずにはいられなかったことも、また見落としてはならないことである。勝山市の旧勝山町内には工場内託児所や0歳児から受け入れる市営託児所が1957年にはできるが、北郷には公立保育所がなかった。市の施策が三世代同居による育児代替者の存在を前提にしたものにとどまっていたからにほかならない。

また、機業に従事しながら自家農業に従事することについて、「外に雇用労働に出かけるよりは良い」と肯定的に捉えている嫁が散見された。これは未婚時代の大手機屋での就労経験と比較して、雇用労働者よりは労働や生活を自ら編成・調整できる自由度のある家業従事者の方がよいとの評価にもとづくものといえる。だが、このことが賃機の単価や農産物価格の引き下げを許容し、際限のない長時間労働へと拍車をかけることと裏腹の関係にある。

第三にそうした労働負担を「嫁」や跡取り娘たちが、家を支えるためにそのまま受け入れ従ったわけではなかった。家計管理や家業労働の役割分担では家族世帯員間のとくに嫁と姑の世代間の矛盾・亀裂を生じさせていた。嫁の機業労働や農業労働、さらに家事・育児労働が加わって労働負担の重さや経営・家

計管理から排除されることについての鬱屈した感情、とくに経営や家計を一元的に掌握する舅への不満がうかがえる事例が見られた。

　しかし、やがて「嫁」や跡取り娘世代が実権を握ることになる。親世代とは異なる経営管理（現場の労務管理から商社との交渉まで全てに関与するG-9、負債を背負わない経営方針のG-7）、中には義父母に従属する農業従業者となることを拒否し、機屋を開業し、その経営者としての道を選択した事例もあった（G-2）。家計管理の面でも、中には義父母が亡くなるまで財布を握ることができなかった事例、夫が譲り受けたが妻は関与できなかった事例もあったが、夫が統括管理者だったとしても家計管理の実権は妻に移り、電化製品等の生活財を妻の判断で購入する場合が少なくなかった。それまで仕事の合間に食事をとっていたが、機械をとめて夕食を家族一同で取る、子どもをつれて遊びに出かけるといった、夫婦家族の生活を充実させるために、家業労働の調整・編成にも積極的に関与する女性も確認できた。これらを単に義父母や父母世代が実験を握る四世代・三世代家族から代替わりをして、経営権が跡取り夫婦や娘夫婦に継承された結果の変化と見てはならないだろう。

　家を支える「稼ぎ」を女性たちの家業労働こそがつくり出してきているという事実に裏打ちされての行動である。夫の兼業収入を上回る収入を稼いで生活を支えている、[13] 1000万円を超える借金を返済しているのは「私だ」という女性たちの自信が、上述したような嫁や跡取り娘の働き方の変更や新たな生活様式の創出につながっている。第四に明らかにし得たのはこの点である。

おわりに

　北郷の小機屋の女性たちの労働はどのようなものだったのか、本章を終えるにあたって、女性たちは労働をどのように意味づけていたのか、これまでの分析を踏まえて、あらためて検討したい。

（1）農家機屋の女性たちの労働

　北郷の農家機屋は、「嫁」の勝山の大手機屋で培った労働の経験を活かして小機屋を興す場合と「跡取り娘」が家業の機屋を引き継ぐ場合の二つのグルー

プに分かれる。いずれの場合も、義父母・実父母あるいは夫の意向が強く働き、女性の自発的意思が働く余地はなかった。しかも、零細農家が集積する北郷では家族総出で働くのが当たり前であったから、女性たちもまた家業への就労や機屋での賃労働は当然のことと受けとめていた。

　嫁いだ女性たちも跡取り娘も結婚を機に夫婦二世代家族、あるいは夫婦三世代家族を構成し、家業の継承を前提とした直系家族を引き継いでいる。夫婦一世代家族を構成した家族はなかった。そして、その豊富な家族労働力を総動員し、家族員の持ち寄る収入で家族生活の維持・再生産がはかられた。

　しかし、二世代にわたる家族内分業・協業の編成のあり方は、嫁の場合、家族員の置かれている諸条件の違いを尊重し、労働力や質を調整しながら家族員相互に協力・協働するというものではなかった。嫁は家庭内労働のほとんどを義母に任せ、機業労働の主要な稼ぎ手であることを最優先することが求められた。機業労働は経験に基づく技術が不可欠であり、しかも、嫁は家族員の誰よりも重要な稼ぎ手であったからである。それにもかかわらず、嫁の稼ぎは、嫁の手には渡らず、家の収入として義父母及び夫が管理する財布に吸収された。とくに機業には関わらずに、自家農業に専念する舅が家の収入全体を握っていることに、嫁は強い不満を抱いていた。未婚の時に寮住まいで給与を自己管理した経験のある嫁にとっては、結婚して「家」に入るという状況の変化はあるとしても、嫁の稼ぎが舅の財布に吸収されることに納得できないものがあったからであろう[14]。

　さらに嫁は機業労働の稼ぎ頭であったとしても、それに専念するわけにはいかなかった。家業である自家農業にも嫁は就労を求められたからである。機屋を自ら起業した嫁に対しても、義父母からは自家農業への就労を求められ、このため、嫁が機械を動かさない時間を縫うようにして農業に従事し、結果、夜中過ぎまで機を動かす深夜労働に明け暮れることになった事例もあった。

　跡取り娘は嫁の場合とはやや異なるが、父母や祖父が経営の実権を握っている間は、経験を積むための「見習い」期間であり、経営方針に関与することはできず、従属的な地位に留めおかれていた。中には跡取り娘の結婚と同時に、経営の実権を婿に譲り、跡取り娘であっても家の財布も夫が全て掌握するケースもあった。また、小機屋の場合、跡取り娘であっても、現場の織りの労働に

も従事し、かつ雇用労働力がいれば労務管理をも担う存在として、オールラウンド型であることが求められていた。

（2）経営権の委任・継承と小経営女性の主体的行動

　しかし、やがて（義）父母世代の老衰にともなって、親世代の権限が弱まり、嫁・跡取り娘夫婦世代が家業の労働・経営の実権を掌握するようになると、家計管理を嫁・跡取り娘が握り、さまざまな実践を試みるようになる。親世代とは異なる経営管理のあり方の追求や経営方針の転換をはかる、消費財を嫁の判断で購入する、機業収入を家を建てる資金に充てる、あるいは夫婦家族の生活を充実させる等々、自ら主体的に経営管理や家計管理等へコミットしようとする女性たちの姿が現れる。従来の世代間関係をそのまま継承・再生産するのではなく、夫婦家族中心に家業労働や生活を再編しようとする自律的意識と行動を備えた女性たちの登場なのである。

　彼女たちは夫婦二世代家族・夫婦三世代家族を構成していた嫁や跡取り娘時代に経験したつらさ、悔しさ、果たせなかった思い等をバネにして、義父母・実父母との間の矛盾・軋轢を乗り越え、親世代とは異なる生活様式に切り替えていくことにイニシアチブを発揮した。「家」のコア収入を稼ぎだしてきているという自負があっての女性たちの意思であり行動であることを、重視する必要がある。

　私たちが調査した農家機屋は永野が庄内地方の農家で見たと同様に、二世代・三世代の持ち寄り収入で生計を立てつつ、嫁姑の家族内分業・協業で家内労働を分担しており、共通する点が多い。しかし永野が調査した庄内地方の農家のように「『家』の財布から区別された『別勘定』が個人単位・夫婦単位で分化し自由裁量に任される」といったことは、北郷では全くなかった。北郷の農家機屋のほとんどは零細貧農で、昼夜を問わず働き続けて得た機屋の収入や僅かな農業収入や低賃金の農外収入をかき集めて家計費を捻出しており、「余剰」を生み出すほどの余裕はなかったからであろう。しかし、注目しなければならないのは、北郷の嫁や跡取り娘は家の主要な収入を稼ぎだしながらも、（義）父母世代に掌握され自由にならないという矛盾を抱えながら、経営や労働・生活の実権が移譲されるやいなや、（義）父母世代とは異なる新たな生活様式に切り

替えていっていることである。ここから、永野がいう家族構成員間の矛盾・葛藤を調整し緩和する「家」が維持・継続していることを見出すのは難しい。親世代の権限の低下と嫁や跡取り娘の労働・経営・生活面での発言権の強化が確認できるが、これらは家族構成員間の矛盾・葛藤を女性たちが主導的に切り拓いた結果にほかならず、むしろここからは女性の自律的意識と行動が導きだす「家」の変容を見て取れるのではないか。そしてまた、家族総動員で収入をかき集め、やりくりをしなければならない零細農の切羽詰まった状況と、その労働・経営・生活の結節点に嫁や跡取り娘が位置づかざるをえない中でのぎりぎりの主体的行動であることに目を向ける必要がある。

（3）地域で再生産する慣行・慣習

　さて、北郷の女性たちの過重労働とも思える家業労働の背景には、零細農という階層性と北郷がそれの集積した地域であったことを踏まえなければならないだろう。

　北郷では中規模機業場とその周辺の小機屋・農家機屋における労働力を相互に依存しあう、なかば自己完結的な閉鎖的な地域労働市場を形成してきた。X社を筆頭に10〜40人ほどの人員を雇用する中規模機業場が戦後始まるが、勝山市街から遠く離れ、通勤兼業の難しかった北郷地区の住民にとって、地元にある雇用の場として貴重な存在であった。事実、地元に雇用の場を望む住民からの要請を受けて隣接する鹿谷に1964年にX社の分社を開設している。X社は、また1953年頃には二部制を導入し、地元の既婚女性だけでなく中卒・高卒の女性を雇っている（『X社社史』47頁より）。「高校卒業後に地元の機業場に勤める同級生がいた」とG-7も語っている。G-7の母もまた機屋を始める前に、北郷内の機業場で技術を磨いている。G-9の祖父は自社に腕のよい女性労働者を確保するために、織物業に勤めた経験のある女性と北郷内の未婚の男性の結婚の仲介役を買って出ていた。[15] G-5は廃業したのち、請われてG-6に土・日のみ働いているという。またG-4は本家の中規模機業場の息子（次男）を婿に迎え、夫婦二世代協業で機業を営んだが、他方で本家がジェット化した後の数年は本家の深夜労働にも従事した。

　つまり、北郷の中堅企業と小機屋とが労働力を相互に依存しあいながら、働

き続ける地域の慣行・慣習が維持され再生産されてきたのである。こうした、北郷内の労働力を相互に調達しあいながら働き続けるあり方が、女性たちの労働のあり方に影響を与えないわけはない。学卒後の女性たちも、農家に嫁いだ嫁たちも、家を継いだ跡取り娘も、地域内で再生産される慣行・慣習を受容し、働き続けたのである。

　こうして、地域の女性たちが働き続けることを当然とする慣行・慣習に背中を押されるようにして、北郷の女性たちは長時間労働に励んだ。女性たちの身を削るようにして生み出した稼ぎが生活財の購入にあてられ、家を建てる資金となり、子どもたちを進学させる資金となるなど、家族の再生産を支えたのである。彼女たちは現役時代を振り返って、「張りつめて仕事して」、「苦労して頑張って」、「根気（だ）して稼いだ」と述べている。そして、身を粉にして働いてきた人生を「借金も（人を）元気にする」「良い時代だった」、「悔いは無い」と肯定的に受けとめている。だが、「自分は辛い思いをしたから、子どもにはさせたくなかった」ときっぱりいう女性（G-3）がいたように、子どもたちに機屋家業や自営農業を継がせようとはしなかった。子どもたちにホワイトカラーとなることを望み、進学資金獲得のために稼ぎ続けた。今も経営を続けているわずかに残る小機屋や地元の中堅機業場の場合であっても、自分の代で終わりだと考えていることに注目すべきだろう。

　女性たちは自らの労働の経験には誇りと自信を持ち、新しい生活様式に切り替えていこうとイニシアチブを発揮したが、それを次世代に継承しようとはしていないのである。家業には見切りをつけ、次世代には階層上向を望んだのである。家業を支えているという自信と自負は揺るぎないが、個人的努力だけではどうにもならない限界性をも知っているからこその判断である。

　以上、限られた事例ではあるが、地域の慣習・慣行を受け止めつつ、家を守り継承する構成員であることを受容するのではなく、親世代との矛盾・葛藤を乗り越えて、親世代とは異なる生活様式の構築にコミットしようとする零細農の女性たちの姿を浮かび上がらせることができたのではないか。

　本章で明らかにしたのは零細農が集積する地方の事例である。戦前からの出稼ぎ頻発地帯であり、家族の再生産を安定的にはかるために、機業への依存度を高め、農業の多面的発展には向かわなかった地域という特性に規定されてい

たが、農家の女性労働のありようは多様性があったことは紛れもない事実である。農家女性労働の多様なバリエーションを掘り起こし、検証を重ねていくことが今後の残された課題である。[16]

注

1) 1952年に旧勝山町と周辺の村が町村合併して現在の勝山市となる。合併後も旧村は町名として使われている。本章では地区名の表示は「北郷地区」あるいは「北郷」と使うが、戦前の記述や他地区との比較をするときには、「北郷（村）」、あるいは「勝山（町）」等を使用している。

2) 秋津元輝は岩崎・宮城が明らかにした農村女性起業の「平等主義」や「志し志向」背景を高度成長期の「嫁世代」の小経営からの共通の経験から捉えようとしている（秋津，2012）。

3) 永野は熊谷苑子（熊谷，1998: 80）が兼業化による労働組織の変化によって、「農家」は「個的作業者の集合体」になったという理解に対して、サラリーマン世帯であれば、複数の賃労働者の集合で生活手段からも経営手段からも切り離されて孤立化した「個的作業者の集合体」といえるが、「家」は、個的作業者の単なる集合とは異なると述べている（永野，2005: 235）。

4) 農業センサスによれば農民層の増減の分岐点は1960年から1965年1.0haから1.5haへ、1965年から1970年1.5haから2.0haへ、1970年から1975年2.0haから2.5haへと上昇する。

5) 斉藤（1960）は1968年に福井県内の田植え機の普及状況について調査し、普及台数89台のうち奥越地域が最も多く42台で、うち40台が勝山管内であること、田植え機普及の原因を①水稲マンモスハウスが建設され、低価格で種苗が販売されたこと、②指導機関による実用化のための実演会の実施、③機械導入に農家が異常に強い興味を持っていることを報告している。

6) 今井（1985: 91）は1974年移行の構造的不況化において繊維業にとってかつてない困難な状況のもとにあり、専業的な中規模層が倒産か、設備投資を伴う新たな規模拡大を迫られているのに対し、自営的機業はしぶとく生き残っている、と指摘している。その理由の一つが、機業の兼営形態にあるとし、福井産地小零細実態調査によれば、福井県の場合、織機50台以下の機業の兼業経営率は39%、このうち10台以下層では60%を超え、兼業者のうち73%が農業、家族従業員比率は90%、1日13時間以上織機を稼働する比率が72%にのぼり、低い雇用賃金と賃織工賃の低下が長時間家族労働によって補われ、結果として不況に比較的強い傾向を示していると述べている。

7) 9ケースのうち表6-4に示すG-2とG-6は夫にインタビュー調査した。なお、G-5は機業場で働いた経験のある女性労働者調査のKT-17と同一人物である。本章ではG-5とする。

8) 『X社社史』（78頁）によれば、北郷織物組合員数は1977年がピーク（125人）で、その後徐々に減って1999年には58人となった。

9) G-4の場合、実父母が育児の担当をしたが、子どもが乳児のときは工場内で「箱にふとんを敷いて子どもの面倒を見た」と語っている。一方、育児を替わって行う義母のいないG-Iは、育児が落ちついてから機業を開業したが、託児所のあるB社での就労経験がそうさせたとも推察できる。

10) ウォータージェットは水の噴射によりよこ糸を飛ばす機械である。これにより高速回転が可能となった。

11) レピアはふたつのバンドが織物中央でよこ糸を受け渡すつかみ式と棒式の2種類の織機に区別される。汎用性は高いが、騒音が発生し、高速運転に限界がある。

12) G-5は次のように語っている。「あんな頃は本当に機屋が機織りの人が欲しい時代で。人の引き抜きみたいのはそんなになかった。うちでは親戚のおばちゃんを頼んだりして。お昼ご飯食べさせてあげて。朝は朝5時半か6時頃から夜11時すぎまではやった。その頃まわりもみんな持っているやろ、それで出れば、みんな電気がついているという感じで、それが普通やった。日曜日も必ずしも休みでなかった」。

13) G-2の場合、嫁は月30万円、夫（本人）は9万円の時もあったと語っている。

14) 夫に早くに先立たれ苦労した母親に給与を全て送金した経験のあるG-3は、差し出す行為は同じだが、思いは違うと語っている。

15) G-5はG-9の祖父（当時の経営者）に紹介され結婚に至っている。G-5によれば「G-9の機事業で働く女性労働者の数人はG-9の祖父が結婚相手の世話をした」と語っている。

16) 倉敷伸子は香川県さぬき市志度地区（志度町）及び東かがわ市白鳥地区（白鳥町）の0.5ha以下の経営規模の農家を事例に、高度成長期の産業化の過程で専業農家経営が解体するなかで近代家族規範の影響を受けたかどうかを調査し、近代家族規範を受けとめていなかったと結論づけている。私たちとは問題を捉える枠組みが異なるが、個人レベルまでおりて、家に解消されない農家女性の実像に迫っていく方法論は共通するものがある。倉敷（2007）を参照のこと。

参考文献

秋津元輝（2012）「戦後日本農業の変転とジェンダー――「60年代嫁世代」の経験を中心にして」『ジェンダー史学』第8号、5-20頁。

千葉悦子（2000）「農家女性論の再検討」木本喜美子／深澤和子編著『現代日本の女性

労働とジェンダー』ミネルヴァ書房、86-123頁。

福井県編（1996）『福井県史　通史編6　近現代2』

今井健（1985）「戦後産業構造の展開過程」臼井晋編著『講座　日本社会の農業4　北陸編　兼業稲作からの脱却』日本経済評論社、72-99頁。

岩崎由美子／宮城道子編（2001）『成功する女性起業――仕事・地域・自分づくり』家の光協会。

勝山市編（1992）『勝山市史・通史編第三巻――近代・現代』

熊谷苑子（1998）『現代日本農村家族の生活時間』学文社。

倉敷伸子（2007）「近代家族規範受容の重層性――専業農家経営解体期の女性就業と主婦・母親役割」『現代歴史学とナショナリズム　年報・日本現代史』第12号、201-235頁。

永野由紀子（2005）『現代農村における「家」と女性――庄内地方にみる歴史の連続と断絶』刀水書房。

大門正克（2013）「いのちを守る農村婦人運動」大門正克／岡田知弘／川内敦史／河西英通／高岡弘之編『「生存」の東北史――歴史から問う3・11』大月書店。

斉藤一男（1960）「福井県勝山市における田植機の普及と問題点」『日作北陸会報』131頁。

谷本雅之（2011）「近代日本の世帯経済と女性労働――「小経営」における「従業」と「家事」」『大原社会問題研究所雑誌』635・636号。

臼井晋（1985）「稲単作・兼業の構造と展開」臼井晋編著『講座　日本社会の農業4　北陸編　兼業稲作からの脱却』日本経済評論社、4-25頁。

補論

戦前における繊維女性労働の多様な展開
と勝山機業の位置づけについて

勝俣達也

　本書は、地方の一織物産地（福井県勝山市）において、高度成長期に織物業に
従事した女性の労働や生活について論じたものである。本書は、あくまで戦後
に関する研究であるが、本補論においては、重厚な蓄積がある戦前の繊維産業
の研究との関連について検討しておきたい。そのような検討を行うことは、本
書の事例が、近現代日本の女性労働史において、どのように位置づけられるの
かを明らかにすることに繋がるからである。その概要はすでに序章1（4）に示
したが、議論のより詳細な内容をここで記しておく。具体的には、戦前の繊維
産業における労働市場のあり方や、繊維女性労働者の「労働力」としての社会
的な性格を論じた研究との関わりを検討する。

1.「家」の稼ぎ手としての織工

　まず議論の手がかりとして、本書のもととなった現地調査において、しばし
ば聞かれた語りの内容に注目したい。それは、本書の各章においても度々触
れられてきたことであるが、この地域ではかつて織物業に従事した女性たちが、
生家または婚家における重要な「稼ぎ手」として、高く評価されていたという
ことである。彼女たちが織工として機屋に勤めて稼ぐ能力は、嫁入りの前後を
問わず、女性に対する重要な評価基準と見なされていたという。それは、戦後

の織物業に関わった方々の個人的な経験として、さらに戦前以来、稼ぎのよい織工を"織姫"として称賛していたという地域社会の物語として、男女問わず多くの当事者・関係者から聞かれた。

こうした語りは、本書の事例を日本の繊維女性労働史において位置づけようとする際、以下の点で興味深い。第1に、この「織工」として稼ぐ能力というのは、生家あるいは婚家内にあって賃機などの副業に従事する能力ではなく、家の「外」の機業場に雇われて稼ぐ能力を指している点である。経営体としての農家にとって、機織りは重要な現金収入をもたらす副業として、近代以前から根付いていた。三瓶（1961）は、明治以降も、農村の娘は機場へ労働力として供給されるだけではなく、機織技術を身につけて賃織による副業収入をあげることが農家の嫁として求められることであったと指摘している（三瓶，1961: 465）。しかし、本書の対象とする地域で、高度成長期に織物業に従事した女性たちが自身の経験として、また地域の物語として語っていたのは、雇用労働に従事しながら、かつ家計を支える重要な担い手としての"織姫"のあり方であった。

第2に、こうした織姫の稼ぐ能力を「家」や地域社会が「積極的に」評価していたということである。戦前の紡績業・製糸業で特に多かった遠隔地募集の場合は、募集人の詐欺的な仲介によって様々な問題が発生しており、募集人と女工を供給する農村の関係は、しばしば相互不信的なものであった。そうした状況では、共同体のメンバーが村外で働いて稼ぐことについて、地域社会全体として継続的にポジティブな意味づけを維持することは困難である。もちろん、工場法や募集人取締令などによって、そうした労働市場のあり方は改善されてきていたものの、勝山周辺のように、女性が機場で稼ぐことを積極的にとらえる地域社会の評価が確立していた状況は、注目するべきところである。本補論では、上記のような語りや物語が示唆する労働の社会的性格について、戦前の繊維産業に関する先行研究とどのように関連付けてとらえることができるのかを考察する。

2．戦前の繊維産業における労働市場

　戦前の繊維産業は外貨を獲得する最重要産業であり、近代日本における雇用労働は繊維産業を中心に拡大してきた。その一方、主な担い手となった女性労働者の雇用のあり方については、「半封建的」あるいは「出稼ぎ型」などとされ、近代的な雇用関係とは程遠いものであったと指摘されてきた。そもそも戦前の繊維産業の労働市場における雇用関係は、雇用主と労働者個人の自由な意思による雇用契約にもとづいたものばかりではなかった。両者の間には、しばしば家族、募集代理人、国や規制団体などが関わっており、複雑な構造になっていた。戦前の繊維産業に関する重厚な研究蓄積を包括的に検討したJ.ハンターが特に注目をしたのが、こうした労働市場の複雑なあり方であった（ハンター，2008）。ハンターは、従来の繊維女性労働についての研究が、紡績業、製糸業、織物業の3つの業種でそれぞれに展開されてきたのに対して、その多様性に配慮しながらもあえてそれらに共通する労働市場の作用の複雑さと制度性、その背景にあるジェンダーの問題に焦点を当てた。それによれば、労働市場ではしばしば不誠実な募集人などを仲介としたため、膨大な取引費用が発生していたが、若年女子が家計補助的と見なされるがゆえの低賃金によって雇用側は経営上は利益を享受できていた。そのため、労働者の技能やキャリアを育成する観点は、一部の紡績大経営を除いて生まれることはなかったとされる。その背景にあったのは、経営主や労働者、家族などが持っていた女性の社会的役割に対するジェンダー上の観念であった。そして、こうした繊維産業の若年女子労働者の雇用労働のあり方が、戦後日本の女性労働に対しても強い影響を与えたというのである。いつの時代にも労働市場にはそれぞれの社会のもつ固有な制度的側面が存在する。戦前日本の繊維産業の労働市場においては、伝統的な社会に埋め込まれた未婚の女性労働力を非効率に使いつぶすやり方が続いたのであり、それは1900年前後という産業化の途上で形成された歴史的・経済的環境の所産であったとする（ハンター，2008: 321）。

　上記のハンターの分析は、戦前の繊維女性労働のあり方をジェンダーの観点から包括的に捉えるという点では成功しているだろう。しかし、本書の対象とする地方産地の織物業においては、近隣から通勤する既婚女性がしばしば重

要な労働力となっていたこともまたハンターの指摘しているところであり、とりわけ遠隔地の若年女性に依存する傾向が強かった紡績業や製糸業との違いは、ジェンダーの問題の現れ方としても無視できないものがある。そこで、繊維産業における女性労働の多様性を捉えつつ、戦前の農村からどのように工場に労働力が供給されたのか、その制度的、歴史的なあり方を捉えた東條由紀彦の研究（2005）をとりあげることで、本書の検討対象である織物業、特に産地織物業における女性労働の特徴を考えてみたい。

3.「家」との関係

戦前の女性労働のあり方を検討する上でしばしば着目されてきた点の一つは、共同体であり経営体としての「家」に埋め込まれた存在でありながら、その外部の雇用労働に従事する女性たちが、「労働力」としてどのような社会的性格を持つ存在であったのかということであった。東條由紀彦は、産業革命期においては、「年季奉公」に代表されるように労働力の供給側と需要側の間で固有の「労働力」処理の習俗があり、資本（需要側）はその「供給側の論理」を前提とし利用する形でなければ、存続しえなかったとする。東條は、明治末年ごろの日本の繊維産業における女工の「就業構造」を、紡績、製糸、織物の各業種をさらにいくつかの類型に分類しつつ、それぞれどのような形で労働力が供給されていたのかを表補-1 のように類型化している（東條, 2005: 301-310）。かなり大胆ではあるが、個別の産業や事例についての研究が積み重ねられてきた中で、それらを踏まえつつ理論化を志向した貴重な試みである。

この分類によれば、大工場中心の①紡績女工型や、②-a 大規模製糸型、③-a 伝統的機業地型においては、寄宿舎に住む出稼ぎ女工が労働力の主力となっている一方で、②-b 小規模製糸型、③-c 近郊織物型、③-d 部分就労織物型などでは、通勤の成年女子が中心になっていたとされている。問題は、③-b 産地織物型である。ここには、知多・河内・播州などの新興産地が含まれ、本書の対象である福井および勝山もおそらくこの類型に入ると思われる。この産地織物型について、東條は断定しにくいとしながらも、織機 100 台以下の経営であれば、機業伝習の意味をもった「躾奉公」の若年者と、「家の副業」としての成年

補論　戦前における繊維女性労働の多様な展開と勝山機業の位置づけについて　　249

表補 -1.　東條（2005）における産業化始期の繊維女工の就業構造

	経営規模・形態と供給される労働力の概要	供給側の主な論理
①紡績女工型	機械制大工場が中心。寄宿舎に住する出稼女工は約半数。兼営織布工場を含む。	「身売奉公」
② -a 大規模製糸型	器械製糸の大工場中心。大半が寄宿舎に住する出稼若年女工。	「質物奉公」
② -b 小規模製糸型	座繰・賃挽製糸・零細経営。通勤の成年女子中心で未婚者含む。	「家の副業」
③ -a 伝統的機業地型	近世以来の産地。零細経営も多い。若年の寄宿女工が中心。	「身売奉公」
③ -b 産地織物型	新興の産地。一定以上規模の工場多い。成年女子の割合高い。	「躾奉公」・「家の副業」・「身売奉公」
③ -c 近郊織物型	地域土着の小規模織物業。幼年奉公人、通勤女工、賃織と様々。	「躾奉公」
③ -d 部分就労織物型	自給または季節的な労働。通勤の成年女子で未婚者含む。	「家の副業」

出典：東條（2005）をもとに筆者が作成。

が中心であったと思われるが、規模が大きくなると牢屋まがいの寄宿舎に住む「身売奉公」の型が出てくるとしている。

　そして、大正期以降は、上記の類型の①、② -a などの大規模経営が顕著に増加する一方、③ -a、③ -b は停滞、技術進歩によって② -b および③ -c、③ -d は減少し、総じて「家の副業」としての繊維労働は全体としては減少したとする（東條，2005: 302）。その展開において繊維女工の「労働力」としての性格がどのように変化したのかについては、自身が詳細に分析してきた諏訪製糸業について論じている。諏訪製糸業の場合、この時期の急激な規模拡大によって、労働者の募集がさらに遠隔地に及ぶようになるにつれ、共同体の労働力排出の習俗（奉公システム）に依存しながら経営を行うという段階から、労資双方が目立し、「同意」にもとづいて雇用関係を結ぶ段階に入っていったとする。そうしたプロセスを経てこそ、「家」の一員としてではなく、労働者として労働組合への加入を要求するような労働争議が発生してくるのだと説明する（東條，2005: 317）。

　以上の東條の議論によれば、産業化始期における資本は、労働力の供給側の

論理、習俗の型によらなければ労働力を調達できず、またそのあり方というのは繊維産業全体を見るとかなり多様な形をとっていたことがわかる。さらに東條は、自身が行った諏訪製糸業の分析（東條, 1990）をふまえて、大正期における女工の人格の成長と自立[4]について論じているが、これはさしあたり、遠隔地募集に依存する地域・業種における女性労働者を対象とした議論であったといえるだろう。一方、織物業においては、上記の東條の産業化始期における分類でも通勤の若年・成年女性の存在が指摘されているものの、その存在は、ハンターの包括的な議論や、大正期における労資関係の〈現代化〉を捉える東條理論においても、十分に視野に入っているとはいい難い。むしろ、織物業における労働力供給や生産の担い手の地域性・地場性は、問屋制家内工業などの生産形態論や在来的経済発展論などの文脈において注目されてきた点であった。そこで、次に戦前の織物業に関するいくつかの研究を検討しておきたい。

4. 織物産地における労働力の給源としての農家家族

　従来しばしば遅れた生産形態とした評価されてきた問屋制家内工業を、在来的経済発展論の文脈から再評価したのは谷本（1998）である。谷本は入間地方（埼玉）と和泉地方（大阪）の綿織物業について検討したが、そこでは織物の生産活動の主たる担い手が小農家族であり、農家から専業的な織物労働者が析出されなかったことに注目する。そして、各小農家族において、織物業はあくまで「余業」であり、農業経営を第一義としつつそれとの関係において世帯内の労働力を完全燃焼させるための就業機会として位置づけられていたとする。逆に農家にとって「奉公人放出」という選択は、奉公人の人数分まるごとの労働力の放出を意味するため、繁閑差が大きい農業経営にあって世帯内の労働需要に柔軟に対応して成員の労働力を燃焼させる選択肢としては適切なものではない。そのため、奉公人の放出は無耕作に近い階層においてのみ見られたとする（谷本, 1998: 464）。つまり谷本によれば、問屋制家内工業のもとにあった綿織物産地では、上記の東條の分類でいうところの「奉公」や「家の副業」という形もふくめ、「家」の成員はそもそも簡単には雇用労働者化しないというのである。

補論　戦前における繊維女性労働の多様な展開と勝山機業の位置づけについて　251

　谷本はこうした分析から、幕末以降の綿織物業の発展は、流通過程における在地商人（産地問屋）の活動と生産過程における小農家族の再生産戦略を軸に進められていったのであり、両者が結合した形態が問屋制家内工業であったとする。そして、問屋制家内工業の形成に帰結し、その存続と発展を支える論理を「在来的経済発展」の論理と捉えたいとしている（谷本，1998: 469）。

　しかし、谷本が分析を行ったのは 1920 年代までであり、まさに力織機化が進むと同時に織物業における問屋制家内工業がはっきり衰退傾向を示すのがこの時期であった。上記の谷本らの在来的経済発展論や問屋制家内工業への再評価をふまえつつ、橋口（2017）は、力織機化が進められていった両大戦間期の知多産地（綿織物）において、地域商人（産地問屋）の活動によって問屋制家内工業が有した分散的な生産システムの有効性がどう引き継がれていったかを明らかにしようとした。その結果、第一次大戦ブーム期に輸出向け市場の拡大というビジネスチャンスに乗って、産地問屋自らや有力機業家が設備を拡大していく流れと、それとは別に産地問屋が商人機能を発揮し続けて、力織機を導入した工場を下請制のもとで再編し、国内市場向けの製品品種に応じた分散的な生産体制を維持する流れがあったことを明らかにしている。

　こうした問屋制家内工業のその後の展開について分析する一方、橋口は、本書の主題との関わりにおいて、力織機の導入と農家労働の制約との関係についても検討している。つまり、季節性の強い農作業の制約から解き放たれて、力織機工場内で一定の就業期間と就業時間を提供する賃金労働者が存在したのかどうかを明らかにするために、出勤日数、休日および欠勤日数、賃金等が記された資料の分析にもとづく事例研究を行っている。知多産地のある機業場では、1920 年代の初め頃は安定して操業させることができなかったが、1920 年代を通じて徐々に年間勤務日数 200 日あるいは 300 日を超える工場労働者が主力として定着していった状況が明らかにされている（橋口，2017: 253）。こうして、農村と労働市場の間にあった「仕切り」はなくなり、産地に労働市場が形成されたことを明らかにしている[5]。

　また、橋野（2005）も、桐生産地のある織物企業における力織機化のプロセスを分析し、1910 年代まではむしろ賃機に依存する体制がとられていたのに対して、製品の需要を捉えて積極的に力織機化を進めていく中で、賃織の比重が

下がっていくと同時に、直接雇用している職工の雇用形態や出身地域にも変化が生じてきていたことを明らかにしている。この織物企業では、職工の大半と年期契約を結んでいたが、力織機化が本格化する1920年頃より以前は、遠方からも一定割合の年期工を受け入れていた。しかし、1920年代になると桐生や近場の労働市場から年期工を調達するようになっており、さらに年期明け後に住み込みで働くケース以外にも、通勤しながら出来高給で働く「反織工」と呼ばれる職工が急増していた。橋野は、こうした反織工は、力織機化に素早く対応できる即戦力として必要とされた近場の賃機だったのではないかとしている（橋野, 2005: 68）。

　同じ繊維産業といっても、紡績業や製糸業などと比べて在来性・地域性の強い織物業は、上で検討してきたように、農家家族労働の制約の中で発展してきた側面が強い。賃機もその柔軟な副業として農家の家計を支える手段であった。しかし、橋口や橋野が示したように両大戦間期における力織機化は、賃機を衰退させる一方で、「従来困難を極めた近隣諸村からの熟練労働力の供給をそれなりに容易にした」（橋野, 2005: 69）といえるだろう。とはいえ、力織機化によって本格的な工業化が地域社会全体に及んでゆき、農村から専業的な繊維女工が生まれていったとしても、とりわけ近在の農村から日々通勤する生活の中で、彼女たちは「家」の一員としての役割意識を日々感じながら生きている。遠隔地募集によって集められ、「家」から物理的、社会的に切り離される度合いが強かった他の部門の大規模工場における繊維女性労働者に比べると、その労働や生活のあり方は大きく異なっていたのではないだろうか。

5. 福井産地における勝山機業と労働市場

　さて、以上の繊維女性労働に関する先行研究の整理を踏まえつつ、戦前における勝山機業の女性労働の特徴を捉えていきたい。すでに序章で勝山機業の歴史については触れているので、ここでは戦前の労働市場の状況を中心に、先行研究や『福井県史』などによりつつ検討する。

補論　戦前における繊維女性労働の多様な展開と勝山機業の位置づけについて　253

(1) 輸出羽二重による福井産地の発展

　福井県の織物業は、近世以来の奉書紬や農村の副業としての伝統はあったものの、明治 20 年代後半から輸出羽二重の産地として急速に発展してきた。また福井県は、機業場一戸あたりの織機台数や職工数において全国平均をかなり上回っており、農家副業的側面を強く持っていた全国の織物産地や、また羽二重生産においても家族労働を主とした零細経営による福島県とは異なっていたとされている（福井県編，1994）。

　本書が対象とする勝山市を含む大野郡は、福井市に隣接する足羽郡・吉田郡などに続いて機業地として発展してきた地域である（橋野，2012: 85）。福井県全体の特徴でもあるが、特に大野郡では賃機が著しく少なく、他産地のように織元による賃織支配が広く見られた地域ではなかった。谷本が捉えたような、小農家族の副業として織物業が発展してきた地域とは対照的ともいえる。また、県全体で見ると、明治 33 年における県内の全女工のうち約 3 分の 1 が寄留者であり、明治 34 年においては約 3 割が寄宿女工であったと報告されている（福井県編，1994）。同業組合の規定で女工を雇う際は契約証を交わすことになっており、また賃金は出来高の織賃が定められるなど、契約にもとづく雇用がすでに広く存在していたことがうかがえる（福井県編，1994）。

(2) 力織機導入期の福井・勝山

　輸出羽二重の産地として発展した福井産地にとって、国際的な市場におけるコスト競争に勝つことは死活問題であったため、力織機を導入する時期も県全体として早かった。その中でも特に勝山を含む大野郡は 1908 年頃から短期間で急激に力織機化を進めた地域である（橋野，2012: 90）。その一方で、1910 年以降、県全体として賃機や家内工業が急速に減少していったが、それは家内工業だった機業が撤退したか、設備・職工数を増やして工場に変化したためであった（橋野，2012: 90-91）。さらに第一次大戦景気で織物ブームに沸く中で、5 人以上の工場数でみると、旧勝山町（以下、勝山町）は大野郡全体の約半数の工場が集中する地域となった（福井県編，1994）。また、いくつかの工場が抜きんでて大きかった勝山地域では、一工場あたりの平均職工数（16.4 人）が福井県全体（5.6 人）と比べても多かった。『勝山市史』によれば、この時期の工場で働く職

工について「県下の機業場における職工の雇い入れは一般的には17、8歳〜30歳であるのに対し、大野・勝山地方では40歳の者を雇うこともあるといわれ」ていたとされ、また「職工の出身地は不明だが当然ながら勝山町が多くを占め、村部からも働きに出たことであろう」としている（勝山市編，1992: 352）。若年層に限らず、町内または近隣の村部から、伝習目的の奉公というよりは、現金収入を目的として働きに来ていた女性が少なくなかったのかもしれない。

(3) 人絹ブーム期の福井・勝山

　大戦景気時までの福井あるいは勝山機業の歴史を見ても、この地域では、「農家」と「工場」という二つの異質な社会制度の間を、労働力が移動することに対する社会的制約[6]がある意味小さかったのではないかと思われるが、昭和戦前期の人絹ブーム期にさらにこうした特徴を強めていく。

　大戦後の不景気から昭和恐慌まで絹織物業の輸出不振が続く中で、福井および勝山産地では製品の主力を絹織物から人絹織物へ転換させ、「人絹王国」といわれるようになった。人絹織物が隆盛に向かう1930年から1935年の間に、福井県内の機業で働く職工数は倍増した（福井県編，1994）。勝山町でもこの時期に人口が急増し、同じ大野郡の大野町をぬいて、福井市、敦賀市、武生市につぐ県下第四の都市となっている。一方、同じ大野郡内でも、職工の供給源となった周辺部の農村で減少が見られ、勝山町などの機業地への人口集中が見られた（勝山市編，1992: 428）。この時期の勝山機業の発展は、周辺の農村社会に大きな変化をもたらすこととなった。例えば勝山町に隣接する村岡村では、かつて冬期に出稼ぎに行く者が毎年50名ほどいたが、徐々に機業職工となる者が増え続け、1937年にはついに出稼ぎ者がいなくなり、その一方で農業戸数が減少し、重要な副業であった葉たばこ生産もふくめ農業離れが進んだ。こうした村岡村の状況は、勝山町に近い他の周辺農村部でも共通していたという（勝山市編，1992: 433；福井県編，1994）。また同じく九頭竜川を挟んで勝山町に隣接する鹿谷村では、村内を走る越前鉄道の便を利用して、勝山町や吉田郡の機業場に通勤するものが人口の約6分の1にあたる500人にも達した。こうした労働力の流出が村会で問題となり、大規模な機業場を誘致することが決まった（勝山市編，1992: 430；福井県編，1994）。こうして、人絹ブームは、周辺農村部にも

補論　戦前における繊維女性労働の多様な展開と勝山機業の位置づけについて　　255

雇用労働や産業化をもたらすことになったのである。

　機業地の周辺農村部では、家族の一員が職工として機業に勤めに出る「職工農家」が急増し、機業地に移り住むものも増えたが、それでも機業の急成長は職工不足を招き、特に不足が著しかった1934年の「福井新聞」では、織機の運転手に仕事を休ませて職工募集のための村落廻りをさせたり、織工の足止めのために休日の慰安デーをさかんに催したりする様子を伝えている（勝山市編，1992: 434）。県下全体で機業に勤める職工の出身地について見ると、1936年の時点で男女合計33,442人のうち、県内出身者は男女あわせて93.9％（女子71.4％、男子22.5％）に及んでおり、県外出身者は6.1％（女子4.3％、男子1.8％）にすぎなかった（勝山市編，1992: 435）。

　「職工天下」といわれる時代状況となったからといって、農家家族労働のスケジュールや繁閑の制約を受けなかったわけではないが[7]、『勝山市史』の執筆者でもある笠松は、熟練工の農家の子女が一年間休まずに就業した場合に、一人で農家一戸当たりの家計費の3分の1以上を稼ぎ出すという試算を行っている（笠松，1991: 83）。いずれにしても、昭和恐慌以来続く農業不況の中で、家計において大きな比重を占める収入をもたらしていたことがうかがえるのである。

　また、この時期の勝山地域で働く女性たちの属性や通勤形態がどのようなものだったのかについては、残念ながら十分な資料がないが、笠松は1941年に京都大学医学部が行った労働医学的な調査を参照している。それによれば調査の対象となった1,521人のうち男子は356名、女子は1,165名であり、女子は10代が45％を占めるが、20代が30％、30代が16％を占めていた。通勤時間は大半が歩行30分以内であり、歩行30分以上の男子4名と女子74名に、大工場の寄宿舎から通う202名を加えた280名（全体の18％）が周辺農村部の出身であったと推定されるとする（笠松，1991: 84）。ここからは、勝山町内からの通勤者の多かったこと、周辺農村を含めてもかなり狭隘な労働市場であったこと、さらに未婚者に限られた労働市場ではなかったことが推測される。

(4) 北郷地区について

　人絹ブーム期の勝山町の機業の発展も著しかったが、昭和戦前期の福井人絹産地の発展は、県全体として見れば農村部を中心としたものであった。それは

労働力を求めて機業が農村に進出した面と、農家が自ら副業として機業を開始
したことによるところが大きい（福井県編，1994）。後者の典型が旧北郷村（以下、
北郷村）であった。本書では、この北郷村についても第6章で詳細に取り上げ、
この地域における農家機屋のあり方について検討している。現在は同じ勝山市
に含まれる地域だが、勝山町と北郷村では、性格が大きく異なっていた。勝山
町では、本書の主な調査対象となったA社、B社を含む大規模な有力機業が中
心となり、輸出羽二重の好況期以来早くから力織機化を進めて発展してきたが、
北郷村の場合は、昭和7、8年の農業恐慌の時期に、人絹ブームの流れに乗って
農家の一部を増改築して数台の織機を据え付けた「半農半工」の零細機業が簇
生した（勝山市編，1992: 429）。

　このように機業地としての勝山町は、全国的に見ても経営規模が大きく、ま
た特に郡部を中心に発展してきたという福井産地の特徴が先鋭的にあらわれた
地域と見ることもできるが、福井産地全体を見渡すと経営規模における地域差
は大きかった。[8] 北郷村のように福井産地にも他産地に多く見られるような小農
経営との繋がりが強い機業経営がなかったわけではない。福井産地にはこうし
た二つの側面があった。[9]

小　括

　以上、本補論では、戦前の繊維産業における労働市場や女性労働のあり方を
論じてきた先行研究を検討し、その知見を踏まえつつ本書の研究対象である勝
山機業における戦前の労働市場の状況について見てきた。最後に、勝山の事例
を、繊維女性労働の歴史全体において位置づけようとするときに、留意するべ
き点を指摘して、本補論を終えたい。

　まず、勝山を含む産地織物業における労働市場の地域性の強さである。東條
の産業化始期における労働力供給の類型においても、産地織物業では伝習目
的の「躾奉公」や「家の副業」が多かったとされ、また成年の通勤女工が少な
くなかったという整理がなされており、遠隔地募集を伴う大規模な紡績業や製
糸業との違いが指摘されている。そして、東條の類型論が捉えた両者の違いは、
戦間期に「家」による労働力供給の制約が小さくなっていった時代においても

補論　戦前における繊維女性労働の多様な展開と勝山機業の位置づけについて　　257

無効化されたわけではなく、それぞれ異なる展開をもたらしたといえるのでは
ないか。すなわち、紡績業や製糸業においては、全国的な労働市場における労
働力調達が進んだ一方、産地織物業においては、むしろ産地周辺の地域労働市
場が発達したところが少なくなかったのである。輸出向羽二重の産地として発
展してきた福井あるいは勝山の場合、地域労働市場は他産地に比べても早くか
ら発達していたが、特に昭和戦前期に周辺農村を変質させつつ確立していった。
近代日本の産業化の深化の過程で、「家」と「工場」の間の労働力移動にともな
う制約は徐々に小さくなったといえるが、それが大手紡績のように全国的な遠
隔地募集を本格化させていった側面もある一方、産地織物業では、まずは地域
労働市場を確立させたという側面のほうが強かったように思われる。
　この労働市場の展開の違いは、女性労働者と「家」との関係の多様性として
も捉えることができる。産業化初期における「家」による労働力供給の制約あ
るいは方向づけを、東條は多様な「奉公」のあり方や「家の副業」という論理
によって、谷本は農家経営の労働需要を最優先とする小農家族の戦略によって
説明した。上述のように「家」による労働力供給の制約は、産業化の進展とと
もに小さくなったが、労働市場の展開と同様、産業部門や産地によって異なっ
ていた「家」と女性労働者の関係の多様性まで、失われたわけではなかったの
ではないだろうか。ただし、本書の事例である勝山地域が、輸出羽二重の産地
として発展していく際に、「家」から機場への労働力の供給がどのような論理
で行われていたのか、また力織機化や人絹ブームによって地域労働市場が確立
していく中でさらにどのような展開を遂げていったのかについては、ここでは
前項に示したような労働市場の概況からある程度うかがい知ることはできるも
のの、十分なデータにもとづいて明らかにすることはできない。しかしながら、
冒頭の"織姫"に関する語りが示すように、勝山の場合は、昭和戦前期に地域
労働市場が確立していく中で、未婚・既婚を問わず機業に従事する女性の稼ぎ
が家計を支える不可欠なものとして、家族や地域において高く評価され、また
それが女性の役割として規範化されるようになっていた。勝山地域における女
性労働のこのような特徴は、近代日本の繊維産業の各部門、各産地において、
女性の労働が「家」との関係の中で、多様に展開してきた中の一つのあり方と
して位置づけられるべきものであると思われる。

いずれにせよ、本書が対象とする勝山機業における女性労働のあり方は、ハンターの研究がその包括性にもかかわらず、結論部分でやや一面的に想定した戦前の繊維女性労働のあり方、すなわち未婚の若年女子中心の就業、遠隔地の労働市場、募集人を介在する高い機会費用を可能にする低賃金といったイメージとはかなり異なるものであった。もちろん男女の賃金差の存在や、十分な労務管理がなされないなど、ハンターが重視するジェンダーの問題は存在していたが、そのあらわれ方も異なってくるだろう。例えば、榎（2011）が戦間期の郡是製糸などの状況について分析したように、経営側が就労期間を若年期に限定する一方で、労働力を供給する地域社会の側が短期の就労の意義を「稼ぎ」以外に見出す形で、ジェンダー規範が生まれてくることもあれば、むしろ勝山のように結婚後も稼ぎ続けることが嫁の役割として規範化されることもあるのである。

本補論では、戦前の繊維女性労働に関する研究史を広く検討し、戦前の繊維女性労働の歴史が多様なものであったことを示すと同時に、それが「家」との関係を抜きにしては論じられなかったことを確認してきた。こうした視点を踏まえ、女性労働のあり方が、産業部門や地域によって異なる「家」あるいは家族との関係の多様さの中で捉えられるべきであるということを改めて指摘しておきたい。特に労働市場の地域性が強い産地織物業は、戦後においても女性たちの働き方は「家」との関係を抜きにしては語れない。女性が雇用労働の場で働くことが、家族内における役割として構造化されているという勝山の特徴は、戦前来の繊維女性労働の多様な展開の中の一つのあり方として捉えられるべきであろう。勝山という事例の地域的な特性は、家族の多様なあり方を踏まえながら、女性の労働のあり方を合わせて捉えていくという視点の重要性を改めて想起させずにはおかなかったように思われる。

注

1) ハンターは言及していないが、千本（1999）からは、一部の紡績大経営が、女工の継続就業を促すための仕組みを整えようと模索していた様子をうかがい知ることができる。千本によれば、明治20年代に遠隔地募集を開始した当初から、大規模な紡績業者は熟練女工の定着に対する問題意識を持っていたが、寄宿女工の比率が大き

補論　戦前における繊維女性労働の多様な展開と勝山機業の位置づけについて　**259**

くなるにつれて寄宿舎設備の改善が進み、さらに 20 世紀に入ると、所帯を持った女性が紡績女工として働き続けられるように社宅制度を導入するところが出てきたという。

2）千本（1998）によれば、紡績業において遠隔地募集が広がっていったのは、明治 20 年代中頃からであるという。一連の調査によれば、寄宿女工の比率は明治 30 年代に入って 50％を少し上回る程度であったが、1926 年（大正 15 年）の調査では、絹糸、綿糸、麻糸、毛糸の紡績工場 243（うち綿紡績の工場数は 173、女工数は全体の 85％）において、寄宿女工が全体の 75％を占めるようになった（千本，1998: 23-24）。

3）東條は、上記のように奉公システムによる供給側の論理を分類しているが、これらの類型においては、すべて一時的にか（躾奉公、質物奉公）永続的にか（身売奉公）、「家」の帰属から離脱することが前提となっている。しかし、一時的にも帰属先としての家を変更しない「家の副業」という形での労働力の供給が量的に見ても多いとする。その意味で、「家の副業」は、厳密には奉公の一類型とはいえない（東條，2005: 307）。

4）榎は、大正期における「女工・「家」・経営」の 3 者間の関係の変化という東條の歴史理論のモチーフを踏まえつつ、郡是製糸の事例においてその具体的な内実を明らかにしようとした（榎，2008；2011）。

5）この表現はもともと谷本による（谷本，1998: 388）。

6）この社会的制約は、本補論で検討してきた東條と谷本においてやや異なる視点から捉えられているといえるだろう。東條の視点からすれば、近代日本において複層的に存在する市民社会間においては、なんらかの縁故を介さなければ労働力が融通できないこと、さらにその場合も、奉公という供給側の論理に従う必要があることとして捉えられている。一方、谷本の場合は、小農家族においては、農業経営における労働需要への対応が最優先され、奉公人放出という形でまるごと一人分の労働力を労働市場に送り出すという選択は、容易にとられないという視点から捉えられている。

7）勝山市編（1992）では、福井県工業試験場の調査報告書から、勝山市内のある機業場で雇っていた 18 人中、1935 年 5 月上旬の 2 週間の間に延べ 11 人の女工が欠勤していたという例が示され、同報告書では特に県下の中小機業場では、職工の遅刻、早退、欠勤など不規則な勤務が生産能率低下の原因とされていたことが記されている（勝山市編，1992: 438）。

8）福井県編（1994）は、福井産地を経営規模で 3 つの地域に分ける分類を紹介している。それによれば、織機台数 10 台未満が半数近くを占める零細機屋中心の足羽郡、50 台以上または 10 ～ 50 台が多い大野・今立郡、その間が福井市、吉田・坂井郡に分けられる。そして、この北郷村は勝山町よりはむしろより隣接する吉田郡の機業

界から織物の種類などで影響を受けていた（勝山市編，1992: 430）。

9) 産地診断書（福井県編，1954）はこうした福井産地の特徴を「双頭的性格」という表現で次のように説明している。

群小規模の多数の人絹織物工場は農業県的要素と相結であって、次の機業は農家経済に対する経済補充的機能を持つとともに、他方では、農村労働力に依存しつつも都市的性格に近い比較的少数の大工場が並存していることとなる。ここに本県経済の双頭的性格が有するわけである。（福井県編，1954: 37）

10) もちろんすべての産地織物業がそうだったわけではない。阿部が「産地大経営」の例として分析した泉南綿織産地の帯谷商店の場合、1932年ごろから低賃銀労働力を求めて、徳島、愛媛、三重、高知などの諸県から遠隔地募集を大々的に行うようになった（阿部，1989: 173）。

11) 榎（2011）は、郡是製糸において、女性の就労についてジェンダーにもとづく意味づけがどのように発生したのかを分析している。それによれば、戦間期になると、経営側は、家の都合によって就業ペースを左右されないという意味で、家から自立した労働者を求めながらも、事実上、寄宿舎生活が結婚・出産後の勤続を困難にしており、経営側としても18〜20歳までの勤続を奨励する状況にあったという。また、榎はそうした状況に対して、遠隔地に若年女性を送り出す地域社会の側でも、経営側の希望にそうような形で、女性の「出稼ぎ」を単に金を稼ぐという意味ではなく、「他日一家の主婦となる社会的訓練」として捉えるような論理が生まれていた地域の事例（新潟県堀之内町）について検討している（榎，2011）。そうした就労を一時的なものと捉える経営側、あるいは地域社会の側の論理が存在した地域もあれば、本書が検討したような地域、すなわち結婚後も機業場で働き、稼ぐことがむしろ家族における当然の役割とされている地域もまた存在していたのである。

参考文献

阿部武司（1989）『日本における産地綿織物業の展開』東京大学出版会。

千本暁子（1998）「明治期紡績業における通勤女工から寄宿女工への転換」『阪南論集 社会科学篇』Vol.34-2、13-26頁。

千本暁子（1999）「20世紀初頭における紡績業の寄宿女工と社宅制度の導入」『阪南論集 社会科学篇』Vol.34-3、57-67頁。

榎一江（2008）『近代製糸業の雇用と経営』吉川弘文館。

榎一江（2011）「戦間期の繊維産業と労働市場の変容」『大原社会問題研究所雑誌』No. 635・636、26-41頁。

福井県編（1954）『福井県繊維工業産地診断報告書』。

福井県編（1994）『福井県史　通史編5　近現代1』。

福井県編（1996）『福井県史　通史編6　近現代2』。

橋口勝利（2017）『近代日本の地域工業化と下請制』京都大学学術出版会。

橋野知子（2005）「問屋制から工場制へ——戦間期日本の織物業」岡崎哲二編『生産組織の経済史』東京大学出版会。

橋野知子（2007）『経済発展と産地・市場・制度』ミネルヴァ書房。

橋野知子（2012）「近代福井県における輸出向絹織物業の急成長と地理的拡大」『国民経済雑誌』206（2）、77-100頁。

ハンター, J.（2008）『日本の工業化と女性労働——戦前期の繊維産業』阿部武司／谷本雅之監訳、中林真幸／橋野知子／榎一枝訳、有斐閣（Hunter, J.（2003）*Woman and the Labor Market in Japan's Industrialising Economy: The Textile Industry before the Pacific War*, Routledge）。

笠松雅弘（1991）「昭和戦前期の人絹機業と勝山地域」『福井県立博物館紀要』第4号、75-94頁。

勝山市編（1992）『勝山市史・通史編第三巻——近代・現代』。

木村亮（2005）「福井人絹織物産地の確立過程」『福井県文書館研究紀要』第2号、39-71頁。

小木田敏彦（2000）「福井羽二重産業の力織機化過程」『地理学評論』73A-10、731-745頁。

小木田敏彦（2007）「年季制度に関する経済地理学的考察——川俣羽二重産業を例に」『拓殖大学論集 人文・自然・人間科学研究』第18号、83-99頁。

小木田敏彦（2013）「マーシャル集積論の制度主義的展開——明治・大正期の羽二重産業を例に」『政治・経済・法律研究』Vol.16-1、193-221頁。

三瓶孝子（1961）『日本機業史』雄山閣。

佐々木淳（2006）『アジアの工業化と日本——機械織りの生産組織と労働』晃洋書房。

谷本雅之（1998）『日本における在来的経済発展と織物業——市場形成と家族経済』名古屋大学出版会。

東條由彦（1990）『製糸同盟の女工登録制度——日本近代の変容と女工の「人格」』東京大学出版会。

東條由紀彦（2005）『近代・労働・市民社会——近代日本の歴史認識Ⅰ』ミネルヴァ書房。

終章にかえて

木本喜美子

　本書は、福井県勝山市において織物業に従事してきた女性、とりわけ結婚後も継続的に就労してきた女性のインタビューデータを中心にしながら、高度成長期をはさむ時期に働いてきた女性の労働と生活を、多面的に浮き彫りにしてきた。本書執筆者の共通の立脚点は、労働と家族との連関関係の中におかれた女性の働き方や生き方を、地域労働市場に基礎づけられた地域性や地域社会における慣行や規範、生き方を示唆するローカルな文化といった側面をも踏まえて照射しようするところにおかれている。本書を閉じるにあたってここでは、序章で提起した近代家族論と既婚女性の就労との関わりにおける論点を念頭におきながら、勝山産地の分析事例をくぐり抜けることによってあらためていかに捉えることができるのかについて、整理しておきたい。

（1）近代家族論と女性が働くこと

　序章で述べたように、近代家族論が家族研究に与えたインパクトには大きいものがあるが、戦後日本の歴史的コンテクストに即していまだ十分に検証されてはおらず、特に社会階層的な差異や地域差という視点を、いかに位置づけるかが課題として残されている。階層差という課題については、かつて問題提起をしたことがある（木本，2004b）。その着想の出発点は、大企業労働者を中心とする近代家族モデルの受容過程とその論理をめぐって、日本的雇用慣行の柱たる長期雇用、年功賃金に加えて、手厚い企業内福祉という物質的基盤をベースとした考察である（木本，1995；木本，2002）。大企業労働者こそが、「家族賃金」、すなわち夫一人の稼ぎで家族を養うことができる物質的基盤を有しており、近

代家族モデルに接近することができる位置にいた。そのもとで、妻が働きに出ることなく無業の専業主婦になることが有力な選択肢たりえたのである。ここでの考察は、トヨタ自動車の組み立てライン労働者の調査研究（1980年代）を土台としており（木本, 1995）、明確な階層設定にもとづくものである。ではこうした大企業のブルーカラー層以外については、どのような付置連関のもとにおかれていたと考えることができるだろうか。

　まず中規模企業は良質の人材を安定的に確保するために可能な限り、大企業をモデルとした賃金形態と水準および企業福祉に追随しようとしてきた。これに対して小企業や零細企業の労働者家族においては、妻を含めた家族の多就労によって生活が維持されており、夫だけの稼得賃金では家族の再生産を十分になしえないことは、鎌田とし子らの室蘭の研究ですでに明らかにされている（鎌田／鎌田, 1983）。近代家族モデルの受容およびその現実化には、企業規模間格差を軸とする階層差が関わっていると考えなければならない。他方で、大企業労働者家族とは決定的に異なる原理にたつのは、農村および都市の自営業者層の家族であろう。彼らの特徴は、経営と家族とが不可分の関係に置かれている点にあり、共有された資産（土地や生業）の維持・継承を機軸とする直系家族規範および伝統的な家父長制規範が色濃くまとわりついている。農村家族の場合は、千葉悦子によれば、マスメディアや教育、兼業化による労働市場参入を通じて都市サラリーマン家族像に触れ、直系家族モデルからの離脱の方向性として、主婦を擁する近代家族モデルに憧れて農業からの撤退を模索する動きもあったという。だが1970年代の減反政策と農村工業化の進展の中、収入が減じてくることから、兼業化を現実的な路線として選択せざるをえなかった（千葉, 2000）。また石井淳蔵の商人家族の研究によれば、高度成長期において後継者難を経由して「『経営体としての家族』ならびにその再生産構造が崩壊」する。その背景に「サラリーマンのような生活をしたい」との意識があり、子ども世代の高学歴化と雇用労働者化が進展していったことが明らかにされている（石井, 1996）。階層差をともないながらも、大企業を中心とした近代家族像が「豊かな労働者」の表象となり、これとは距離をおかざるをえない現実をかかえる人々にとっても、「豊かな生活」イメージとしてテレビドラマ等を通じて流布したと考えることができる。こうした労働と生活の現実、その物質的基盤上の差

異を見据え、専業主婦を選択し意味付与しうる層との社会的距離という観点から、社会諸階層の付置連関を捉えることができるだろう。

このような意味で近代家族モデルは、高度成長期の劇的な社会変化の一角をリードするものであったと言えるのではないだろうか。それと同時に高度成長期、とりわけ1960年代はより多面的な相を有していたこともまた、たしかなことであろう。農村から都市への人口の大移動、第二次・第三次産業化の急速な展開の中、職場は技術革新と労働力不足に見まわれた。さらには近代的な国民生活の実現をめざして行政や社会制度を整備していこうとする動きがあり、労働運動をはじめとするさまざまな社会運動も活発化していった。こうした激動の中で、女性を労働力として労働市場に引きだそうとする政策的動き、女性が結婚・出産を経ても働き続けることによって女性の地位を向上させていこうとする運動、家族と女性の役割に関するさまざまな議論の活性化など、「女性が働くこと」をめぐって多様な言説と実践が現れた[1]。他方、教育界では1950年代後半から、女性を母＝主婦役割に特化させていく言説が現れ、「女子にとって本質的に必要な科目」たる家庭科の女子のみ必修化の動きが推進され、1970年代には高等教育の女子のみ必修化が実行に移されている（横山, 2002）。

こうした複雑な動きをともなった高度成長期に、近代家族モデルとはほど遠い現実を生きた人々をフォーカスした場合に、どのように捉え直すことが可能だろうか。ここに本書の問題意識の出発点の一つがあった。専業主婦の対極にある、雇用労働に従事して働き続けてきた女性たちのリアリティに迫るという課題がそれである。序章で述べたように、サラリーマン世帯をとった場合、高度成長期を通じて専業主婦となる人々はたしかに大きく増大していくが、その一方で雇用労働者となる既婚女性の増加率はさらに著しく、この人々が、1980年代半ばにはついに専業主婦層を乗り越えて多数派を形成して今日に至っている（前掲図序-1）。この既婚の雇用女性労働者の内部にはパートタイマーも含まれており、専業主婦からパート化する人々が、とりわけ1970年代半ば以降、これを押し上げていることは言うまでもない。だがパート化が主流の形態とはなっていない高度成長期にも、既婚女性の雇用労働者数が一貫してハイペースで伸び続けたことに注目する必要がある。高度成長期におけるこうした動きを、主婦になることと雇用労働者になることとの「せめぎあい」と把握したゆえん

である（木本，2004a: 107）。

　私たちの研究グループは地域差とともに階層差を意識しながら、既婚女性の継続的就労傾向が認められる地域を選んでの事例研究に取り組むことになった[2]。ただしこうした地域事例から、近代家族が全国津々浦々に波及したことを前提とする議論への反証というような狭い立て方は、もともとしていない。序章に明示したように、研究史的に見た場合に手薄な、戦後女性労働史の源流をなす既婚の製造職女性労働者の中から織物業従事者に的を絞り込んで、その労働―生活史を、高度成長期をはさんだ時代を中心に浮き彫りにすることを目指したのである。そしてその継続的就労を支えた基盤が何であったのか、また職場と家族と地域がどのように関わり合っていたのかを見据えながら、継続的に就労してきた既婚女性労働者の生きた軌跡に迫ることに、本書は主眼をおいてきた。

（2）本書の調査事例に見る特徴

　織物業に従事してきた本書の調査事例の特徴についてまず指摘すべきは、地域労働市場における既婚女性労働者に対する労働力需要が根強くあったという点である。戦前期から多くの通勤する女性労働者が存在し、未婚者に限られた労働市場ではなかったがゆえに、戦前期以来、町営ならびに工場内託児所が設置されていた。戦後に至ると、既婚女性労働者自身による託児所設置運動が起こる中、0歳児保育がスタートしている。こうしたことが、既婚女性の継続就労を現実のものとさせる強力な基盤としてまずはあったことをおさえておく必要がある。こうした歴史的基盤に支えられることによって、既婚女性が働くのを当然とする共稼ぎ労働文化[3]とも呼ぶべきものが地域社会内で定着していたのである。私たちが事例研究の対象とした時代にも、共稼ぎを当然のこととするまなざしが、家族から、そして地域社会からも既婚女性たちに注がれていた。だが当事者たる既婚女性労働者自身は、それを圧力と受けとめて単に追随したのではなかった。みずからそうした役割を引き受け、自分たちの働き方と生き方をつくりだしてきていた。遠隔地からきた集団就職者の目にはこうした勝山の女性の生きざまは強烈なものに映ったが、この地域に抱きとめられて結婚という形でこの地にとどまった彼女たちも、そうした生き方へと歩み入ったのである。

終章にかえて　267

　結婚に至ったすべての事例を見る限りでは、専業主婦になるという選択肢が
はいりこむ余地は、まったくなかったと言ってよい。他方、戦後期にもしばら
く残存した出来高給は、腕のいい女性によい稼ぎをもたらす条件を与えたこと
から、自らの稼ぎのために生産性を上げることに邁進した既婚女性の姿を見て
とることができる。また分業制のもとで導入された時給制は、総じて女性の賃
金水準を低くとどめおく傾向をもたらしたが、そうした中にあっても、積極的
な働きぶりを示し続け、会社上層部からの高い評価とキャリアを獲得していく
女性も存在した。彼女たちをそのように職場内で駆り立てた背後には、家族内
諸条件が介在していた。
　新婚期に夫婦家族を形成した女性たちは、家計を夫とともにあるいは妻単独
で掌握し、共稼ぎに不可欠な家事省力化機器に惜しみなく投資しながら、生活
目標の実現につき進むことができた。一方、三世代家族の「嫁」となった人々
は、自らの稼得賃金へのアクセス権もその金で購入する商品の意思決定に関与
する権限をも持たないという点で、大きな矛盾を抱えていた。だが、職場で発
揮された力量に対する評価という形での承認を得ることを求めようとした。ま
たこうして職場で承認を得ることは、賃金高として家族にフィードバックされ
て「稼げる嫁」として親世代から承認をうけることになり、それをせめてもの
心の支えとしていた。家族における従属的世代間関係が、職場での働きへとは
ねかえっていく姿を見いだすことができるのである。彼女たちは、将来の家計
管理権を獲得できる時をうかがいながら日々の労働にチャレンジしていた。ま
たその日が訪れるや、上記の夫婦家族の妻と同様に、家計を掌握して生活目標
の実現に向かって邁進していった。
　子どもの健康状態を勘案して、あるいは夫とのすれ違いの忙しすぎる生活か
らの脱皮を望んで、しばらく仕事を休もうかと思い悩んだと率直に語っていた
事例も、きわめて少数ながら見られる。だが彼女たちも、「勝山の女は稼ぐ」と
いう地域内で流通する規範の前では屈してしまい、結局は継続的就労を実践せ
ざるをえなかった。だがこれらの事例においても、専業主婦になりたいという
志向性ではなく、多忙をきわめる労働—生活のサイクルからいったんは降りて
仕事を休みたいとの意識に導かれていたのである。また1960年代後半に至って、
労働組合の活動に積極的に参画した女性も現れ、母性の保障制度の要求から賃

金平等への道を切り拓く活動を、地域内の他の企業組合や女性団体との協同に
よって展開している。その背後には、みずからの腕を頼りに働いてきたという
自信、家計における稼得役割に対する自負があったと考えられる。

　こうした既婚女性労働者に対して、北郷地区における農家機屋においては、
零細農でありかつ小機屋であるという基盤ゆえに、各々の家族メンバーの役割
の組み合わせによって収入を持ち寄る形で、生計維持の道が模索されていた。
そうした中、跡取り娘ないしは「嫁」としての女性たちは自分たちが機屋とし
てもたらす、家計にとってのコアになる収入が親世代に掌握されるという矛盾
を抱えながらも、代替わりするや実権を握って家族のライフスタイルの変革に
も踏み出している。この地域に工場労働者であった女性が嫁入りし、彼女たち
の腕前が農家機屋の基軸になるというつながりが大手機業場との間で見られる
ものの、基本的には、労働力配分を地域内で完結させていた。このことが、長
時間労働を促す要因であったが、夫婦の稼ぎを基軸としながら収入を持ち寄る
家計維持の中核的役割を女性が担っていた。

　以上のように私たちがフィールドとした勝山産地では、既婚女性が働かずに
専業主婦になることが望ましいとする近代家族モデルの片鱗さえ見いだすこと
はできず、むしろ働き稼ぎ続けるべき存在として自他ともに認知していた。機
業場で働く既婚女性労働者について言えば、腕しだいで稼ぐことが可能であっ
た出来高給の時代から、分業制の導入以降の職場の変化および賃金の相対的低
下が生じても、たとえば運転士であった夫との賃金の開きに気づいて「頭にき
た」との発言はあっても、それが、すでにできあがっていた収入と家計の構造
と家計上の意思決定過程とを揺るがすような事態として語られることはなかっ
た。つまり「勝山の女は稼ぐ」のが当たり前だとする、すなわち共稼ぎこそが
あるべき姿だという認識は、揺らぐことのない根強さを有していたことが明ら
かである。他方では北郷の農家機屋の女性は、代替わりしてから経営と家族生
活の切り盛りに力を発揮したが、保育施設がない、労働組合に守られることも
ないという中での長時間労働の現実を抱えながら、共稼ぎ労働文化のもう一方
の担い手であった。

　この北郷地区の農家機屋の「嫁」（あるは跡取り娘）にしろ、機業場に勤めて
いた三世代家族の「嫁」にしても、自ら稼ぎ出した賃金に対する処分権を行使

できなかった点で共通している。こうした従属的世代間関係が、共稼ぎ労働文化と交差していた点を見落としてはならないだろう。「みんなが働いているんだから当たり前」との表現は、男性も女性もこぞって働いているとの意味であると同時に、世代を超えて働くのを当然とする労働文化をも意味している。したがって三世代家族であれば、親世代も条件さえ許せばさまざまな形で働き、一家総働きの多就業世帯を構成していた。ただしこの地域では、「女が稼ぐ」ことにとりわけ力点がおかれており、また実際に女性がそれなりの稼得水準をマークすることができる基盤があった。したがって親世代が家計を握っている時点から、「稼げる嫁」に大きな期待が集まっていた。この「稼げる嫁」が、稼得収入を盾に取って家計・家族運営に対する自己主張を強めることを阻止することが、従属的世代間関係の維持にとって枢要であったのである。こうした境遇におかれていた「嫁」は、世代交代によって、文字通りの「共稼ぎ」となる日をうかがっていたと言えるのではないだろうか。

（3）地域的な差異をどう捉えるか

　こうした勝山産地で継続的に就業してきた既婚女性の特徴は、私たちのかつての調査フィールドであった福島県伊達郡の川俣産地ともきわめて似通った面を持っている。川俣産地においても、専業主婦にこそなるべきだという規範はまったく共有されてはおらず、彼女たちにとって近代家族モデルは「外在的なもの」であった（木本，2012: 48）。既婚女性が働き続けることに価値をおくことこそが共有されており、共稼ぎに重きをおく労働文化が共有されていたのである（木本，2012: 45）。両地域はともに織物業の集積のもと、既婚女性労働への強力な需要構造があったという点、および新婚時に夫婦家族を構成するか三世代家族の「嫁」となるかによって自己の賃金へのアクセス権が大きく異なっていたという点でも、類似性が見られる。だが本書第1章で強調しているように、結婚・出産年齢で低下を見せない女性の就業率の形状がほぼ同じだとしても、同一機屋への勤続なのか、小機屋を転々としながらの継続的就労なのかという点で、両地域には大きな違いがある。地域の主要産業が同一のものであったとしても、女性の働き方や生き方まで射程に入れようとすると、産業構造を軸として地域を類型化して捉える方法だけではすまないのではないかと思われる。[4]

また川俣産地に隣接し、ニット製造業を展開してきた福島県伊達郡梁川町そして保原町においても、川俣産地との比較研究のためにフィールドワークを実施したが、そこで得られた知見も、地域差に関して微妙な側面を持っていた。すなわち同じ繊維産業とはいえ、織物業とニット製造業とでは、既婚女性労働力を必要としていたという点では共通性を見せながらも、前者はフルタイマーとしての働き方が求められていたのに対して、後者では、子育て期には内職、その後はフルタイム就労するというのが一般的なパターンであった。ただし後者では、主婦・母親役割の合間を縫っての内職ではない。日中は保育園に子どもを預けて内職に集中し、夜は寝る間も惜しんで内職に没頭する。こうした働き方は、「子どものために家にいる」という近代家族モデルを彷彿させるものではあるが、この地域では、主婦役割・母親役割よりも内職を優先させて没頭する既婚女性が普通に見られた点に特徴がある。地理的に隣接しあう川俣産地と梁川・保原地区とでは既婚女性の働き方に違いはあるものの、共稼ぎに重きをおく労働文化という点での類似性が見いだされた（中澤，2012: 62-3）。業種や労働力需要構造を超えた、隣接地域間を覆う「土地柄」に由来するとも言うべき、類似した労働文化が関わっているかのようである。

　こうして見てくると、私たちのフィールドワークにもとづく限られた事例についてではあるが、ところどころで類似した諸相を見せながらも、違いを有する多様な地域のあり方があり、女性の働き方の違いをともなっていたと捉えることができるのではないだろうか。ただしこれらの地域にまたがる共通性を指摘しようとすれば、近代家族モデルが想定する専業主婦を志向することがまったくない、あるいはそれへの志向性がほとんど希薄であり、夫婦で稼ぎ出すという労働文化に覆われているという点であろう。これが織物業、あるいは広く繊維産業が展開していた地域に特有のことかと言えば、実はそうとは言いきれない。倉敷伸子の香川県東部沿岸地域の農村の研究においても、同様の事態が見いだされている（倉敷，2007）。倉敷は近代家族が大衆化したとされる時代と専業農家経営の解体期とが重なっていることに着眼し、兼業化の展開過程における女性の農外就労化が進む中での、「近代家族規範の浸透」（倉敷，2007: 202）を考察している。本書の課題の立て方とは異なるが、倉敷が明らかにした地域事例は重要である。すなわちこの地域では、稼ぎ手役割が男性世帯主に一元化

されず、結婚を生産労働からの女性の撤退とは考えず、家庭を慰安の場として整える主婦役割には関心が低かったことが示され、「近代家族規範受容には直結しない規範が編まれていた」（倉敷, 2007: 230）とする。こうした研究をも視野に入れるならば、高度成長期に近代家族モデルの影響を受けにくい地域が、あるいはこれとは無縁の地域がたしかに存在していたと言わなければならない。より正確に言えば、地域差というよりも、教育年限が長くない女性たちでしかも大都市圏ではなく地方圏の場合、と表現した方が妥当かもしれない。いずれにせよ、彼女たちは近代家族モデルをよきものとしての受容することができるような生活基盤を有していなかったのである。私たちが研究対象とはしてこなかったが、同じ勝山市内であっても大企業労働者の妻や公務員の妻等は、近代家族モデルに親和性を見いだしていた可能性があるだろう。

（4）今後のために

　以上から、高度成長期において、一方では専業主婦になることが有力な道筋となり、その生き方を選択する女性は増大していった。その選択を支えたのは、大企業に就業する夫が稼得する物質的な生活基盤であった。こうした人々を担い手として、近代家族モデルが優位にたつ地域があったと考えられる。これに対して本書で捉えようとした勝山産地の事例は、無業の主婦を重んじる近代家族モデルとはほど遠い地平にあったことは明らかであろう。彼女たちは共稼ぎの方向につき動かされていくような物質的基盤および家族内の人間関係や地域社会の労働文化を基盤として有していた。近代家族モデルという尺度で見ても、高度成長期をはさむ時代に、相異なる多様な地域が存在したことを前提として、今後の議論は展開されていくべきだろう。

　本書が捉えてきた既婚女性労働者たちが生きた現実と、近代家族モデルで覆われてゆく同時代の趨勢との関係をどのように捉えるべきだろうか。そして現代の日本社会では、男女共同参画政策の必要性や人口減の中での女性労働の不可欠性が論じられている一方で、高学歴女性ほど今なお、「仕事か家庭か」という選択肢の前で悩み、その多くが初職からの撤退を選ばざるをえない現状が指摘されている（岩田／大沢, 2015）。こうした点に目を向ければ、女性の活躍を推進できない労働の場の現実によって、結果として近代家族にまつわる価値

規範がむしろ強化されてきているとも考えられよう。他方では、1990年代のグローバリゼーションのもとで製造業の海外移転、とりわけアジアへの移転が進行する中、また全般的に高学歴化が進展する中で、本書が対象とした教育年限が長くない既婚女性たちのフルタイマーとしての活躍の舞台は縮小化し、さまざまな地域に存在した共稼ぎ労働文化の余地は狭まってきたのだろうか。とはいえパートタイマーをはじめとする非正規労働者として、既婚女性の就労化は明らかに進展してきており、何らかの仕事を持つ既婚女性がマジョリティであることはまちがいない。近年、育児をしている女性の有業率は全国で64.2％となった（総務省就業構造基本調査、2017年）。非正規化の進行によって、夫の稼ぎだけで家族を扶養することができる「家族賃金」基盤が、弱体化しているためであろう。こうした現状と本書で捉えた事例との接点について、ここで論じることはあまりに難しい課題である。ただ近代家族モデルの影響力と働く女性の現実に関わる議論が、地域性をくぐり抜けることなく、全国一律として、あるいは県単位で語られる場合が少なくない。労働と生活の現実的基盤から女性の働き方や生き方を探ろうとする方法的スタンスにたっての、地域の実相を深く掘り下げる研究の積み重ねによって、〈女性たちはどこでどのように働いてきたのか〉[5]を明らかにすることが今後に求められていると言えるだろう。

注

1) 女性が働くことを軸に据えた1960年代の多面的な相についての分析は、宮下さおり・木本喜美子（2010）を参照されたい。

2) なお地域差について言えば、瀬知山角は日本の主婦と就業との関係を把握するうえで、学歴差とならんで地域差を位置づけていた（瀬知山, 1996: 190-199）。すなわち専業主婦化しやすい地域（「都市化型」）と既婚女性が労働力化しやすい地域（「地方型」）とに分けて、前者の典型として奈良県、後者の典型として福井県を挙げていた（同, 196）。瀬知山は家父長制と主婦の存在形態との関係を捉えようとしており、主婦の存在形態に地域差が関わっていることを、先駆的に指摘したと言えるかもしれない。

3) すでに序章で触れているが、本書がメインの対象としている既婚女性労働者のうちの65％ほどの人々の夫は機屋勤務であり、それ以外は建設関係の労働者であった。文字通りの共稼ぎカップルがマジョリティとなる。これ以外に、夫が自営業者（農業、商業、和裁仕立業等）である事例が30％ほど含まれているが、夫と妻が稼得す

る収入を持ち寄るという意味で、「共稼ぎ」というカテゴリーを用いることができる
だろう。要は、「みんな働いているんだから当たり前」という労働文化、すなわち男
性はもとより女性も働いて稼ぐのは当然とする労働文化が地域社会を覆っているこ
とに注目し、本書のサブタイトルとして「共稼ぎ労働文化」を用いている。

4）近年、特定地域を基盤とした女性労働と家族に関わる研究が出されるようになって
いる。古河史江は、高度成長期をはさんだ農家から雇用労働者家族への移行過程に
おける性別分業のあり方と既婚女性の就業、その変遷について、愛知県安城市を対
象に考察した（古河，2014）。前田尚子は岐阜県岐阜市の調査研究をコアにおいて、
多系的に展開した日本の産業化という視点から家族の地域性を考察している（前田，
2018）。こうした特定の地域に分け入って、女性の労働と家族とをトータルに捉えよ
うとするアプローチが、より多様な地域事例を対象にとられる必要があるだろう。

5）その方法論的課題については、木本喜美子（2016）を参照されたい。

参考文献

千葉悦子（2000）「農家女性労働の再検討」木本喜美子／深澤和子編著『現代日本の女
　　性労働とジェンダー』ミネルヴァ書房、86-123 頁。

古河史江（2014）「農業地域の都市化における性別役割分業の形成——愛知県安城市
　　1950 年代〜 1980 年代」『歴史学研究』第 914 号、30-49 頁。

石井淳三（1996）『商人家族と市場社会』東京大学出版会。

岩田正美／大沢真知子編著（2015）『なぜ女性は仕事を辞めるのか——5155 人の軌跡か
　　ら読み解く』青弓社。

鎌田とし子／鎌田哲宏（1983）『社会諸階層と現代家族』御茶の水書房。

木本喜美子（1995）『家族・ジェンダー・企業社会』ミネルヴァ書房。

木本喜美子（2002）「企業社会論からのアプローチ」石原邦雄編『家族と職業——競合
　　と調整』ミネルヴァ書房、62-86 頁。

木本喜美子（2004a）「企業社会の形成とジェンダー秩序——日本の 1960 年代」歴史学
　　研究会編『歴史学研究』794 号、青木書店、105-118 頁。

木本喜美子（2004b）「企業社会と家族——歴史的変動過程」渡辺治編『変貌する〈企業
　　社会〉日本』旬報社、299-340 頁。

木本喜美子（2012）「織物女工の就業と家族経験——近代家族規範の検討」『大原社会問
　　題研究所雑誌』650 号、33-48 頁。

木本喜美子（2016）「女性たちはどこでどのように働いてきたのか——女性労働研究の
　　課題と方法を再考する」中谷文美／宇田川妙子編『仕事の人類学——労働中心主義
　　の向こうへ』世界思想社、249-274 頁。

倉敷伸子（2007）「近代家族規範受容の重層性——専業農家経営解体期の女性就業と主

婦・母親役割」赤澤史朗ほか編『現代歴史学とナショナリズム——年報日本現代史
第12号』現代史料出版、201-235頁。

前田尚子（2018）『地域産業の盛衰と家族変動の社会学——産業時間・世代・家族戦略』
晃洋書房。

宮下さおり／木本喜美子（2010）「女性労働者の一九六〇年代——『働き続ける』こと
と『家庭』とのせめぎあい」大門正克／大槻奈巳／岡田知弘／佐藤隆／進藤兵／高
岡裕之／柳沢遊編『高度成長の時代1——復興と離陸』青木書店、233-289頁。

中澤高志（2012）「ニット製造業の地域労働市場と女性のライフコース」『大原社会問題
研究所雑誌』650号、49-63頁。

瀬知山角（1996）『東アジアの家父長制——ジェンダーの比較社会学』勁草書房。

横山文野（2002）『戦後日本の女性政策』勁草書房。

索　引

あ行

跡取り娘　219, 235, 236, 238
家　19, 210, 211, 239, 248, 250, 257
育児休業制度　195
育児時間　184, 188
池田祥子　107
石井淳蔵　264
一家総働き　269
今井健　217
岩崎由美子　210
ウォータージェット　190, 227, 233
請負制　85-88, 168, 169, 185, 187
ウーマン・リブ運動　107
運転士　25, 74, 77-79, 89, 90, 155, 161, 180
江原由美子　107
大門正克　8, 210
大沢真理　138
大森真紀　174
岡山礼子　9
織工　69, 76, 78, 80, 91, 133, 160, 163, 167, 226, 245
織賃制度　76, 84, 87, 88

か行

家業労働　224, 228, 235, 238
家計管理　116, 127, 129, 230, 232, 235, 238
家事　9
家事・育児　122, 225
家事省力化機器　117, 128, 266
家事労働論争　8
家族賃金　12, 43, 263
家族手当　167
家族と労働の社会学　108, 131
家族内分業・協業　225, 237, 238
勝山町営託児所　140
勝山町託児所規定　140
『勝山の機業』　164
家庭内労働　9, 11, 138

か行（右）

家父長制　9, 108, 264
鎌田とし子・鎌田哲宏　264
看護休暇　199, 200
機業労働　224, 228
既婚者　194
既婚女性労働者　15, 206, 266
既婚の製造職女性　15, 108, 266
寄宿舎の民主化　176, 177, 194
技術革新　84, 178
北郷地区　27, 209, 212, 241, 255, 268
木本喜美子　138
近代化　81, 83, 179
近代家族モデル　11, 263, 270
近代家族論　11, 12, 263
近隣地域出身者　110, 129
空間的分離　113
苦情処理委員会　183, 192
倉敷伸子　270
グラックスマン (Glucksmann), M.　9
経営管理　232, 238
経済的自立　106
継続的就労慣行　127
系列化　23, 24, 50, 51, 81, 84
月給制　85, 99, 167, 185, 187
結婚退職制公序良俗違反　175
現代フェミニズム論　106
高度成長期　8, 12, 15, 209, 265, 271
合理化　88, 179
国際婦人年　175
小機屋　119, 157, 159, 194, 218, 220, 231, 239
雇用機会均等法　175, 178
雇用平等法制定　178
雇用労働　10, 18, 105-108, 223, 224, 235, 248, 255, 265
コーワン (Cowan), R. S.　9

さ行

三世代家族　116

三世代協業 223
三世代同居 20, 28, 235
産前産後の休暇 184
三瓶孝子 71, 73, 246
3ポイント闘争 191
自営業家族 12
自営兼業 214
ジェンダー関係 210
自家農業 228, 234, 237
時給制 83, 85-88, 167, 185, 187
執行委員 196
社会諸階層の付置連関 265
社会的調整 42, 44
社内結婚 49
従属的世代間関係 116, 118, 122, 267, 269
従属的労働 228
集団交渉 191
集団就職 16, 45, 46, 48, 50, 51, 53, 54, 56, 61-64,
　　113, 114, 162, 182
集団就職（者） 46, 64
集団就職者 25, 27, 45, 53-62, 64-66, 95, 112, 129,
　　266
舅 211, 226, 230
姑 211, 235
熟達者 180
主体性 63, 92, 97, 105
主婦の誕生 8, 12
主婦礼賛論 107
主婦論争 106, 131
準備工 25, 28, 76, 92, 98, 100, 156, 159
『昭和八年工場監督年報』 143, 153
職階制度 181
職場委員会 192
職場空間 125, 126
職場懇談会 197, 205
織布工 25, 51, 69, 180, 188
職分制（職階制） 94, 179
職務考課 190
女性解放運動 106
女性起業 210
女性差別撤廃条約 175, 205
女性世帯主 201
女性労働史研究 8, 10, 131
女性労働者 173, 174, 257

新規学卒者 50, 51, 53, 56, 64
人事考課制度 198
人事考課表 190
深夜労働 177
炭焼き 220
生活様式 231, 236
生休手当 190
製造職の女性労働者 14
性別役割分業 202
世代間関係 30, 210, 212
繊維女性労働（者） 17, 203, 256
専業主婦 12, 107, 235, 265
全国繊維産業労働組合同盟（全繊同盟） 56, 65,
　　152, 173, 176
全日制定時制高校（定時制） 60, 62, 182

た行

大企業労働者家族 12, 264
託児所（保育所） 139, 194, 226
託児所・授乳所 177
託児所設置運動 152, 169
竹中恵美子 8
多田とよ子 175, 177, 193
谷本雅之 18, 210, 250, 259
男女格差 100, 175, 190, 203
男女工賃調 164
男女平等 100, 106, 129
男女平等の賃金配分 201
地域社会の慣行と規範 131
地域の慣行・慣習 240
地域労働市場 16, 19, 75, 109, 239, 257
小さなスケール（small-scale） 43, 44
地繊部会 176
千葉悦子 210, 264
地方繊維産業労働組合連合（地繊） 176, 184
中央統一要求運動 175
中間ポイント制 191
中小企業労働者家族 12
長時間労働 227, 240
賃上げ闘争 189
賃上げの配分 195
賃上げ配分差別問題 194
賃金格差 165, 167, 173, 178, 191

賃金差別 201
賃金闘争 176, 191
賃金（給料）の差し出し 118, 121, 122, 127, 129,
　　130, 162, 230
賃金配分 198
賃金平等 201
通院・つわり休暇 199
通勤 19, 44, 50, 52, 73, 194, 247, 266
定年差別 178
定年年齢 191
出来高給 70, 72, 76, 163, 165, 252
同一価値労働 201, 203
同一価値労働同一賃金 173
東條由紀彦 18, 248, 259
共稼ぎ 92, 117, 137
共稼ぎ労働文化 266, 269

な行

永野由起子 210, 211, 238
二世代協業 223, 224
日給・月給制 167, 189
二部制（二部交代制） 24, 26, 46, 49-51, 82, 122,
　　154-158, 169, 179, 229
日本的雇用慣行 11, 263
乳幼児帯同禁止令 142
年齢階級別就業率 46, 63
農家機屋 209, 212, 214, 219, 229, 238

は行

橋野知子 18, 73, 251
働く意味 105
ハンター (Hunter), J. 14, 17, 70, 165, 247
ビーチ (Beechey), V. 138
夫婦家族 116
夫婦間分離 122
夫婦協業 223, 224
福井モデル 20
婦人対策部 193
婦人部 175
分業制 25, 46, 50, 51, 88, 89, 164, 179
ペック (Peck), J. 42-44, 64
ヘロッド (Herod), A. 41, 42, 65

北陸型モデル 20
母性保護統一要求 177, 199
母性保障統一要求 205

ま行

マクドウェル (McDowell), L. 43, 44
マクノータン (Macnaughtan), H. 14
未婚女性労働者 15, 18
宮城道子 210

や行

山田和代 174
ユニオンショップ制 182
吉田恵子 9
嫁 77, 118, 123, 125, 127, 130, 160, 169, 211, 219,
　　222, 226, 235, 236, 238, 267

ら行

ライフヒストリー 16, 108
臨時雇い 188
零細機業 213, 256
零細農 211, 240
レピア 227, 233, 242
労使懇談会 183
労働意識 91, 95
労働基準法 183
労働協約 85, 167, 175, 176, 182, 184, 186, 188
労働組合 14, 27, 56, 85, 165, 173, 174
労働組合法 183
労働力の女性化 108
6次産業化 210

謝　辞

　勝山には、よりによってたいへん暑い時期と、雪と格闘しながらのひどく寒い時期に、何度も足を運ばせていただきました。いつも日程調整がつかず、有名な左義長祭に出会うことができなかったことをとても残念に思っています。ここであらためて、私たちの調査のために手助けしていただいた皆さまに感謝申し上げます。お一人お一人のお名前を挙げることはさし控えさせていただきますが、皆さまの惜しみないご尽力とご協力がなければ本書の刊行にまでこぎ着けることはできませんでした。また出版事情の芳しくない中、本書のような地味な学術書の刊行をお引き受けいただきました明石書店編集部長・神野斉さんに心から、御礼を申し上げます。

　2018 年 7 月 30 日

執筆者を代表して　木本喜美子

執筆者紹介 （執筆順）

木本喜美子（きもと　きみこ）〈序章、第3章、終章にかえて〉
　　⇨奥付参照

中澤高志（なかざわ　たかし）〈序章、第1章〉
　　明治大学経営学部教授。博士（学術、東京大学）。
　　主著：『職業キャリアの空間的軌跡』（大学教育出版、2008年、単著）、『労働の経済地理学』（日本経済評論社、2014年、単著）、『若者たちの海外就職』（ナカニシヤ出版、2018年、共著）。

勝俣達也（かつまた　たつや）〈序章、第2章、補論〉
　　専修大学人間科学部准教授。博士（社会学、筑波大学）。
　　主著：「明治中期「鉄工社会」における「労働」と「相互行為」」（『日本労働社会学会年報』14号、2003年）、「「高度成長期以前」における中小零細企業経営者の生活史とその独立にみる個人－組織間関係について」（『労働社会学研究』9号、2008年）、「生産・流通構造の再編に向き合う横編ニットメーカーの試みとその構造的位置づけ」（『専修大学社会科学研究所月報』No.648、2017年）。

野依智子（のより　ともこ）〈第4章〉
　　福岡女子大学国際文理学部教授。博士（教育学、九州大学）。
　　主著：『近代筑豊炭鉱における女性労働と家族──「家族賃金」観念と「家庭イデオロギー」の形成過程』（明石書店、2010年、単著）、「「家族賃金」観念の形成と歴史的意義」（『大原社会問題研究所雑誌』No.699、2017年）、『シングル女性の貧困──非正規職女性の仕事・暮らしと社会的支援』（明石書店、2017年、共編著）。

早川紀代（はやかわ　のりよ）〈第5章〉
　　総合女性史学会前代表。早稲田大学、明治大学などの元非常勤講師。博士（文学、早稲田大学）。
　　主著：『戦時下の女たち──日本、ドイツ、イギリス』（岩波書店、1993年、単著）、『近代天皇制と国民国家──両性関係を軸として』（青木書店、2005年、単著）、『歴史をひらく──女性史・ジェンダー史からみる東アジア世界』（御茶の水書房、2015年、共編著）。

千葉悦子（ちば　えつこ）〈第6章〉
　　福島大学名誉教授、放送大学福島学習センター所長。博士（教育学、北海道大学）。
　　主著：『地域住民とともに』（北樹出版、1998年、共編著）、『現代日本の女性労働とジェンダー』（ミネルヴァ書房、2000年、共著）、『飯舘村は負けない──土と人の未来のために』（岩波新書、2012年、共著）。

《編著者略歴》
木本喜美子（きもと　きみこ）
一橋大学名誉教授。博士（社会学、一橋大学）。
新潟県長岡市生まれ。立命館大学産業社会学部助教授、
一橋大学大学院社会学研究科教授を歴任。
主著：『家族・ジェンダー・企業社会——ジェンダー・アプローチ
　　の模索』（ミネルヴァ書房、1995年、単著）。
　　『現代日本の女性労働とジェンダー』（ミネルヴァ書房、2000
　　年、共編著）。
　　『女性労働とマネジメント』（勁草書房、2003年、単著）。
　　Gender and Japanese Management, Trans Pacific Press, 2005
　　(Melbourne, Australia, 単著).
　　『社会政策のなかのジェンダー——講座 現代の社会政策（第
　　4巻）』（明石書店、2010年、共編著）。
　　「女性たちはどこでどのように働いてきたのか」（『仕事の
　　人類学——労働中心主義の向こうへ』世界思想社、2016年、
　　共著）。

家族・地域のなかの女性と労働 —— 共稼ぎ労働文化のもとで

2018年9月25日　　初版第1刷発行

編著者	木　本　喜美子	
発行者	大　江　道　雅	
発行所	株式会社 明石書店	

〒101-0021 東京都千代田区外神田6-9-5
電　話　03（5818）1171
FAX　03（5818）1174
振　替　00100-7-24505
http://www.akashi.co.jp

装　　丁　　明石書店デザイン室
印刷／製本　　モリモト印刷株式会社

（定価はカバーに表示してあります）　　ISBN978-4-7503-4725-7

JCOPY 〈（社）出版者著作権管理機構 委託出版物〉
本書の無断複写は著作権法上での例外を除き禁じられています。複写される
場合は、そのつど事前に、（社）出版者著作権管理機構（電話 03-3513-6969、
FAX 03-3513-6979、e-mail: info@jcopy.or.jp）の許諾を得てください。

弁護士のワークライフバランス
ジェンダー差から見たキャリア形成と家事・育児分担
中村真由美編著
◎3800円

女性弁護士の歩み 3人から3000人へ
日本弁護士連合会 両性の平等に関する委員会
◎2600円

事例で学ぶ『司法におけるジェンダー・バイアス[改訂版]
第二東京弁護士会 両性の平等に関する委員会/
司法におけるジェンダー問題諮問会議編
◎2800円

タイム・バインド〈時間の板挟み状態〉働く母親のワークライフバランス
仕事・家庭・子どもをめぐる真実
A・R・ホックシールド著 坂口緑・中野聡子・両角道代訳
◎2800円

産める国フランスの子育て事情 出生率はなぜ高いのか
牧陽子著
◎1600円

フランスに学ぶ男女共同の子育てと少子化抑止政策
冨士谷あつ子、伊藤公雄編著
◎2800円

女性就業と生活空間 仕事・子育て・ライフコース
由井義通編著、神谷浩夫、若林芳樹、中澤高志、矢野桂司、
木下礼子、加茂浩靖、久木元美琴、久保倫子、タン・レンレン著
◎4600円

京都大学 男女共同参画への挑戦
京都大学女性研究者支援センター編
◎3000円

時代を拓く女性リーダー 行政・大学・企業・団体での人材育成支援
国立女性教育会館、有馬真喜子、原ひろ子編
◎2500円

外国人専門職・技術職の雇用問題 職業キャリアの観点から
塚崎裕子著
◎5800円

近代日本の女性専門職教育
生涯教育学から見た東京女子医科大学創立者・吉岡彌生
渡邊洋子著
◎5200円

女子理学教育をリードした女性科学者たち
黎明期・明治期後半からの軌跡
蟻川芳子監修 日本女子大学理学教育研究会編
◎4800円

近代筑豊炭鉱における女性労働と家族
「家族賃金」観念と「家庭イデオロギー」の形成過程
野依智子著
◎4500円

近現代日本の家族形成と出生児数
子どもの数を決めてきたものは何か
石崎昇子著
◎2600円

明治維新とジェンダー 変革期のジェンダー再構築と女性たち
長野ひろ子著
◎3000円

枕崎 女たちの生活史 ジェンダー視点からみる 暮らし、習俗、政治
佐々木陽子編著 山﨑喜久枝著
◎3200円

〈価格は本体価格です〉

「働くこと」とジェンダー ビジネスの変容とキャリアの創造
金谷千慧子著
◎2200円

シングル女性の貧困 非正規職女性の仕事・暮らしと社会的支援
小杉礼子・鈴木晶子・野依智子・横浜市男女共同参画推進協会編著
◎2500円

越境するジェンダー研究
(財)東海ジェンダー研究所記念論集編集委員会編
◎5000円

ジェンダーから世界を読むⅡ 表象されるアイデンティティ
中野知律、越智博美編著
◎2800円

ヨーロッパ・ジェンダー文化論 女神信仰・社会風俗・結婚観の軌跡
浜本隆志、伊藤誠宏、柏木治、森貴史、溝井裕一著
◎2400円

ジェンダー・クオータ 世界の女性議員はなぜ増えたのか
三浦まり、衛藤幹子編著
◎4500円

OECDジェンダー白書 今こそ男女格差解消に向けた取り組みを！
OECD編著 濱田久美子訳
◎7200円

日本人の「男らしさ」 サムライからオタクまで「男性性」の変遷を追う
サビーネ・フリューシュトゥック／アン・ウォルソール編著
長野ひろ子監訳 内田雅克、長野麻紀子、粟倉大輔訳
◎3800円

現代労働市場の理論
竹中恵美子著
◎6800円

戦後女子労働史論 竹中恵美子著作集Ⅰ
竹中恵美子著
◎7800円

戦間・戦後期の労働市場と女性労働 竹中恵美子著作集Ⅱ
竹中恵美子著
◎6800円

女性の賃金問題とジェンダー 竹中恵美子著作集Ⅲ
竹中恵美子著
◎6800円

社会政策とジェンダー 竹中恵美子著作集Ⅳ
竹中恵美子著
◎6000円

家事労働（アンペイド・ワーク）論 竹中恵美子著作集Ⅴ
竹中恵美子著
◎7200円

現代フェミニズムと労働論 竹中恵美子著作集Ⅵ
竹中恵美子著
◎6000円

異なっていられる社会を 女性学／ジェンダー研究の視座 竹中恵美子著作集Ⅶ
金井淑子著
◎2300円

〈価格は本体価格です〉

図表でみる世界の社会問題4
OECD社会政策指標
貧困・不平等・社会的排除の国際比較
OECD編著　高木郁朗監訳　麻生裕子訳
◎3000円

図表でみる世界の最低生活保障
OECD給付・賃金インディケータ
働くための福祉の国際比較
OECD編著　日本労働組合総連合会(連合)総合政策局訳
◎3800円

国際比較：仕事と家族生活の両立
日本・オーストリア・アイルランド
OECD編著　高木郁朗監訳　麻生裕子、久保田真美、松信ひろみ訳
◎3800円

地図でみる世界の地域格差
OECD地域指標2016年版
都市集中と地域発展の国際比較
OECD編著　中澤高志監訳
◎5500円

人口減・少子化社会の未来
雇用と生活の質を高める
小峰隆夫、連合総合生活開発研究所編
◎3200円

女性と労働組合
男女平等参画の実践
高木郁朗、連合総合男女平等局編
◎2300円

ものがたり　現代労働運動史1 1989～1993
世界と日本の激動の中で
高木郁朗著　教育文化協会協力
◎2300円

図表でみる世界の年金
OECDインディケータ(2013年版)
OECD編著　岡部史哉訳
◎7200円

格差拡大の真実
二極化の要因を解き明かす
経済協力開発機構(OECD)編著　小島克久、金子能宏訳
◎7200円

主観的幸福を測る
OECDガイドライン
経済協力開発機構(OECD)編著
◎5400円

貧困克服への挑戦　構想　グラミン日本
グラミン・アメリカの実践から学ぶ先進国型マイクロファイナンス
菅正広著
◎2400円

連帯経済とソーシャル・ビジネス
貧困削減、富の再分配のためのケイパビリティ・アプローチ
池本幸生、松井範惇編著
◎2500円

地域包括ケアと生活保障の再編
新しい「支え合い」システムを創る
宮本太郎編著
◎2400円

最低生活保障と社会扶助基準
先進8ヶ国における決定方式と参照目標
山田篤裕、布川日佐史、「貧困研究」編集委員会編
◎3600円

マルクスと日本人
社会運動からみた戦後日本論
佐藤優、山﨑耕一郎著
◎1400円

資本論と社会主義、そして現代
資本論150年とロシア革命100年
現代社会問題研究会編
◎2200円

〈価格は本体価格です〉

国際比較：仕事と家族生活の両立
OECDベイビー＆ボス総合報告書

OECD 編著　高木郁朗 監訳
熊倉瑞恵、関谷みのぶ、永由裕美 訳

◎3800円／A5判／並製

家庭と仕事をどのように両立するか。政策と家族の状況を分析してきたOECDの取り組みの最終報告書。国際比較可能な指標と主要な事実発見にもとづいて、労働市場と家族の形成、税・給付政策、親休暇制度、学童保育支援、職場慣行について詳細に検証する。

■ 内容構成

第1章　OECD諸国における仕事と家族生活の両立
第2章　人口動態と家族環境
第3章　親と就業行動
第4章　税・給付制度と親たちによる仕事の選択
第5章　子育てのための親休暇
第6章　税・給付政策　仕事と子育てのあいだの親の選択
第7章　ファミリーフレンドリーな職場慣行

子どもの福祉を改善する
より良い未来に向けた比較実証分析

OECD 編著　高木郁朗 監訳
熊倉瑞恵／関谷みのぶ／永由裕美 訳

B5判／並製／224頁
◎3800円

物的福祉、住まいと環境、教育的福祉、健康と安全、危険行為、学校生活の質といった6つの指標をもとに、OECD加盟各国の子どもの福祉政策を比較し、子どもへの社会支出、乳幼児期政策、ひとり親の影響、不平等の世代間連鎖などについて分析する。

■ 内容構成

第1章　中心的な事実発見の要約
第2章　OECD諸国にみる子どもの福祉の国際比較
第3章　ECECと教育制度の強力で対等な連携
第4章　胎児期から幼稚園まで
第5章　子どもの福祉とひとり親状態
第6章　子ども時代と世代間移動
第7章　子どもの福祉を改善する：前進の道

〈価格は本体価格です〉

日本労働運動史事典

公益社団法人 **教育文化協会**［編］ **高木郁朗**［監修］

◎B5判／上製／432頁 ◎15,000円

明治からの日本の労働運動の歴史について体系的に概観することを目的に、組織、人物、政策、制度、活動など、関連する国際労働運動も含めて約1000項目を収録。相互の関連や背景事情について理解を深めるのに役立つ年表、事項、人名、組織索引をつける。

【項目の例】

人名 赤松克麿／浅沼稲次郎／芦田甚之助／飛鳥田一雄／麻生久／安部磯雄／天池清次／荒畑寒村／市川房枝／市川誠／岩井章／S. & B.ウェッブ／宇佐美忠信／氏原正治郎／江田三郎／エンゲルス／ロバート・オーウェン／大内兵衛／大河内一男／大杉栄／太田薫／賀川豊彦／片山潜／金正米吉／河上肇／アントニオ・グラムシ／幸徳秋水／サミュエル・ゴンパーズ／西光万吉／堺利彦／向坂逸郎／佐久間貞一／佐々木孝男／笹森清／重枝琢巳／島上善五郎／清水慎三／末弘厳太郎／杉山元治郎／鈴木文治／高木剛 ほか

労働組合・団体 印刷労協／運輸労連／映演労連／NHK労連／沖交労／海員組合／化学総連／活版工組合／紙パ連合／機労／金属労協／金融労連／建設連合／港運同盟／交運労協／航空連合／交総／全日本鉱夫総連合／公労協／国際自由労連／国鉄総連／国労／サービス連合／全自交労連／全信労連／全水道／全生保／全石炭／全繊同盟／ゼンセン同盟／全総／全造船機械／全炭鉱／全逓／全鉄労／総同盟／総評／炭婦協 ほか

争議 尼鋼争議／雨宮製糸スト／岩田屋争議／内灘闘争／宇部争議／王子製紙争議／近江絹糸争議／大阪天満紡績スト／沖電気争議／海員組合人間性回復争議／学テ反対闘争／鐘紡争議／川労協・公害闘争／官営八幡製鉄所争議／韓国スミダ電機争議 ほか

訴訟・裁判 秋田相互銀行事件判決／朝日訴訟／オズボーン判決／川岸工業事件判決／関西電力事件判決／国鉄札幌運転区事件最高裁判決／芝信用金庫事件東京高裁判決／秋北バス事件判決／昭和シェル事件東京高裁判決／新日鐵出向訴訟判決／住友セメント事件判決／セメダイン事件判決／全農林警職法事件判決／タフ・ヴェイル判決 ほか

テーゼ・方針 アナ・ボル論争／教師聖職論／教師の倫理綱領／極東委員会：日本の労働組合に関する16原則／幸徳・田添論争／「職工諸君に寄す」／総退却論／中ソ論争・中ソ対立／統一労働同盟構想／同盟福祉ビジョン／内包・外延論争／日本的組合主義 ほか

〈価格は本体価格です〉

ジェンダー史叢書【全8巻】

ジェンダーの視点から人類史にアプローチする──

本叢書は、ジェンダーの視点から人類史にアプローチするもので、ジェンダー史の最新の学問的成果を広く学界や社会で共有することを目的として企画された。150人を超える執筆陣が、現代的課題を重視しつつ、学際的・国際的視野から包括的なジェンダー・アプローチを行うことで、ジェンダー史研究のみならず、隣接諸科学も含む学術研究の発展にも多大な貢献をすることをめざす。

1 権力と身体
服藤早苗、三成美保 編著（第7回配本）

2 家族と教育
石川照子、髙橋裕子 編著（第8回配本）

3 思想と文化
竹村和子、義江明子 編著（第5回配本）

4 視覚表象と音楽
池田忍、小林緑 編著（第3回配本）

5 暴力と戦争
加藤千香子、細谷実 編著（第2回配本）

6 経済と消費社会
長野ひろ子、松本悠子 編著（第1回配本）

7 人の移動と文化の交差
粟屋利江、松本悠子 編著（第6回配本）

8 生活と福祉
赤阪俊一、柳谷慶子 編著（第4回配本）

〈価格は本体価格です〉

A5判／上製　◎各4800円

講座 現代の社会政策 《全6巻》

A5判／上製
◎4,200円

いまから約一世紀前の1907年12月、当時の社会政策学会は工場法をテーマとした第一回大会を開催した。その後の十数年間、年一回の大会を開催し社会に対して喫緊の社会問題と社会政策に関する問題提起を行い、一定の影響を与えた。いま社会政策学会に集う学徒を中心に明石書店からこの〈講座 現代の社会政策〉を刊行するのは、形は異なるが、百年前のこのひそみに倣い、危機に追い込まれつつあった日本の社会政策の再構築を、本講座の刊行に尽力された社会政策を専攻する多くの学徒とともに願うからである。

（シリーズ序文〔武川正吾〕より）

第1巻 戦後社会政策論
玉井金五・佐口和郎 編著【第4回配本】

第2巻 生活保障と支援の社会政策
中川清・埋橋孝文 編著【第5回配本】

第3巻 労働市場・労使関係・労働法
石田光男・願興寺暗之 編著【第1回配本】

第4巻 社会政策のなかのジェンダー
木本喜美子・大森真紀・室住眞麻子 編著【第2回配本】

第5巻 新しい公共と市民活動・労働運動
坪郷實・中村圭介 編著【第3回配本】

第6巻 グローバリゼーションと福祉国家
武川正吾・宮本太郎 編著【第6回配本】

〈価格は本体価格です〉